o Viajante
+
Belas Letras

MÚSICA   CULTURA POP   **ESTILO DE VIDA**   COMIDA
CRIATIVIDADE & IMPACTO SOCIAL

minha jornada com

SHURASTEY

Jesse Koz

Colaboração
Zizo Asnis

o vɾajante + Belas Letras

Copyright © 2022 Jesse Naim Kozechen
Todos os direitos reservados

Nenhuma parte desta publicação pode ser reproduzida, armazenada ou transmitida para fins comerciais sem a permissão do editor. Você não precisa pedir nenhuma autorização, no entanto, para compartilhar pequenos trechos ou reproduções das páginas nas suas redes sociais, para divulgar a capa, nem para contar para seus amigos como este livro é incrível (e como somos modestos).

Este livro é o resultado de um trabalho feito com muito amor, diversão e gente finice pelas seguintes pessoas:

Gustavo Guertler (*publisher*), Zizo Asnis (colaboração e edição), Celso Orlandin Jr. (capa, projeto gráfico e diagramação) e Mariane Genaro (preparação e revisão). Obrigado, amigos.

2022
Todos os direitos desta edição reservados à
Editora Belas Letras Ltda.
Rua Antônio Corsetti, 221 – Bairro Cinquentenário
CEP 95012-080 – Caxias do Sul – RS
www.belasletras.com.br

Dados Internacionais de Catalogação na Fonte (CIP)
Biblioteca Pública Municipal Dr. Demetrio Niederauer
Caxias do Sul, RS

K88m	Koz, Jesse
	Minha jornada com Shurastey / Jesse Koz, Zizo Asnis. - Caxias do Sul, RS: Belas Letras, 2022.
	256 p.: il.
	ISBN: 978-65-5537-270-0
	1. Descrições de viagens. 2. Memórias brasileiras. I. Asnis, Zizo. II. Título.
22/65	CDU 869.0(81)-992

Catalogação elaborada por Vanessa Pinent, CRB-10/1297

SUMÁRIO

PREFÁCIO
MINHA JORNADA COM JESSE 9

PARTE 1 A JORNADA DA PARTIDA

CAPÍTULO 1
NUNCA FOI FÁCIL 16

Infância e o fusca do Seu Zé **16**
A fuga **17**
Shurastey aparece **20**
O início **22**
Mochileiros **24**
Desapego **25**

CAPÍTULO 2
DE FUSCA PELO BRASIL 26

O dia D **26**
A aventura começa **28**
Revendo amigos **30**
Serra do Rio do Rastro **32**

CAPÍTULO 3
TRAVESSIA GAÚCHA 35

Entrando no Rio Grande do Sul **35**
O cavalo **37**
Serra Gaúcha **39**
Porto Alegre **43**
Pedágio, chuva na estrada e a catinga do Shurastey **46**
Sequestrados em Pelotas **49**
Amigos VW de Rio Grande **55**
Onde diabos foi parar o meu rack **58**
Chuí, a primeira fronteira **60**

PARTE 2 **A JORNADA DOS DESAFIOS**

CAPÍTULO 4
EM TERRAS INTERNACIONAIS: URUGUAI 66

A primeira fronteira, a primeira noite 66
Armadilhas 70
Conhecendo Montevidéu 73
Colônia do Sacramento 77

CAPÍTULO 5
A PROVÍNCIA DE BUENOS AIRES 83

Um inferno chamado Buenos Aires 83
Fugindo da capital 88
Seguidores em Mar del Plata 92
La policia 94
Parrilla argentina 96

CAPÍTULO 6
RUTA 3 100

Será que é só coincidência? 100
O primeiro couchsurfing 103
O nascer do sol e as baleias 106
Um mais louco que o outro 109
800 quilômetros 113
Do céu ao inferno 116

CAPÍTULO 7
APRISIONADOS NA PATAGÔNIA 121

O que está ruim pode piorar 121
Nada vai bem, mas tudo vai melhorar 125
Prision Gallegos 129
A Caverna do Dragão 134

CAPÍTULO 8
TERRA DO FOGO 139

300 quilômetros em 12 horas 139
Amigos de amigos 144

Paso Garibaldi 147
Chegada em Ushuaia 151
Conhecendo a cidade 154
Glaciar Martial 157
*Combo 2 por 1:
laguna Esmeralda + cachoeira do Véu da Noiva* 162
Acampamento a -15°C 165
Brasileiros e mais brasileiros 171
A melhor despedida 179
Até mais, Ushuaia 185

PARTE 3 **A JORNADA DO REGRESSO**

CAPÍTULO 9
CHILE 190

La casa de la buena onda 190

CAPÍTULO 10
***RUTA* 40** 195

A noite mais fria da vida 195
El Calafate 198
A caminho de El Chaltén 203
Cerro Torre 208
O dia de cão 212
Fitz Roy 218
Novos visitantes 221
Um maluco no pedaço 225
A andarilha 228
A odisseia de dois viajantes e um cachorro para encontrar um lugar para dormir 232
Bariloche 238

CAPÍTULO 11
DE OLHO NO BRASIL 244

Perrengues com o fusca 244
Altos Cumbres 246
Paraguai 249

PREFÁCIO

MINHA JORNADA COM JESSE
por Zizo Asnis

Essa história começa pelo fim e, spoiler, termina no meio. O fim você já conhece, e é tão dolorido que não pretendo lembrá-lo em mais de uma frase. Como entender a morte precoce de um jovem de 29 anos que aproveitava a vida intensamente ao lado do seu inseparável cão, num fatídico acidente de carro que vitimou os dois? (E isso a dois dias de alcançar o seu sonho: chegar ao Alasca de fusca).

Pronto, esse é o fim. Ou não. Jesse e Shurastey, o amado cachorro, afinal, não viveram em vão. Não viveram apenas para desfrutar de suas aventuras. Não viveram apenas para entreter os seus, hoje, quase 2 milhões de seguidores nas redes sociais. Se tudo tem um propósito, o de Jesse e Shurastey foi nos mostrar o valor da vida e a urgência de bem vivê-la, pois tudo pode terminar num instante. Abruptamente, num instante. Por isso, acredito, chegou finalmente o momento de Jesse contar a história de sua viagem pelo continente sul-americano, além do que habitualmente fazia nos breves minutos de um post do Instagram.

Eu descobri o Jesse quando ele começou a viajar de carro com o Shurastey pela América do Sul. Apaixonado por viagens e por histórias de viagem que sou, e dono de uma pequena editora de livros (de viagens), logo veio a ideia de contarmos a história desse ousado viajante que se destinava a Ushuaia, o ponto extremo das Américas, junto do seu cachorro – um maravilhoso golden retriever de brilhoso pelo dourado – a bordo de um incansável fusca ano 1978.

Os primeiros contatos não foram fáceis. Jesse, sempre na estrada, demorava para visualizar ou responder as mensagens. Mas, quando por fim conversamos, ele demostrou interesse pela ideia de escrever um livro, de contar sua história, embora tenha ficado receoso do seu potencial na arte literária, já que reconhecia suas limitações quanto a ser um "escritor profissional".

Nosso primeiro encontro ocorreu no saguão do aeroporto de Porto Alegre, em 7 de novembro de 2017, quando fui recebê-lo a fim de conversarmos sobre a escrita e a publicação do livro. Lá, encontrei um jovem esguio, de boné azul-marinho e olhar arredio, que nem de longe parecia o viajante descolado que começava a fazer sucesso nas redes sociais. E não era mesmo. Porque aquele Jesse viajando de avião, sem Shurastey e sem Dodongo, como apelidou seu fusca, não era o Jesse que conhecemos – e certamente não era o Jesse que ele gostava de ser. A ausência dos seus parceiros seria reparada em nosso longo segundo encontro. Graças a um puxão de orelha meu.

Sem computador na época, ele fazia tudo pelo celular – e assim começou a escrever o livro. O primeiro esboço que ele me mostrou chegou via WhatsApp. Ele não apenas mandou seus escritos pelo app, como também escreveu tudo diretamente por ali. Uma tripa de texto corrido, sem grandes preocupações com pontuação, gramática ou entradas de parágrafos, digamos assim, embora ali estivesse um relato honesto, apaixonante, revelador e instigante. E assim, numa longa conversa olho no olho, no fim do nosso primeiro encontro, falei pra ele:

– Jesse, cara, não vai rolar. Pelo WhatsApp não rola. Não tem como tu escrever um livro minimamente bem pelo celular, e ainda no meio de uma viagem, onde tu tá sempre em movimento. Cara, se tu realmente quiser esse livro, vai precisar parar um pouco e investir tempo e energia nisso. Sei que tu tá meio sem casa, sem trabalho, sem computador e quer pegar a estrada de novo, mas para um pouco. Fica aqui. Tô com um apê disponível em Porto Alegre, tem lugar pra ti e pro Shurastey, tem computador... Também te dou uma força na escrita. E aí tu fica só escrevendo de boa.

Teimoso, inicialmente recusou. Disse que queria viajar logo, que iria comprar um notebook, que da estrada conseguiria escrever e me mandar os textos. Insisti para que pensasse melhor. Dois dias depois, já de volta a Curitiba, onde vivia sua família, ele me surpreendeu com a seguinte mensagem:

> Fala Zizo
> Quero ver contigo a parada de eu ir para Poa e ficar 1 mês aí para escrever o livro com a tua ajuda

Dois dias depois, ratificou:

> Zizo veja e vamos alinhar isso aí, pra eu ir pra Poa, fiquei pensando nisso no voo e acho q vc tem razão. Isso é uma coisa muito importante e preciso priorizar

Duas semanas depois, ele retornou a Porto Alegre de mala e cuia. Ou melhor, de carro e cachorro.

O "1 mês" virou dois meses e meio, e do final de novembro a início de fevereiro de 2018, instalado num apartamento do nono andar com vista para o lago Guaíba, escrevendo numa sala ao lado de um grande mapa-múndi, com o fusca sem seguro estacionado na rua em frente ao prédio (sob os meus protestos e minha preocupação de que o roubassem), Jesse viajou pelas letras. Viajou pelas memórias de sua infância, pelas lembranças do dia em que adotou o Shurastey, pelo prazer das primeiras viagens ao sair de Balneário Camboriú até a sua última longa aventura até então: a porção sul da América do Sul (a história que este livro conta).

No período em que Jesse esteve no meu apê, sua principal ocupação foi mesmo com a escrita, acho até que mais do que com as

11

postagens no Instagram, que na época contava com uns 50 mil seguidores. Também tatuou um extenso mapa-múndi nas costas, com as fronteiras transparecendo todos os países – a ideia era ir pintando os territórios que fosse conhecendo. Comprou finalmente um notebook. E uma GoPro. Estava pesquisando drone. Me disse que não era ainda um influenciador digital de nível tão elevado, mas estava se preparando para isso. Esteve presente no lançamento de um livro que escrevi e lancei na época, cujo nome poderia sintetizar toda a sua história: *Partiu!*. E depois do evento, foi comemorar comigo, tomando cervejas e devorando o gigante xis calota de Porto Alegre, já trocando ideias de como seria o lançamento do livro dele...

Embora eu o estivesse ajudando, e ele estivesse curtindo a ideia de perpetuar suas histórias em um livro, ele se cansava um pouco de escrever, tinha dúvidas sobre o processo de criação da narrativa. E infelizmente não chegou a revisar ou trabalhar comigo na edição final. Quando partiu, numa tarde quente do verão porto-alegrense, estava sedento pela estrada. Dizia que Shurastey e Dodongo também estavam cansados de ficar parados. Como bom viajante que sou, entendi a coceirinha estradeira que pairava sobre ele. Quanto ao livro, prometeu a mim que uma hora faria o fechamento comigo.

Posteriormente, ao conversar com ele sobre isso, me disse que essa hora ainda não tinha chegado. Confesso que a sua falta de prazo me incomodava um pouco, mas respeitava sua procrastinação. Eu não sabia quando ele, sempre viajando, voltaria a se dedicar ao livro, se sentaríamos juntos para trabalhar na edição, como fizemos em vários momentos enquanto ele escrevia na minha casa, ou se faríamos isso virtualmente. E quando faríamos isso. Provavelmente nem ele mesmo soubesse.

Talvez agora eu comece a entender o porquê. Porque a história de Jesse e Shurastey não termina. Simples assim. Tornou-se um conto (breve como são os contos), um conto de vida que segue em cada admirador, em cada seguidor, em cada apaixonado por cães, em cada viajante (de estrada, de internet ou de sofá) que desde sempre conhecia ou tardiamente descobriu a história do "cara que viajava com seu cachorro

prefácio

de fusca pela América". Eu disse antes no início deste prefácio que a história começava pelo fim? Retifico. Não tem fim. Nunca vai terminar. O conto de vida de Jesse e Shurastey ostenta apenas começo e meio. Um longo, emocionante e bem vivido meio.

PS.: [ou página seguinte] Sente-se agora no banco traseiro do fusca ao lado do Shurastey e aproveite essa aventura no Dodongo, a partir da página seguinte, guiada pelo Jesse.

Zizo com Jesse e Shurastey

PARTE 1
A JORNADA DA PARTIDA

CAPÍTULO 1

NUNCA FOI FÁCIL

Infância e o fusca do Seu Zé

Fui criado em Curitiba pela minha avó, a qual chamo de mãe, e pelos meus tios. Desde criança sempre fui muito arteiro e aos 7 anos já comecei a andar de ônibus sozinho. Vivia no parque Barigui fazendo trilhas com meus amigos e ficava jogando bola na rua até o anoitecer. Minha infância foi simples, porém muito feliz. Nunca senti a falta de figuras paternas. Minha mãe me criou com todo o carinho que eu necessitava e nunca deixou faltar chineladas de amor. Morávamos de aluguel na casa dos fundos de um casal de senhores, Sr. Paulo, mais conhecido como Seu Zé, e sua esposa, Dona Nevez. Seu Zé tinha um fusca verde, e assim minha história com fuscas começou cedo. Desde quando fomos morar nessa casa, eu andava com Seu Zé pra cima e pra baixo dentro desse fusca. Aonde ele ia, eu ia junto.

Eu já disse que eu era muito arteiro, né? Certa vez, Seu Zé estava reformando o fusca fazia uma semana e estava preparando o carro para pintar, isto é, embrulhou todo o veículo em jornal. Era também o aniversário da minha tia. Fizeram um churrasco e foram para dentro cantar os parabéns, mas me esqueceram lá fora. E esqueceram também uma bela caixa de fósforos. Não julguem precipitadamente! Eu não tive culpa de me esquecerem lá fora junto com os fósforos. Tampouco de que o papel que embrulhava o fusca era de fácil combustão. Sim, eu taquei fogo no fusca.

Assim que as chamas começaram a se espalhar e eu não consegui apagar, me mandei correndo pra rua. O fusca ficou todo queimado, detonado, porém, por sorte, o tanque e os bancos tinham sido removidos. Mas toda a parte elétrica e a lataria estavam destruídas. Eu só fui saber disso depois, claro, já que só voltei para casa no final da tarde, quando a poeira, digo a fumaça, já havia baixado. Não lembro do couro comer pro meu lado aquela vez, mas a minha mãe achou que iríamos ser despejados. Só que não. Seu Zé não quis nem cobrar os prejuízos, assumiu a responsabilidade dizendo: "A culpa é minha de não ter colocado um portão nessa garagem ainda". O carro voltou para a funilaria, a reforma terminou, eu voltei a acompanhar o Seu Zé pra cima e pra baixo, e fuscas, desde então, se tornaram uma pequena paixão minha.

A fuga

O ano era 2010, eu havia recém-completado 17 anos e já não morávamos de aluguel nos fundos do Seu Zé: tínhamos construído nossa casa na região metropolitana de Curitiba. Eu, nessa idade, se não era mais uma criança arteira, era um jovem sem maturidade alguma. Estudava no centro, e minha mãe queria que eu começasse a trabalhar. Eu já fazia uns bicos: entregava panfleto, trabalhava em lan house, vendia cesta básica... Mas minha mãe queria que eu tivesse um emprego com carteira assinada. Comecei a trabalhar no McDonald's, onde eu ganharia vale-transporte. E como o Mc era perto da escola, assim que eu saísse do trabalho ia para a aula. Aquilo, porém, não era pra mim. Fiquei apenas dois dias e não fui mais.

Minha grana pra ir à escola tinha acabado, e minha mãe estava me bancando, até o dia em que ela resolveu não me dar mais o bilhete do

minha jornada com Shurastey

transporte. Nesse dia, a gente discutiu, e eu disse: "Se você não me der o bilhete, vou embora de casa, vou morar na rua". Eu não era fácil, já tinha saído outras vezes de casa, tinha ido morar com a minha tia. Estava numa fase rebelde. Minha mãe respondeu: "Pode ir. Além de não estudar, não vai ter onde morar nem o que comer". Obviamente, ela não queria que eu fosse embora, que eu saísse de casa de fato, queria apenas me mostrar a realidade do mundo. Mas eu não entendia dessa forma naquele momento.

Fui pra casa, revirei o quarto dela, achei 50 reais, enfiei meia dúzia de coisas dentro de uma mochila pequena e fui pra rodoviária. No caminho, ainda pensando no que eu estava fazendo, decidi que iria para o litoral, pois na minha cabeça, caso eu não conseguisse emprego, iria trabalhar com os pescadores. Comprei uma passagem pra Bombinhas, uma cidade no litoral catarinense que eu já tinha visitado quando criança. O ônibus sairia às 9h da manhã do dia seguinte, e minha noite na rodoviária foi longa. Durante esse período todo, eu só pensava no que eu iria fazer da minha vida dali em diante.

O dia clareou e eu mal cochilei. Os assentos tortos da rodoviária de Curitiba e o povo que andava de um lado para outro não me deixaram dormir. Tampouco descansei durante a viagem, que levou menos de quatro horas. Planejava cochilar um pouco na estação de ônibus de Bombinhas antes de procurar por trabalho. Quando cheguei, descobri que a cidade não tinha rodoviária: o ônibus parava, os passageiros desciam, o veículo fazia a volta e ia embora. Assim, me vi perdido, insone, numa rua qualquer.

Já no primeiro dia as coisas não estavam funcionando como eu tinha planejado. Só me restava ir atrás de emprego, de loja em loja, de restaurante em restaurante. O dia passava, eu não tinha conseguido nada e começava a anoitecer. O jeito era achar um lugar para dormir – e o local escolhido foi embaixo de uma marquise. Assim foi a minha primeira noite e também os dias seguintes. Eu acordava cedo, procurava trabalho, não conseguia e voltava pra marquise. Decidi ir a Bombas, cidade vizinha, e nada também. No quinto dia, eu já tinha feito amizade com os garçons de um restaurante, que ao final do expediente me concediam alguns pedaços de carne cozida. Eles me aconselharam a ir a Florianópolis ou Balneário Camboriú, pois a alta temporada acabaria em breve e tanto Bombas como Bombinhas ficariam vazias, sem chance de conseguir trabalho por ali.

No final do dia seguinte, juntei minhas coisas e saí rumo a Balneário Camboriú. Caminhei por volta de 20 quilômetros até a BR, onde planejava pedir carona. Durante esse percurso, minha mãe havia me ligado. Ela já sabia que eu estava em Bombinhas, pois eu tinha conversado com minha tia, porém queria saber como eu estava e disse para eu voltar para casa.

Desliguei e decidi manter o meu caminho. No acostamento, junto à estrada, encontrei uma mesa, sobre a qual repousei minha mochila, tirei um caderno que levava e escrevi numa folha em branco: "CARONA BALNEÁRIO CAMBORIU". Coloquei esse caderno no meio da pista na forma de um triângulo e fui deitar na mesa. Era uma mesa onde vendiam água de coco na beira da estrada, e como era mais de meia-noite, não tinha ninguém por ali. Por volta das 4h da manhã, um carro parou. De dentro dele desceu um homem, que veio na minha direção, deu um tapa no meu pé e me perguntou: "Está tudo bem, precisa de algo?". Começamos a conversar, contei brevemente o que estava acontecendo e que eu queria ir para Balneário. Ele se ofereceu pra comprar uma passagem de volta a Curitiba, mas eu agradeci e pedi apenas que me deixasse em Balneário.

Durante o trajeto fomos conversando. Confesso que tive medo e segurava o celular como se fosse um porrete pra dar na cabeça dele, caso tentasse algo. Assim que chegamos à rodoviária, Valdecir, ele havia se apresentado, me deu uns trocados para eu comer e um cartão com seu nome e endereço. Disse que era pra eu procurá-lo após o almoço, que tentaria me ajudar, e pelo menos um banho na sua casa eu poderia tomar. Antes das 10h da manhã eu já estava sentado na frente de sua casa, esperando. Quando ele apareceu, me convidou para entrar. Em questão de horas, conheci sua mãe, uma senhora de 73 anos chamada Mercedes, com quem conversei um pouco, depois almocei e tomei banho. Fazia alguns dias que eu não sabia o que era um banho quente. A tarde nem tinha escurecido ainda quando a senhorinha perguntou se eu queria dormir um pouco. Relutei, mas fui descansar – e só acordei no outro dia, depois do meio-dia.

Na casa deles acabei ficando por 20 dias, até conseguir um emprego. Trabalhando, pude alugar uma das quitinetes que o Valdecir tinha no seu quintal. Resolvi voltar a Curitiba para buscar o resto das minhas coisas. Eu não estava falando com a minha mãe ainda, e ela estava muito chateada e preocupada comigo. Mas eu já estava decidido: iria viver e começar a minha vida sozinho em Balneário.

De volta para lá, dei duro no trabalho. Comecei como lavador de pratos, depois fui vendedor, supervisor e, acredito, conquistei tudo o que tinha para conquistar. Pagava meu aluguel, comprei minha moto e levava uma vida comum.

Shurastey aparece

O ano de 2015 terminou com uma das viradas de ano mais legais da minha vida, com muitos amigos e o pessoal da loja em que eu trabalhava reunidos na praia de Balneário Camboriú, mais uma caixa de isopor cheia de cerveja e muita festa para dar início a um novo ciclo. Toda vez que o ano vira, logo vem o meu aniversário, dia 3 de janeiro, e eu já tinha escolhido o que eu iria me dar de presente: um filhote de golden retriever, que já tinha até reservado.

Eu morava em Balneário Camboriú desde os 17 anos, num apartamento de 26 metros quadrados, que inicialmente eu dividia com amigos para baratear o aluguel. Porém, nos últimos dois anos, eu estava ganhando bem e resolvi morar sozinho. Acabei me sentindo muito solitário e decidi ter a companhia de um cachorro.

Na verdade, isso já passava pela minha cabeça havia um bom tempo, uma companhia, um amigo para todas as horas. Foi então que comecei a pesquisar várias raças de cachorro. A primeira que vinha à minha mente era o buldogue francês. Pequeno e de pelo curto, parecia ser o ideal para o tamanho do meu apartamento. E numa dessas vasculhadas, procurando criadores responsáveis e com um preço bacana, sem mais nem menos me apareceu um anúncio de golden retriever. Sem muita pretensão entrei e comecei a olhar. Obviamente eu sabia que a raça existia, porém não tinha cogitado pegar um para morar comigo e ainda num apartamento tão pequeno. Mas eles eram tão bonitos, tão lindos, que resolvi pesquisar mais sobre a raça, o comportamento, doenças, tudo. Obviamente a vontade de ter um só foi aumentando, a ponto de eu não enxergar mais os problemas, só as vantagens. E decidi que iria ter um. Abandonei a ideia do buldogue e fui direto para o golden.

O ano tinha começado muito bem. Eu estava trabalhando e ganhando o suficiente para pagar o aluguel e voltar à minha faculdade, que eu tinha pago dois meses antecipados. No dia 15 de janeiro eu entraria de férias e dia 18 iria buscar o golden no canil. No primeiro dia das férias eu estava com o Neilson, um amigo, bebendo uma cerveja na praia quando cogitei visitar uma amiga que morava a mais de 800 quilômetros. No mesmo momento, Neilson, impulsivo, disse: "Vamos hoje!", e eu respondi: "Vamos, mas antes temos que pegar o Shurastey". E assim foi, três dias antes do previsto, Shurastey saiu do canil comigo direto para uma viagem de 800 quilômetros. Acho que já começava ali, desde o nosso primeiro dia, o espírito aventureiro dele.

Bem, mas vamos à história de onde surgiu esse nome, Shurastey. Além de ser um grande sucesso do The Clash, uma referência óbvia à música "Should I stay or should I go". Acho que todas as minhas boas histórias começam com uma cerveja na mão. Estávamos bebendo na praia, eu e meus amigos, antes do final de 2015, quando apareceu um cachorro de rua, e por algumas horas ficamos brincando com ele. Logo começaram a surgir nomes para o cão e, numa dessas, eu soltei: "Coloca Shurastey or Shuraigow", tudo porque eu tinha recém-visto um meme do Zac Efron em que ele estava indeciso entre um lado e outro, com a legenda: "Não sei se xurastei ou se xuraigou". A galera toda riu, e no resto da noite eram uns chamando de Shurastey, outros chamando de Shuraigow. Um amigo acabou adotando o cachorro, que depois ganhou o nome de Bud (que acabou fugindo). Eu, que já estava com a ideia de ter uma companhia de quatro patas, nesse dia anunciei que, quando tivesse um cachorro, daria o nome de Shurastey. Tempos depois, ao escolher um golden macho, não tive dúvidas de que esse seria mesmo o nome dele. E assim surgia o Shurastey na minha vida.

As coisas estavam andando normalmente, eu focado no trabalho, o Shurastey já tinha aprendido comandos básicos e não fazia "artes" dentro da nossa quitinete. Em todas as minhas folgas, nós íamos a praias diferentes. Quando ele ainda era pequeno, eu o colocava dentro da mochila e o levava de moto, ou íamos caminhando mesmo, muitas vezes mais de 10 quilômetros até chegar numa praia ou numa trilha, e ele ia numa boa. A nossa ligação sempre foi, desde o início, muito forte. Ele parecia entender que eu tinha que sair pra trabalhar e seguiria direto para a faculdade e ficava bem comportado em casa. Sabia que a hora que eu voltasse, pelas 23h30, nós iríamos dar aquela volta pela avenida Atlântica, ele correndo e eu de skate.

O início

Ao voltar das férias, a poucos dias de começarem as aulas, recebi a proposta de virar gerente da loja onde eu trabalhava, porém, para isso, eu teria que abrir mão da minha faculdade, que eu cursava no período noturno. Foi uma escolha difícil, mas decidi investir no cargo, já que eu estava muito focado no trabalho e apostei que um ano a mais longe do ambiente universitário seria recompensado com o salário.

O imprevisto, porém, aconteceu: acabei sendo demitido da loja para a qual eu tinha me dedicado nos últimos dois anos e meio, para a qual eu abrira mão da faculdade. Isso veio como um machado cortando e me desmontando emocionalmente. Fiquei abalado e sem saber o que fazer no restante do ano. Foi então que decidi passar um tempo em Curitiba com a minha família, um período de uns cinco meses, em que a minha ligação com o Shurastey seria deixada um pouco de lado. Lá instalado, eu não saía do meu quarto, passava dias e noites jogando videogame, mergulhado numa depressão que se iniciava e eu mal percebia.

Só consegui entender o buraco em que eu imergia quando fui assaltado na esquina de casa. Ali eu acordei. Compreendi que a vida é frágil demais, e em segundos, assim como levaram o meu celular, poderiam ter levado a minha vida. Decidi que retornaria a Balneário. Sentia falta da praia, dos amigos, de tudo. Voltei focado em arrumar um novo emprego e resgatar a minha vida. Todos os dias eu e o Shurastey saíamos pra correr na praia, e pouco a pouco fui retomando minha vida normal. Comecei a trabalhar como vendedor numa loja de artigos esportivos, novamente no shopping, e já no meu segundo mês, em dezembro, fui reconhecido como o melhor vendedor da rede. Com o salário desse mês e do seguinte, consegui comprar o fusca. Precisava de um carro, pois o Shurastey não cabia mais na mochila. Dodongo chegou no dia 10 de fevereiro, e com ele aproveitávamos os dias de folga e saíamos para explorar as trilhas, os rios e as praias da região.

Tudo ia muito bem novamente, até que um desentendimento com uma pessoa a quem devo muito na minha vida começou a me abalar. Quando voltei a Balneário Camboriú, o apartamento onde eu morava já tinha sido alugado, e o Valdecir me acolheu mais uma vez na sua casa. Agora, porém, não só a mim, mas também o Shurastey, até que eu pudesse encontrar um novo lugar para morar.

Fazia quatro meses que eu estava ali, sem conseguir um apartamento ou uma casa para alugar, e por isso, ou por causa do Shurastey, começou a rolar um atrito entre o Valdecir e os seus irmãos. Num desses dias em que todos acordam com o pé esquerdo, uma discussão foi inevitável. Foi complicado pra mim discutir com Valdecir, e ainda por causa do Shurastey, de quem eu não iria me desfazer. Foram semanas tensas para a minha cabeça, pois tudo começou a dar errado: minhas vendas caíram, minha situação na casa estava difícil e eu não conseguia um lugar pra morar. Mas sair dali era mandatório, afinal eu não queria entrar novamente em atrito com essa pessoa que eu prezo tanto na minha vida. Por fim, encontramos uma casa, com quintal e por um preço legal. Com o fusca fizemos a mudança, mas a minha cabeça já estava bagunçada por demais.

Uma semana depois, chegando na loja numa segunda-feira, me deparei com vários gringos – argentinos, uruguaios, que tanto costumam turistar por Balneário Camboriú – e eu não consegui atendê-los. Travei. Fui pra frente da loja e fiquei imóvel, observando, enquanto uma angústia percorria meu corpo. Não pude trabalhar naquele dia. Fui pra casa. Ao voltar no dia seguinte, pedi demissão. O gerente, meu amigo de longa data, não entendeu por quê, mas eu não estava bem, me sentia infeliz. Não aguentava mais o ritmo da loja, não queria mais essa vida, me sentia esgotado e tinha certeza de que eu não conseguiria ser o vendedor que ele tinha contratado. Não havia outra opção senão me demitir. Com isso, eu teria que pensar no que iria fazer. Uma fase da minha vida terminava, mas outra estava prestes a começar.

Mochileiros

Um mês em casa refletindo: o que eu deveria ter feito, o que eu não fiz, o que eu iria fazer. Sempre tive comigo uma vontade imensa de conhecer o mundo, achava que isso era viver de verdade, mas pra mim, um mero trabalhador, só seria possível se ganhasse na Mega--Sena ou achasse uma lâmpada mágica. Eu tinha lido alguns relatos de pessoas que largavam tudo e saíam pra viajar pelo mundo, sem data pra voltar, o que na verdade é viver na estrada, e não viajar. Toda viagem tem como objetivo final a volta para casa, para a rotina, e essas pessoas que largavam tudo, acredito, dificilmente voltavam para esse padrão. Eu tinha lido isso muito tempo atrás, e sempre me perguntava se seria possível pra mim.

Na semana em que pedi demissão, comecei a buscar informações, até que encontrei um grupo do Facebook: Mochileiros. Lá, comecei a entender como tornar isso possível, como as pessoas eram realmente felizes vivendo dessa forma. Começou a despertar dentro de mim uma vontade ainda maior de viajar, de ser feliz igual aos viajantes que relatavam suas aventuras, de compartilhar, de ver e viver daquela forma simples. Durante um mês esse pensamento invadiu completamente a minha cabeça. Eu só pensava nisso, acordava e ia dormir pensando nisso. Até que decidi escrever um post nesse grupo. Contei o que eu estava a fim de fazer, e graças a esse post recebi inúmeros comentários positivos, muitas energias positivas, pessoas mandando mensagens, me dando dicas, dizendo aonde ir, o que levar. Quando despertei no outro dia, acordei decidido: iria viajar.

Desapego

Para dar início, por mais que eu quisesse aproveitar essa liberdade, para dar esse pontapé inicial, eu iria precisar de dinheiro. Assim, comecei a pensar em vender tudo. Se isso já é uma coisa complicada, pra mim era ainda mais. Refleti muito sobre os últimos sete anos, desde que saí de casa, que saí do zero, e tudo que com muito esforço conquistei, e percebi que o desapego não seria fácil. Porém, pensei também em todos esses anos em que fazia algo que eu era muito bom – vender –, mas sempre, sempre reclamando da vida.

Lá no fundo, apesar das conquistas materiais, eu não era feliz. Assim, não hesitei: olhei para o meu quarto, para a garagem, vi coisas de que eu não iria mais necessitar e anunciei tudo o que eu tinha para a venda: moto, TV, videogame, micro-ondas e por aí foi... Em duas semanas eu tinha vendido tudo, tinha me desapegado de tudo o que eu tinha adquirido em sete anos. Só tinham me restado o Shurastey, o fusca e umas mudas de roupa. Era mais do que o suficiente.

CAPÍTULO 2

DE FUSCA PELO BRASIL

O dia D

O dia de partir tinha chegado. Na casa do meu amigo Marcos, onde já estávamos havia 20 dias, acordamos tão cedo que parecia que nem tínhamos dormido. Era um misto de ansiedade com nervosismo. Eu quase não havia comido no dia anterior – isso sempre acontece quando algo me deixa muito ansioso ou nervoso. Embora a hora de saída fosse às 9h, pelas 5h da manhã eu e o Shurastey já estávamos na rua, dando o nosso último passeio por Balneário Camboriú. Vi muita gente bebendo e voltando das baladas, mas eu só pensava na viagem que estava prestes a começar.

O destino era Pomerode, cidade no norte de Santa Catarina, onde eu iria participar de um encontro de fuscas. O meu Dodongo já não era mais o mesmo, literalmente. Pouco antes da viagem, seguindo a dica de alguns amigos, retirei o banco dianteiro do carona. Isso deu um baita trabalho, pois o banco estava preso como se estivesse soldado, mas por fim, ao removê-lo, ganhei um bom espaço interno. Comecei a acomodar tudo, dentro e em cima do fusca, e realmente ficou muito melhor. Levava bastante coisa que eu achava necessário, que talvez fosse útil, por medo de precisar, e, na real, por inexperiência, porque nunca tinha feito algo do tipo.

Às 8h fui buscar o Pires, um amigo que foi conosco e dividiu o pouco espaço que restava no banco de trás com o Shurastey. Logo mais, fomos a um posto de gasolina, onde todos os "fusqueiros" de Balneário Camboriú tinham combinado de se encontrar. Todos já tinham chegado, menos o Marcos, que sequer atendia o celular. Já passavam das 10h30 quando ele me chamou: estava com problemas no seu fusca, que não ligava, e pediu a nossa ajuda. E assim lá foi a tropa de fusqueiros empurrar o fusca do Marcos, que estava sem bateria. Fusca dando pau na bateria como sempre!

Todos reunidos, eu e o Shurastey fomos puxando o comboio até Pomerode. Eu nunca tinha ido num evento de fuscas, não fazia a menor ideia de como era, e, ao chegar, fiquei bastante impressionado com o gigantesco espaço do encontro. Alguns galpões abrigavam carros raros, e, já na rua, havia provavelmente mais de cem automóveis, entre fuscas, kombis e veículos clássicos. Estavam lá também alguns caminhões antigos no estilo americano, caminhões grandalhões, cromados. Tudo era muito lindo, porém para entrar com o fusca tinha que pagar um ingresso de 50 reais, valor que eu não tinha. Eu estava indo ao evento justamente para vender adesivos e faturar uma grana para começar a viagem. Conversei com um e outro, não pode daqui, não pode dali, até que consegui barganhar um lugarzinho meio escondido que me permitiu entrar sem pagar.

Descemos do fusca e soltei o Shurastey, e a galera que estava ali por perto já ficou doida com ele. Faziam carinho, brincavam com a bolinha dele, tiravam fotos, aí eu e o Pires começamos a contar que eu e o Shurastey iríamos viajar de fusca pela América do Sul e que estávamos vendendo adesivos para financiar a viagem. A primeira reação das pessoas era de riso – e dúvida. Mesmo que não falassem, dava pra perceber que elas duvidavam de que eu fosse capaz de viajar de fusca pela América do Sul com um cachorro. Ainda assim, muitos ajudaram comprando os adesivos, obviamente mais pelo Shurastey e pelo fusca do que por mim. Encontrei também alguns que viram em mim algo que eles sempre sonharam em fazer, mas nunca tiveram coragem. Quando eu contava dos planos que estava prestes a realizar, os olhos dessas pessoas brilhavam, e as palavras de apoio dirigidas a mim era tudo o que eu precisava escutar.

"Jovem, você está realizando um antigo sonho meu e de minha falecida esposa: viajar com o nosso fusca." Foi incrível ouvir isso de um senhor de uns 70 anos, que estava com seu fusquinha ano 1962 todo original, comprado quando ele era jovem. Suas palavras me marcaram muito. Ele não realizou o seu desejo e me disse que se arrependia muito de não ter parado a vida, por um ano que fosse, para ir atrás daquele sonho antigo. Agora que a esposa tinha falecido, me contou, ele sentia que não poderia fazer uma viagem sem a companhia dela, que sua vida foi boa, porém incompleta. Esse mesmo senhor comprou um adesivo, pagando por ele cem reais. Ofereci mais, mas ele não aceitou. Ele pegou aquele único adesivo e colou no seu fusca (que não tinha nenhum outro adesivo) e, por fim, me disse: "Viva esse sonho por mim".

A aventura começa

No final da tarde, já havíamos faturado bem para um único dia, e vendendo apenas adesivos. Por certo, o Shurastey ajudava muito a vender, mas nos saímos bem também. Peguei estrada rumo a Florianópolis, primeiro parando em Balneário Camboriú novamente para deixar o Pires em casa. O dia tinha sido cheio e estávamos muito cansados. Pires foi praticamente dormindo junto com Shurastey no banco de trás, enquanto eu seguia dirigindo e imaginando como seria de Balneário pra frente.

Assim que o Pires saiu do fusca e nós deixamos Balneário Camboriú pra trás, eu, Shurastey e Dodongo começamos de verdade a nossa jornada solo pela América do Sul. Aqueles primeiros 80 quilômetros até Florianópolis foram incríveis, um misto de alegria e emoção de alívio. A felicidade não se conteve no sorriso e eu chorei. Um choro que lavava de fusca pelo Brasil

a minha alma, me libertava. Eu tinha certeza de que era isso o que eu queria fazer, era isso o que me faria feliz todos os dias.

Por volta das 21h chegamos à Ilha da Magia, Florianópolis. Primeiro desafio concluído. Passamos por cima da ponte que liga o continente à ilha, e do outro lado se avistava a ponte Hercílio Luz, cartão-postal da cidade. Porém, aquela felicidade de ter me libertado da caixinha me fez esquecer de planejar onde dormir. Minha ideia inicial era camping e fiz uma rápida busca no Google, mas tudo que encontrei foram locais muito distantes. Shurastey já estava capotado no banco de trás, dormia pesado. Pra ele o dia também tinha sido cansativo, já que foi muito paparicado e teve que tirar muitas fotos com a criançada no encontro de fuscas. Eu estava exausto, acordado desde às 5h da manhã, quase sem comer o dia todo, precisava dormir e descansar bem. Tentei alguns hostels, mas nenhum aceitava cães. Decidi então parar num posto de gasolina e pedir informações, dicas de algum lugar onde pudéssemos passar a noite, mas não tive sucesso. Conversando com o frentista, perguntei se haveria algum problema de dormir aquela noite ali, no estacionamento, dentro do carro. E foi ali mesmo que passamos a nossa primeira noite da viagem, a primeira noite mal dormida de muitas que viriam, dentro do fusca.

O fusca por si só é apertado, e com a quantidade de coisas que eu estava levando, dormir dentro dele com um cachorro foi quase impossível. Por mais que eu ajeitasse tudo para um lado e liberasse espaço do outro, ficava ruim, afinal eu tenho 1,80 metro de altura e o Shurastey é um cão de porte grande, que naquela época já pesava mais de 30 quilos. Assim que consegui organizar mais ou menos as coisas para poder dormir, Shurastey se ajeitou no assento traseiro e, para que eu pudesse deitar minha cabeça, passou a me servir de travesseiro. O mais incrível é que ele não se mexia, parecia entender que tinha que ficar daquele jeito, naquela posição, para que eu pudesse descansar. Tudo certo, estava começando a dormir com algum conforto, na medida do possível, quando percebi o problema daquele lugar. Era um posto 24 horas, e a galera, ao sair da balada, ia parar exatamente ali, pra beber, ouvir músi-

29

ca e conversar gritando. Dos males o menor: dormir eu não dormi, mas consegui vender adesivos pro povo que estava por ali. Eram por volta de 5h30 quando finalmente consegui dormir e descansar um pouco. E assim foi o nosso primeiro dia de viagem, o nosso primeiro perrengue e a nossa primeira vitória.

Revendo amigos

Uma chuva forte caía sobre o nosso segundo dia de viagem, e o pouco que eu tinha planejado fazer em Florianópolis tinha ido pro ralo com aquele tempo, e ainda mais depois daquela noite mal dormida. Inicialmente eu queria ficar em Floripa por três dias, percorrer algumas trilhas, uma delas era a da Lagoinha do Leste, porém com aquela chuva não tinha como rolar. Entrei então em contato com uma amiga do tempo da escola, que morava em Garopaba, e revelei meu plano a ela. Eu já tinha planejado ir para lá, mas só na terça-feira. Expliquei a situação e pedi a ela se eu e o Shurastey poderíamos ficar na sua casa naquele domingo. Falei que na segunda seguiríamos para São Joaquim, se o clima estivesse melhor. Ela prontamente concordou.

Comprei pão e mortadela, dei ração ao Shurastey e seguimos rumo a Garopaba. Pela metade do caminho, eu estava cantarolando algumas músicas quando novamente me veio uma vontade de chorar. Aquela emoção me surpreendeu porque, apesar de não ter dormido, eu me sentia muito bem, tudo o que eu tinha feito nas últimas horas me transmitia paz, uma felicidade incrível. Mas vinha essa vontade de chorar, como se fosse preciso expurgar algo do meu corpo. Foi aí que percebi que o que estava sendo eliminado era o estresse de trabalhar num shopping, muitas vezes doze horas por dia, era a angústia de viver uma vida monótona e sem graça, era o sentimento de coisas ruins que estavam presas dentro de mim. E decidi que dali em diante todos os dias seriam felizes, e eu não poderia chorar diariamente. Parei o fusca no acostamento, observei com a visão embargada o Shurastey, de fusca pelo Brasil

que me olhou de volta, enxuguei as lágrimas, coloquei um rock pesadão e seguimos a nossa viagem.

Assim que chegamos a Garopaba, o sol começou a se mostrar. Resolvi aproveitar e, antes de seguir para a casa da minha amiga, fui até a famosa praia do Rosa, onde o sol brincava de esconde-esconde com as nuvens. Como eu já tinha garantido um chuveiro e uma boa noite de sono naquele dia, fomos passear na faixa de areia, onde soltei o Shurastey. Avistei um morro com algumas pedras e supus que poderia render algumas boas fotos por ali. Pegamos uma breve trilha, que estava cheia de barro, e não demorou para o Shurastey ficar igual a um labrador marrom, de tanto rolar por ali. Minhas pernas também estavam cobertas de barro e, pra piorar, o tempo fechou e voltou a chover. Chegamos próximos a um penhasco, que dava para o mar, mas com a chuva e o vento forte que soprava, não deu pra chegar perto para ver, e só nos restava voltar para o fusca. Antes, porém, deixei o Shurastey entrar no mar pra se limpar de toda aquela lama, que não era pouca.

Todo molhado, porém sem lama, Shurastey entrou no Dodongo e seguimos rumo à casa da Jessica, que nos esperava com um belo almoço, um banho e uma cama. Foi só chegar lá que a chuva parou. Shurastey ficou na sacada se secando, enquanto fui tomar banho, trocar de roupa e, finalmente, almoçar de verdade. Desde que havia saído cedo no sábado, o dia anterior, eu tinha comido apenas um cachorro-quente no encontro de fuscas e, na manhã seguinte, um pão com mortadela. Estava azul de fome, sedento por comida de verdade. Além do bem-vindo almoço, ficamos ali conversando, relembrando o tempo de escola.

Papo em dia, foi a vez de repensar o espaço do fusca para que eu e o Shurastey pudéssemos dormir por ali quando necessário. Comecei a tirar tudo de dentro do carro. Algumas coisas eu tinha percebido que não seriam úteis, já estava ensaiando um "joga fora" quando resolvi dar uma segunda chance acreditando que mais à frente poderiam ser úteis. Depois disso, o próximo passo era secar o Shurastey, que continuava molhado, e lá fui eu com três toalhas velhas da Jessica secar todo o seu pelo e escová-lo para retirar o excesso de areia. Feito tudo isso,

31

minha jornada com Shurastey

já era quase hora de jantar, e novamente uma boa e farta comida, e aí cama! Deitei meu corpo num colchão e minha cabeça num travesseiro, Shurastey dormia do meu lado no chão, e eu simplesmente capotei. Só acordei cedo porque tinha uma serra pra subir. Jessica e Thulio nem nos viram sair, às 6h30 da manhã.

Serra do Rio do Rastro

Passávamos por Laguna, mais precisamente pela ponte de Laguna. Não cheguei a entrar na cidade, mas aquele visual de nascer do sol foi de tirar o fôlego. Parei o fusca no acostamento da ponte, pois precisava registrar aquele momento, que pra mim era o mais lindo que eu já tinha visto até então.

Não demorou pra começarmos a subir a serra, e as nuvens foram se abrindo, transparecendo um céu azul e límpido, o que me permitiu contemplar a bela paisagem montanhosa, me deixando ainda mais animado. Quanto mais alto estávamos, mais fechadas e inclinadas eram as curvas, e o Dodongo, um fusca original de 1978 sem nenhuma alteração além do banco removido, se mostrava forte, subia aquela estrada íngreme e sinuosa sem engasgar. Porém, a cada curva eu me via obrigado a parar e fotografar. Queria tirar mais e mais fotos e compartilhar, para talvez motivar um novo viajante a fazer o mesmo, a seguir os seus sonhos e descobrir que não precisava de tanta grana para viajar por aí.

Cada curva revelava uma paisagem distinta. Em algumas, era possível contemplar a estrada lá em cima, em outras, a estrada lá embaixo, sempre com a grandeza daquele cânion à frente. Pensar que a estrada foi construída ali, naquele local inóspito, era assombroso, parecia desafiar a natureza. Algumas curvas eram tão fechadas que pequenos caminhões que por ali passavam precisavam dar a ré para manobrar e poder subir. E o Dodongo subia firme e forte, em segunda marcha, sem fraquejar. Chegar até o topo daquele relevo íngreme foi mais uma vitória, pois muitos me disseram que o fusca não aguentaria a subida da serra.

32

Lá de cima comecei a observar tudo o que tínhamos subido, me perguntando quem fora o louco que pensou "aqui pode passar uma estrada". Depois fiquei sabendo que, na verdade, essa estrada começou a ser construída pelos indígenas, que desciam pelas trilhas, movimento que foi aumentando com a chegada dos tropeiros, que passavam a cavalo por ali. O fato é que eu estava hipnotizado. Nunca tinha visto algo tão fantástico quanto aquela serra. Shurastey não entendia o tanto que eu falava para ele olhar pela janela, acho que pra ele era tudo igual, mato, mato e mais mato, mas pra mim aquilo era incrível. Ao estacionar no mirante que há no topo, soltei o Shurastey, que ao avistar alguns quatis que vivem por ali, roubando os desavisados, saiu correndo atrás dos bichanos. Óbvio que, quando o soltei, não tinha visto os quatis no local.

Ainda não era meio-dia quando chegamos ao topo. Ficamos umas duas horas, conversando com os turistas e aproveitando pra vender mais alguns adesivos a eles e aos motociclistas que chegavam por ali. Deu pra tirar grana suficiente para encher o tanque do fusca, sem contar que eu ia acumulando novos seguidores a cada conversa e a cada adesivo vendido.

Por volta das 14h, peguei estrada rumo a São Joaquim e, no meio do caminho, me lembrei de uma reportagem que contava os mistérios da serra do Rio do Rastro. Um deles era sobre uma descida em que os carros subiam. Lembrei disso porque eu estava numa descida e o fusca estava sem força. Parei o carro no acostamento, larguei o freio e ele começou a subir de ré a descida. Aquilo foi assustador. Por mais que digam que é ilusão de óptica, que na verdade é uma subida, que é um desnível e um monte de coisa, é uma descida e o carro sobe. Naquele mesmo lugar, entrei com o fusca um pouco para dentro do acostamento a fim de preparar o almoço: o meu primeiro miojo de muitos que eu iria comer durante essa viagem.

Seguimos nosso roteiro rumo a São Joaquim. Assim que chegamos, paramos em frente a uma praça onde as crianças, ao sair da escola, brincavam. Eu e Shurastey permanecemos ali, brincando com a molecada até começar a anoitecer. São Joaquim fica no topo da serra catarinense, é uma das cidades mais frias do Brasil, e aquela noite prometia ser muito fria. Assim que o sol se pôs, a temperatura baixou rapidamente, eu até tinha pensado em montar a barraca ali pela praça, pra dormir mais confortavelmente, mas com aquele frio que só aumentava abortei a missão. Presumi que dormir dentro do fusca seria mais seguro e mais quentinho, sem contar que no dia seguinte pela manhã eu não precisaria perder tempo desarmando a barraca.

Eu estava quase sem bateria no celular então deixei Shurastey dentro do fusca e fui até o posto de gasolina, onde tinha wi-fi e tomadas. Enquanto o celular carregava, eu atualizava as redes sociais contando como estava sendo cada minuto dessa trip. Não fazia isso por mim, eu estava vendo e vivendo muito mais do que poderia contar pelo Facebook ou Instagram; fazia para tentar engajar os outros e motivá-los para ver e viver o mesmo que eu. Assim que o celular carregou, voltei correndo para o fusca e encontrei o Shurastey já num sono profundo.

São Joaquim era a primeira parada de uma cidade que eu não conhecia, nunca tinha passado por ali, e só sabia de sua existência por causa da serra do Rio do Rastro. Lembro que, quando paramos o carro, alguns moradores ficavam nos olhando, bastante estranhados. A cidade é pequena e todo mundo deve se conhecer, então qualquer ser diferente que passe por ali deixa todos meio desconfiados. Apesar de São Joaquim receber muitos turistas e motociclistas, eu, para aquele povo, era bem diferente: viajava de fusca e com um cachorro.

Ajeitei as coisas para dormirmos e soltei o Shurastey para ele dar uma aliviada antes de nos espremermos para mais uma noite dormida dentro do Dodongo. Antes do Shurastey voltar, preparei mais um miojo, dentro do carro mesmo. Assim o calor do fogareiro já ajudaria a esquentar o fusca. Aquela prometia ser uma noite muito fria, os termômetros marcavam 5°C e, além das cobertas, eu contava com o Shurastey para me esquentar naquela noite. Assim, espremidos, cansados, porém felizes, se encerrava o terceiro dia da nossa trip.

CAPÍTULO 3

TRAVESSIA GAÚCHA

Entrando no Rio Grande do Sul

Às 6h da manhã já estávamos na estrada, agora com o GPS ligado, já que eu não conhecia a região. O destino era o cânion do Itaimbezinho, um parque nacional de uma beleza incrível, pelas imagens que já tinha visto, que eu já queria ter conhecido havia muito tempo. Porém, ao sair de São Joaquim, o GPS nos levou por uma estrada de terra, chão batido. Até aí tudo bem, mas começou a piorar muito ao longo do trajeto. Com muitas pedras soltas, tornava-se impossível dirigir a mais de 20 quilômetros por hora. A estrada era realmente horrível, mas, aos poucos, a falta de infraestrutura começou a ser compensada pelas belezas naturais da região. Comecei a perceber a quantidade de pinheiros que havia no caminho e, como maio é época de pinhão, o que não faltava era a abundância desse fruto. Instintivamente, parei o fusca perto de dois pinheiros que tinham os galhos relativamente baixos e com pinhas bem grandes. Peguei uma corda, amarrei uma pedra e joguei sobre os galhos, que caíram na estrada. Consegui juntar muitos pinhões, então era só fazer uma fogueira e comer.

minha jornada com Shurastey

Passamos por um riacho que cortava e invadia a estrada, e o fusca seguiu quase como um barco. Sorte que o nível da água estava baixo. Por essa mesma estrada cruzamos a nossa primeira fronteira, ou divisa – entre os estados de Santa Catarina e Rio Grande do Sul. E foi pela pior estrada, pelo lugar mais difícil e inóspito que entrei no estado gaúcho. Bom, pra quem me disse que eu não iria nem subir a serra do Rio do Rastro, ter chegado nas terras sul-rio-grandenses já era algo notável.

A estrada, mesmo do lado gaúcho, continuava ruim, senão pior. Por volta do meio-dia cheguei numa cidadezinha de nome curioso: São José dos Ausentes. Sem ter comido nada, eu estava azul da fome, então qual não foi a minha alegria, ao parar o carro pra abastecer, me deparar com um buffet livre por 10 reais! Comer à vontade por 10 reais é tudo que se quer quando se viaja sem grana, e a comida estava excelente. Uma coisa, porém, compensou a outra: se a comida estava barata, a gasolina foi a mais cara que paguei no Brasil: 4,29 reais o litro. Era de se chorar, mas não havia o que fazer, senão abastecer. Eu precisava seguir caminho e o fusca, naquela estrada, consumia muito mais.

Tudo por ali era pacato e com muita vida selvagem, lembro de ter avistado alguns animais, como tatu-bola e até cobras. Quase por acaso, próximo ao fim da estrada, percebi pelo retrovisor do carro uma cachoeira, que quase passa despercebida. Estava escondida ao final de uma curva do lado direito. Não hesitei: fiz a volta, parei o fusca e descemos, eu e o Shurastey, para dar um mergulho naquela água fria que vinha da serra. Para mim estava extremamente gelada, mas para o Shurastey creio que estava perfeita, pois ele não queria ir embora. Ficamos por ali uma hora e meia aproveitando.

Não foram os mais de 100 quilômetros rodados, mas uma estrada ruim de chão e barro o que me fez demorar mais de meio dia para percorrer esse percurso. Por volta das 14h, chegamos a Cambará do Sul, onde parei apenas para comprar água, e segui rumo ao Itaimbezinho, sempre guiado pelo GPS. O início do percurso numa estrada asfaltada me soava como música, porém, a alegria durou pouco, ou mais ou menos 25 quilômetros. Entramos novamente numa estrada de chão batido. Ainda faltavam cerca de 11 quilômetros e eu começava a duvidar que estivesse no caminho certo, afinal, o cânion é um parque nacional bastante turístico e a estrada, por incrível que pareça, era ainda muito pior do que a anterior.

Após uns 7 quilômetros, nos deparamos com um portão no meio da estrada. No seu lado direito, junto a uma pequena casa abandonada, uma placa avisava: "Passagem interditada". Nesse momento eu tive certeza de que o GPS estava me sacaneando. Além de me mandar pela pior estrada que havia, me fez rodar por 36 quilômetros na direção errada. Voltamos a Cambará do Sul apenas para que eu pudesse me informar sobre onde ficava a entrada correta para o parque. E não gostei do que ouvi. Me disseram que o caminho que eu tinha percorrido era de uma entrada antiga, há muito tempo desativada, e de que o Shurastey não poderia entrar no cânion, que é um parque nacional onde animais domésticos não são permitidos. Fiquei bem chateado, já que eu não iria visitar o Itaimbezinho ou teria que deixar o Shurastey sozinho no carro.

O cavalo

Fiquei em dúvida sobre o que fazer. Decidi voltar até a entrada abandonada, cogitando deixar o carro na porteira e seguir a pé, com o Shurastey, até o cânion. O problema foi que, novamente enfrentando aquela terrível estrada, que me obrigava a dirigir lentamente, chegamos no portão às 17h e não iria tardar a escurecer. Resolvi ficar por ali mesmo, acampar no meio do mato, sem nada nem ninguém, apenas eu e o Shurastey.

Enquanto eu tirava as coisas de dentro do fusca, soltei o Shurastey. Comecei a armar a barraca e, quando fui ver, ele estava no lado de dentro da cerca, se aproximando dos cavalos que pastavam por ali. Não deu tempo de chamá-lo, pois um dos cavalos se assustou e saiu trotando na direção dele. Ao invés de o Shurastey correr pra minha direção, ele foi para o lado oposto. A única coisa que eu consegui fazer foi gritar

"Oooo cavalo!", e comecei a rir, porque a cara de pavor do Shurastey levando um corridão daquele animal foi muito engraçada. Eu ri tanto que minha barriga doía. O cavalo correu atrás dele uns 20 metros, e o Shurastey correu uns 2 quilômetros! O cavalo já tinha voltado a pastar e o cachorro continuava correndo, quase sumiu da minha vista de tanto que correu. Quando finalmente consegui chamá-lo, o Shurastey já estava voltando com o rabo entre as patas e a língua do tamanho da minha mão. Assim que ele chegou perto da barraca já armada, eu disse de novo "Oooo cavalo!" e ele, assustado, correu para dentro da tenda, de onde, à noite toda, não saiu mais.[1]

Enquanto o Shurastey ficava escondido dentro da barraca com medo do cavalo, eu peguei algumas pedras e fiz um cercado, para poder acender um fogo e assar os pinhões que eu havia colhido pelo caminho. Na casa abandonada, consegui lenha velha, o que facilitou bastante. O fogo aceso, além de assar o pinhão, ajudou a espantar os mosquitos e pernilongos que estavam sugando o meu sangue. Assim que terminei de cozinhar, joguei água na fogueira para que não houvesse nenhuma brasa acesa durante a noite que pudesse ocasionar um incêndio. Além de ser muito perigoso para nós, estávamos ao lado de um parque nacional protegido por lei, creio que nem se poderia acender uma brasa por ali. Mas ocorreu tudo bem. Entrei na barraca, deitei e me cobri com o saco de dormir. Shurastey, ainda assustado com o corridão do cavalo, veio e se deitou em cima das minhas pernas, e só saiu no outro dia pela manhã – o que foi muito bom pra me esquentar. Não sei quantos graus fazia, mas estava mais frio aquele dia do que na noite anterior, em São Joaquim.

A noite, apesar do frio, foi um marco. Era a primeira vez que eu acampava, tanto na viagem quanto na minha vida. Estar ali, no meio

---

1 **Nota do Editor** (Zizo Asnis): Quando eles se hospedaram na minha casa, Jesse tinha uma máscara, praticamente uma fantasia, de cabeça de cavalo. Era só vestir aquela parafernália que o Shurastey, apavorado, saía correndo para o quarto mais distante do apartamento, e ficava uns bons minutos por lá. Jesse (e eu também, confesso) caía em gargalhadas. Eu sei, muitos leitores condenarão a brincadeira, dizendo que é diversão com o trauma de um cachorro, mas Jesse não daria bola. Afirmaria que era apenas uma zoação com o Shurastey sem maiores consequências. E não se pode negar o amor incondicional que um sentia pelo outro.

do nada, sem barulho de cidade, sem sons de carros, imergindo num silêncio total que só dava pra escutar (e muito ao fundo) alguns grilos, era de uma paz e uma tranquilidade absurdas. Eu poderia viver ali por meses, pensei, sem contato com mais ninguém. Não senti falta de TV, de videogame nem mesmo de internet. Tudo parecia completo. Aquele primeiro acampamento, além de permitir que dormíssemos melhor do que de dentro do fusca, renovou nossas energias para o próximo dia. Ao acordar pela manhã, a barraca estava sob uma leve camada de gelo. Tinha geado durante a noite.

Serra Gaúcha

Chegamos em Canela, e a primeira coisa que fiz foi uma cópia da chave do fusca. Eu já tinha uma, mas queria uma terceira, pois na noite que havíamos acampado esqueci a chave dentro do fusca e acabei trancando a porta. Por sorte, eu tinha uma chave na carteira, porém, pensei que um belo dia eu poderia trancar a chave e a carteira dentro do carro e aí não seria nada legal. Então fiz outra cópia e escondi esta terceira chave por fora do fusca, caso eu precisasse.

Passeando pelo centro de Canela, parei em frente à praça central, bem arborizada, com uma linda igreja de pedra no meio e todo aquele charme de cidade do interior. Peguei minha cadeira, uma bolinha, o banner da viagem, que estendi sobre o carro, e sentei ali, em frente ao fusca, brincando com o Shurastey. Não demorou para algumas pessoas começarem a se aproximar, perguntando se eu estava realmente viajando e o que estava fazendo por ali. Respondia que sim e aproveitava pra vender adesivos pra financiar a viagem. E mais uma vez consegui vender todo o previsto, 25 adesivos, o necessário para encher o tanque e seguir adiante.

Antes de sair de Canela rumo à famosa Gramado, cidade vizinha, fui visitar a cascata do Caracol. Eu já conhecia, mas o Shurastey não, e lembrava de duas coisas: a primeira, de ter visto cachorros por lá, o que me tranquilizava de não sermos barrados, e a segunda, que para entrar no parque tinha que pagar ingresso, o que eu iria tentar barganhar por lá. Cheguei com o fusca na entrada do parque e nem precisei contar muito: assim que as atendentes viram o Shurastey, de imediato, liberaram nossa entrada.

O parque estadual do Caracol é famoso por sua cascata, uma queda d'água magnífica de 131 metros e um visual de tirar o fôlego. Seguimos um caminho até outra cachoeira e logo depois entramos numa trilha, que levava até bem próximo da cascata principal. Tinha até uma cerca e um aviso, dizendo que era proibida a passagem, mas arrisquei um pouco mais. Quando cheguei no final da trilha, me dei conta de que estava numa espécie de ponte de pedra suspensa. Eu olhava pra baixo e parecia um trampolim de piscina, só que com uma queda bem maior. Contemplei esse visual sozinho. Eu tinha prendido o Shurastey numa árvore, um pouco antes da placa que advertia o risco, ele poderia cair e me derrubar lá pra baixo, e aí a nossa aventura teria um fim bem mais rápido.

Segui pra Gramado, uma linda e apaixonante cidade, porém cara para o nosso padrão de viagem. Fomos e aproveitamos tudo o que podíamos sem gastar. Ficamos zanzando, tirando fotos, conversando e vendendo adesivos. Gramado é muito voltada ao turismo de casais, o que a torna realmente muito cara. Como também consegui vender alguns adesivos por lá, procurei um camping pra dormir mais confortavelmente, reservando o dia seguinte para terminar de conhecer a cidade. Consegui um bom camping e choraminguei um desconto para uma noite, paguei 20 reais apenas por uma cabana de um quarto, com wi-fi, luz e banheiro. O chuveiro era numa casinha à parte, mas isso não importava. Fazia dois dias que eu não tomava banho, estava mais do que precisando. Um banho quente, relaxante. Quando voltei pra cabana, Shurastey já estava dormindo em cima da cama.

Fazia menos de uma semana que eu estava viajando. Sentei na cama onde Shurastey se apossava e aproveitei o wi-fi para postar algumas fotos no grupo de mochileiros. Contei que finalmente eu tinha

travessia gaúcha

largado tudo e estava viajando de fusca com meu cachorro pela América do Sul e que nunca tinha me sentido tão feliz na vida. Fui dormir e quando acordei, na manhã seguinte, constatei que essa publicação teve mais de 24 mil curtidas. Meu Instagram e meu Facebook estouraram. Muitos migraram para os meus perfis e começaram a nos seguir, nos mandar mensagens expressando o seu apoio. Acho que todos que estão no grupo de mochileiros sonham com isso e se sentem felizes quando veem alguém fazendo isso, sendo feliz dessa maneira, sendo feliz com pouco, porém viajando. Percebi que minha viagem servia de motivação para quem ainda não conseguia se desprender do mundo caótico em que vive. Depois de ler uma parte dos comentários e responder a alguns, desliguei o celular, do contrário eu não iria fazer mais nada senão ficar sentado respondendo à galera.

O bom desse camping onde estávamos, além de ser barato, era que tinha um espaço com gramado bem grande, o que permitia que o Shurastey corresse pra lá e pra cá, e enquanto ele se entretinha, eu tratava de limpar e organizar o fusca. Consegui eliminar uma das caixas organizadoras e liberar um pouco mais de espaço e comecei a reparar que muitas roupas que eu havia levado, assim como outras coisas, de nada me serviam, a não ser ocupar espaço. Mas ainda não era a hora de me desfazer de tantas coisas.

Enquanto eu me ocupava com essa organização, o Shurastey foi até próximo de um motor-home. De lá saiu um senhor, que veio falar comigo. Ele viajava com a sua mulher e já tinha ido algumas vezes a Ushuaia. Quando eu falei que estava indo pra lá, ele súper nos apoiou, me deu várias dicas e me mostrou dois aplicativos para usar durante a estrada: maps-me, um navegador com mapas off-line, que eu poderia usar em qualquer momento sem precisar de internet, e o iOverlander, que é um mapa, também off-line, que informa a localização de muitos pontos de acampamentos com estrutura ou mesmo acampamentos que as pessoas improvisaram no meio do nada (assim como eu havia feito perto do cânion), e esses dois aplicativos me ajudariam muito na viagem. Além disso, ele sugeriu várias cidades para conhecer, e uma que

41

minha jornada com Shurastey

ficou marcada, que não estava no meu roteiro, era El Chaltén, na Argentina. Para ele, a cidade mais linda que já tinha visitado. Eu nunca nem tinha escutado falar, mas anotei e decidi que passaria por lá.

Voltamos ao centro de Gramado, Shurastey ia com a cabeça colada no meu ombro. Fomos visitar o lago Negro, um parque muito lindo, com um lago bem no centro, várias árvores e um calçamento de pedras por onde se podia dar toda a volta no lago. Para os preguiçosos e para quem necessitasse, era possível alugar um carrinho de golfe. Mas quem tem, gasta, quem não tem, caminha. O lago nem é tão grande e creio que poderia dar umas cinco voltas sem cansar, então o carrinho era só luxo mesmo ou talvez a experiência de dirigir um carrinho de golfe. Quando estávamos passeando em volta do lago, o Shurastey acabou se soltando da guia e saiu em disparada para o lago. Jurei que ele ia se tacar e se molhar todo, mas ele parou e não foi, por sorte, porque o lago Negro era nossa última parada em Gramado, iríamos almoçar e seguir para Porto Alegre.

Enquanto eu estava tirando umas fotos do Shurastey, lembrei de um convite feito por um casal de Bento Gonçalves, que conheci em Balneário Camboriú, pouco antes de sair, que também tinha um golden, chamado Nadal. Rafaela e João, além do golden, tinham um fusca, e eles fizeram o convite, caso eu fosse passar pela sua cidade. Eu teria banho, lugar para dormir e comida. Claro que eu toparia! Quando lembrei disso, não pensei duas vezes em mandar uma mensagem para os dois.

Eu até então nunca tinha ficado na casa de pessoas que não conhecia direito, mas lembro que me pareceram bem confiáveis. Assim que responderam, embarcamos dentro do Dodongo e descemos rumo a Bento Gonçalves. Logo depois de Gramado, há uma serra com muitas curvas que passa por Nova Petrópolis, com um fluxo intenso de carros, o que me fez usar bastante o freio do fusca. Eu descia devagar, não apenas pelo cuidado, mas também para aproveitar aquela vista. Já os carros passavam por mim como loucos, ultrapassando em locais proibidos e quase causando acidentes, todos com pressa para chegar em casa e eu, sem pressa alguma, apreciando cada curva.

42

Chegamos a Bento no início da noite. Rafaela nos levou até o alojamento da empresa de transportes que possuem, onde tomei um banho e descansei um pouco, e me convidou para um churrasco no seu apartamento, que João iria assar. Na casa deles também conhecemos o Nadal, o seu cachorro, que passou a maior parte do tempo no quarto, para que Shurastey pudesse ficar na sala. Apesar de ambos serem golden, a casa era do Nadal, e território é território, o que poderia acabar em confusão, ainda mais entre dois machos.

Eu vou confessar que estava ansioso para comer carne! Aquela alimentação à base de miojo só enchia a barriga, mas não satisfazia. Quando o churrasco ficou pronto e João começou a me servir, me deu água na boca, quase que não sobrou nem osso pro Shurastey e pro Nadal, de tão boa que estava. Logo após a ótima janta, conversamos e contei a eles sobre minha viagem, sobre tudo o que eu estava vivenciando e, principalmente, sobre toda a felicidade que eu estava experimentando naquela última semana. Deixei alguns adesivos com eles para que pudessem vender para os amigos e voltamos para o alojamento dos caminhoneiros, para uma noite de sono antes de seguir rumo à capital gaúcha.

Porto Alegre

Por volta das 7h da manhã, nós já estávamos descendo a serra. Ao chegarmos em Porto Alegre, em pouco mais de duas horas, já tínhamos alcançado a quilometragem de 1.000 quilômetros rodados, e o fusca não tinha apresentado qualquer tipo de problema. E mais: o Shurastey se comportava sempre bastante tranquilo dentro do carro e eu seguia cada vez mais confiante de que tudo ia dar muito certo e que a nossa nova vida seria muito mais feliz dali pra frente.

Assim que entramos na capital gaúcha, dei de cara com a Arena do Grêmio. Eu queria tirar uma foto com o fusca e o Shurastey na frente dos dois estádios, do Grêmio e do Inter, mas acabei pegando uma entrada errada e fui parar no centro da cidade. Depois que consegui

minha jornada com Shurastey

fazer o retorno e estava quase chegando, o GPS mandou eu fazer uma curva suave à direita, e eu fiz, mas caí numa ponte e lá se foram mais uns 10 quilômetros perdidos. Porto Alegre é muito grande e quem não é da cidade se perde com facilidade. Para retornar, tive que rodar muito. Por fim, consegui chegar no estádio. Uma pena não poder entrar com o Shurastey lá para conhecer. Em seguida, dirigi até o Beira Rio, o estádio do Internacional. Quando fui entrar no estacionamento, os seguranças disseram que não podia. Levei na maciota e os convenci a me liberar apenas para tirar uma foto.

Começou a chover. Eu, que já não tinha ideia de onde iria dormir, com a chuva só piorou. Com minha internet sem funcionar, busquei por postos que tivessem wi-fi, mas não havia em nenhum dos quatro em que fui. Usei então o app iOverlander, que o senhor do motor-home de Gramado me indicou, para buscar algum camping, mas todos estavam a mais de 20 ou 30 quilômetros de distância de onde eu estava. Voltei a ter internet e aproveitei para usar a minha página do Facebook e pedir apoio a alguém de Porto Alegre que estivesse acompanhando a nossa viagem.

Naquele momento eu ainda não tinha muitos seguidores, mas talvez surgisse alguém da cidade que pudesse me ajudar. Quando eu já estava quase desistindo e indo para um camping, a 30 quilômetros de distância, apareceu o Gefferson, que mandou uma mensagem se oferecendo para nos hospedar, eu e o Shurastey. Confesso que fiquei com medo. Rafaela e João eu já tinha conhecido pessoalmente antes, mas esse Gefferson era um completo desconhecido, eu não tinha nenhuma referência sobre ele, apenas que acompanhava a minha página – mas pessoas ruins também acompanham para poder fazer o mal. Dei uma breve vasculhada no seu perfil do Facebook, que era aberto, e me senti mais seguro. Respondi dizendo para me passar a localização do apartamento, que ficava no centro da cidade, o que também me deixou um pouco mais tranquilo, porém com receio ainda.

Ao chegar ao seu prédio, o encontrei me esperando na frente. Assim que ele me avistou, indicou uma garagem (que eu pensava ser do seu apartamento) para eu estacionar o fusca. Gefferson era um cara alto,

44

mais alto do que eu, usava uma camisa do Grêmio e tinha um jeitão bem humilde. Antes mesmo de eu chegar lá, nas conversas pelo WhatsApp, ele me contou que morava com a mãe e a tia, o que também me deixou mais tranquilo. Entramos no apartamento e eu logo, pelo celular, informei a minha família e amigos onde eu estava. Conversamos um pouco, mas ele era bem na dele, o que começou a me deixar cabreiro. Ele ficava no celular jogando, não conversava muito. E eu, no meu canto segurando o Shurastey para ele não sair derrubando tudo com o rabo. Tampouco eu tinha visto a mãe e a tia.

Quando a chuva deu uma trégua, ele me avisou que ia ao mercado, e eu na mesma hora me convidei pra ir junto, pra não ficar sozinho lá e também levar o Shurastey pra passear. Na verdade, eu ainda estava com receio, nunca tinha feito isso, ir pra casa de um total desconhecido, então achei mais prudente não ficar sozinho no apartamento. Fomos ao mercado, onde ele comprou umas massas de pizza, enquanto eu aguardava do lado de fora com o Shurastey. Voltamos à sua casa, ele disse que ia esperar a namorada chegar para assar as pizzas. Quando ela chegou, começamos a conversar mais e logo aquele meu medo passou. Sua mãe estava viajando e a tia, que estava adoentada e eu ainda não tinha visto, saiu do quarto para jantar. Todos eles, disseram, já acompanhavam a nossa aventura desde quando saímos de Balneário Camboriú.

Gefferson era um cara de muito bom coração. Nos acolheu dentro do seu apartamento sem nem pensar, nos deu comida e uma cama para descansar. Era a terceira noite seguida que eu dormia numa cama, as coisas estavam começando a melhorar. Assim que terminamos de jantar, fiz questão de lavar a louça. Era uma forma de agradecer pela hospedagem e comida.

Estávamos no sofá conversando quando meu celular tocou. Quem me ligava era um jornalista de uma TV local. Eles queriam gravar uma entrevista comigo. Como eu planejava seguir viagem o mais rápido possível, rumo a Pelotas, disse que só poderia se fosse no dia seguinte pela manhã. Papo vai, papo vem, combinamos de gravar logo cedo uma breve reportagem.

No dia seguinte acordei cedo. Quando fui pegar o fusca, descobri que o estacionamento era pago. Quase chorei aquele dia. Paguei 30 reais pela noite – para o fusca. Tentei barganhar esse estacionamento, mas tive que pagar o valor total. Segui o pessoal da reportagem até o local onde eles queriam gravar. E como o tempo ainda estava bem feio, chuviscando, não deu pra soltar o Shurastey pra ele brincar. Assim que começamos a gravar, a chuva deu uma trégua, e conseguimos fazer uma matéria bem bacana, com perguntas do tipo: "por que viajar com o cachorro?", "por que viajar com o fusca?" e "o que te motivou a fazer isso?". Era a primeira vez que eu era entrevistado assim. Entrevista feita, voltei ao apartamento do Gefferson, agradeci imensamente ao casal por nos acolher naquela noite, nos despedimos e seguimos com o Dodongo rumo a Pelotas.

Pedágio, chuva na estrada e a catinga do Shurastey

A chuva voltou a cair quando saímos de Porto Alegre e entramos na BR-116, em direção ao sul do estado. A estrada era horrível, muitos buracos no asfalto. Mas o que mais me surpreendeu foi o pedágio. Não por ser caro e a estrada ruim, porque no Paraná as estradas são péssimas e os pedágios, caríssimos, mas pelo fato de que eu tinha esquecido de sacar dinheiro para pagar os 13,80 reais da cancela. Ao ver a placa escrito "pedágio" já comecei a procurar minha carteira e, quando abri, tinha 2 reais, apenas 2, ou seja, não teria como pagar. Voltar a Porto Alegre para sacar dinheiro significaria um retorno de uns 50 quilômetros, se não me engano, ou seja, daria mais uns 100 quilômetros. E agora, o que fazer?

Estacionei o carro no acostamento e comecei a catar todas as moedas que eu tinha. Revirei o fusca. Eu sabia que havia 50 reais, que simplesmente sumiram no camping lá de Gramado. Fiquei quase uma hora catando pelo fusca todas as moedas possíveis, retirei todas as roupas para procurar esses 50 reais, mas não achei. Por fim, consegui juntar

travessia gaúcha

quase 10 reais e decidi tentar subornar a mulher do pedágio com um adesivo. Quando cheguei na cabine da cancela, contei o que estava acontecendo, a atendente pensou, olhou para o Shurastey e disse: "Só vou liberar por causa do cachorro." E foi assim que o Shurastey salvou o dia. Então fica a dica: tenham dinheiro para o pedágio – ou viajem com um golden!

Logo à frente desse pedágio havia uma cidade, a qual entrei para sacar um dinheiro no banco. Enquanto isso, o Shurastey ficou dentro do fusca. Quando voltei, estava um fedor de catinga. Parecia que ele tinha comido um urubu. Ele tinha recém-soltado um peido, mas foi tão fedorento que eu tive que descer ele do Dodongo, abrir as portas e esperar uns 15 minutos pra poder voltar pra dentro. Ele catingou o fusca de tal maneira que foi impossível seguir viagem de imediato. Assim que aquele fedor passou, voltamos para a estrada, mas o Shurastey estava de sacanagem comigo naquele dia. Não rodamos nem 30 quilômetros e ele soltou outra bufa. Chovia, e eu fui obrigado a abrir todos os vidros do fusca. O fedor era insuportável. E Shurastey aparentemente dormia tranquilo, como quem não fez nada. Ou desmaiou com o próprio cheiro.

Como a estrada era horrível e estava chovendo, estávamos indo bem devagar (não que desse para ir muito rápido com o fusca). Logo começou a escurecer e os caminhões que passavam por nós, além de jogar água por tudo, estavam quase provocando acidentes. Resolvi parar num posto de gasolina para preparar o meu miojo salvador, já que eu só tinha comido algumas bolachas. Parei no posto de gasolina. Era por volta de 19h30, conversei com os frentistas e fiz meu miojo. Pelotas não estava muito longe, mas como a chuva ficava mais forte, seguir viagem seria complicado. Próximo ao posto havia um hotel. Pensei em passar a noite ali, mas depois que vi o valor de 50 reais, dei dois pulos pra trás e voltei pra dentro do fusca. Sempre que eu parava num posto de gasolina acabava vendendo adesivo, para os frentistas ou para o pessoal que abastecia. Nesse posto consegui vender três adesivos. Já deu pra comer uma coxinha, além do miojo.

47

minha jornada com Shurastey

No posto, entrei em contato com o pessoal de fuscas de Rio Grande. Eu lembrava que um integrante morava em Pelotas e tinha se proposto a nos receber. Na verdade, já estava quase tudo certo para eu ficar na casa do Felipe, mas mandei mensagens pela manhã e durante a viagem, e ele não me respondia; no posto, tentei ligar e nada dele atender. Depois de quase todos os integrantes do grupo de fuscas mandarem mensagens para ele, finalmente ele respondeu e aí eu informei que talvez fosse dormir no posto àquela noite e que chegaria em Pelotas na manhã do dia seguinte, mas que, se a chuva desse uma trégua, eu iria tentar rodar os poucos quilômetros que restavam.

Eu já estava organizando as coisas para dormir dentro do fusca enquanto o Shurastey brincava com os cães do posto, e aí veio um frentista e me disse que o posto não ficava aberto 24 horas e que era mais seguro eu seguir viagem, já que Pelotas estava bem perto. Como a chuva tinha parado e o tráfego de caminhões tinha diminuído bastante, resolvi colocar o peidorrento do Shurastey dentro do fusca e seguir viagem.

Não demoramos nem uma hora para chegar em Pelotas, apesar de estar viajando de noite, o que eu não gosto de fazer com o fusca (porque tudo pode acontecer e ninguém vai parar para ajudar). Chegamos sem nenhum problema, exceto que o Felipe, novamente, não respondia ao WhatsApp. Tentava ligar e ele também não atendia. Estávamos bem no centro da cidade, parados novamente num posto de gasolina, esperando uma resposta, que como não vinha, retirei o encosto do banco e deitei. Já estava tudo pronto para eu e Shurastey dormirmos. Enviei uma última mensagem com a nossa localização, deitei e peguei no sono. Por volta da meia-noite, o Felipe apareceu no posto e me ligou. Ele não tinha visto que eu estava dormindo dentro do fusca, estacionado quase em frente ao fusca branco dele. Eu estava bem cansado, então conversamos brevemente ali no posto e fomos até a sua casa. Ele me explicou que estava na igreja e por isso não olhou o celular, só conseguiu acessar mais tarde, e assim que viu minha localização foi ao meu encontro. Em sua casa, ele me cedeu o sofá, tomei banho e me

48

aprontei para dormir, enquanto o Shurastey brincava na sala com um dos filhos dele.

Sequestrados em Pelotas

Acordamos cedo, e, depois de dois dias chovendo, um sol raiava pra alegrar a viagem. Felipe quis preparar um café da manhã, mas como eu não tenho o costume de comer pela manhã, agradeci e disse que iria sair para conhecer um pouco da cidade. Felipe já de primeira vista me passou segurança, um rapaz humilde, com seu fusquinha, e que participava dos mesmo grupos de fuscas no WhatsApp que eu. Ficar na sua casa, então, não me trouxe nenhum tipo de preocupação. Sua esposa e os filhos, todos muito simples, bastante receptivos e sempre querendo me agradar, amaram o Shurastey e o receberam dentro de casa com muito carinho. Perguntei a Felipe aonde ir e o que visitar em Pelotas e ele me deu algumas dicas, como o museu da Baronesa e a praia do Laranjal.

Fomos ao museu, que infelizmente estava fechado. Mas a viagem não foi perdida, já que havia um grande bosque em volta, com um gramado muito bem cuidado, que o Shurastey, é claro, amou correr por tudo. O museu da Baronesa, de grande valor histórico, foi doado ao município por descendentes de barões, sob a condição de que a casa e o parque – que se tornaram patrimônio histórico municipal – fossem abertos ao público. O prédio, com sua fachada neoclássica (pesquisei!), e toda área verde ao redor são muito bonitos e vale a pena conhecer.

Seguimos depois para a praia do Laranjal, que está dentro da lagoa dos Patos, a uns 10 quilômetros do centro da cidade, uma ótima opção para os dias quentes e para quem não quer rodar quase 100 quilômetros até uma praia de água salgada. Quando chegamos, ventava muito, e pra piorar começou a me dar uma dor de barriga. Estacionei o fusca no final da praia, em cima da faixa de areia, e soltei o Shurastey, que sumiu em direção à água, e dessa vez não deu tempo de gritar para ele não entrar. Quando vi ele já estava lá no meio. Apesar dos ventos fortes, aquele início de tarde fazia bastante calor. Enquanto Shurastey tinha ido se refrescar, eu aproveitei que não tinha ninguém por perto e fui até a restinga, com meu papel higiênico debaixo do braço. Me aliviei por ali mesmo, num canto da praia que estava vazio. Foi uma situação complicada, eu realmente estava apurado. Só deu tempo de pegar o papel e correr.

Passamos o resto da tarde na praia e, enquanto o Shurastey ficava correndo pra lá e pra cá, resolvi retirar tudo de dentro do fusca para organizar melhor. Separei algumas roupas que percebi que não usaria, panelas e pratos de pouca utilidade que eu tinha levado e deixei tudo de lado para doar, e lá se encheu mais uma caixa organizadora com coisas que eu tinha certeza de que não iria mais precisar. Nesse momento, começava a entender melhor o que era uma viagem assim, estradeira, sem luxos, e o que realmente era e o que não era importante. No caminho de volta para a casa do Felipe, passei por um bairro mais humilde, vi algumas crianças brincando, parei o fusca e doei a caixa com roupas, panelas e outras coisas.

Na manhã do dia seguinte, enquanto eu estava no posto abastecendo, começaram a chegar várias e várias mensagens, muitas solicitações de amizades e uma leva de novos seguidores, o que me deixou meio surpreso, até que um amigo me mandou o link da reportagem feita em Porto Alegre, que tinha até passado em rede nacional. Minha tia me ligou em seguida dizendo que também tinha visto em Curitiba. Conversamos um pouco sobre a viagem e sobre os próximos passos. Contei a ela que eu estava na casa do Felipe, que ia ao banco sacar dinheiro para fazer câmbio em dólar e que eu permaneceria na cidade por mais uns dois dias. Eu queria falar com o Nauro, da Expedição Fusca América, um fotógrafo que já tinha viajado de fusca pela América do Sul. Mandei mensagem a ele na noite anterior, e ele me disse que chegaria em Pelotas dentro de dois dias; por isso resolvi ficar mais tempo na cidade e esperar por ele. Seria muito bom conversar e tirar algumas dúvidas sobre a viagem, pegar o máximo de informação possível, saber o que realmente era importante levar e quais rotas seguir.

Saindo do posto, decidi ir a um camping. Eu queria me isolar. Era muita mensagem chegando, muitos comentários sobre a reportagem, pessoas estranhas me ligando, eu não estava acostumado com aquilo. Queria dar uma sumida e assim peguei a estrada para um camping que ficava a uns 30 quilômetros da cidade. Ao chegarmos, constatei que o lugar era no meio do mato, totalmente isolado. Não tinha rede de telefone e muito menos internet. Era tão simples que mal havia uma identificação, apenas uma placa escrita à mão "Camping". Tampouco contava com uma portaria ou alguém atendendo. Havia apenas uma casa do lado esquerdo, que aparentava não ter ninguém. Entrei com o fusca e dei uma buzinada, e de dentro da casa saiu uma senhora, a quem eu disse que precisava acampar, mas não tinha muito dinheiro, que eu estava viajando com o cachorro e vendia adesivos para abastecer e comprar comida. A senhora, muito gentil, disse para eu ficar quantos dias eu quisesse, que naquela época do ano ninguém aparecia. Então estava tudo certo. Agradeci e segui com o fusca por uma estradinha de terra bem esburacada, uma descida íngreme o suficiente para pensar que na volta o fusca talvez não conseguisse subir.

Ao final do trajeto, encontrei um grande gramado e a área para montar barracas, ao lado de algumas churrasqueiras feitas de pedra. No fundo passava um rio e, mais à frente, seguindo o curso da água, havia uma cachoeira. Estacionei o fusca, soltei o Shurastey e comecei a montar a barraca. A primeira coisa que o Shurastey fez foi entrar no rio e a segunda foi tomar um corridão de uma vaca (ou boi, sei lá). Como ele não sabia diferenciar, deve ter achado que era um cavalo perseguindo ele. Tinha um campo de futebol, e o Shurastey foi indo pra lá depois, enquanto eu acabava de montar a tenda. Ele voltou correndo com a mesma cara apavorada de quando o cavalo correu atrás dele, no nosso primeiro acampamento, e dessa vez entrou no fusca e ficou deitado, escondidinho, lá dentro.

Barraca armada, peguei meu facão e fui cortar alguns galhos de árvores velhas e secas para acender uma fogueira; nisso, encontrei alguns bambus já cortados e aproveitei pra levar e ajudar no fogo. Eu ainda

minha jornada com Shurastey

tinha pinhões e queria comer cozidos dessa vez, e como o fogareiro que eu trazia utilizava gás em garrafinhas pequenas, não dava pra deixá-los cozinhando porque ia gastar todo o gás e possivelmente não iria cozinhar. Com a fogueira acesa, peguei uma caneca, um pedaço de arame e coloquei os pinhões para cozinhar na caneca pendurada em cima da fogueira. Comecei a colocar os bambus no fogo e, de repente, um deles estourou, parecendo um tiro. Shurastey, que naquele momento estava do meu lado, saiu correndo assustado pra dentro da barraca. E não parou por aí, porque a cada cinco minutos um gomo estourava. Coloquei uns dez pedaços de bambu e toda a lenha que eu tinha cortado e ainda um tronco de árvore que estava perto do rio. Enquanto meus pinhões cozinhavam, fui me banhar no rio, uma água gelada, mas ali era onde eu ia tomar banho naquele dia, naquele final de tarde. Levei até xampu e sabonete (e me limpei muito rápido, é verdade). Shurastey seguia dentro da barraca com medo das explosões dos bambus. Só deixou seu refúgio quando comecei a comer meus pinhões com o bom e velho miojo, agora com uma carne que eu tinha comprado num mercado de Pelotas e que, graças ao meu fogão, virou um bife frito. A refeição naquela noite prometia ser top.

Sob aquele céu onde algumas estrelas me saudavam, naquele camping ermo sem contato com ninguém, novamente uma calma se apossava de mim, e a certeza de estar fazendo exatamente o que eu queria da minha vida. Entrei na barraca e comecei a lembrar de tudo o que eu tinha vivido nesses últimos dias e percebi que eu tinha vivido muito mais nesses dez dias da viagem do que nos últimos cinco anos da minha vida. Tudo era mais intenso, tudo era mais gostoso de se ter: dormir numa cama era luxo; comer arroz e feijão era um sonho; tomar banho quente, um sonho maior ainda. São coisas banais do dia a dia e que não lembramos de valorizar. Muitas vezes reclamamos do que não temos, em vez de agradecer pelo que temos. Todos os dias eu agradecia pelo fusca ligar, agradecia por ter um miojo pra comer, agradecia pelo Shurastey me acompanhar e estar bem, agradecia pelo que eu tinha. Independentemente de ser muito ou pouco, era o que eu tinha!

52

travessia gaúcha

Amanheceu com uma friaca e uma névoa que até demorei um pouco para sair da barraca. Quando saí entendi porque não havia ninguém ali naquela época do ano: fazia muito frio, ainda mais por ser beira de rio. Eu tinha gostado tanto de dormir ali que já tinha decidido ficar mais um dia, até o Nauro chegar. Mais um dia fazendo absolutamente nada no camping, apenas passando a tarde no rio, brincando. Por volta das 16h, fui jogar bolinha para o Shurastey se secar, porque não dava pra ele dormir molhado dentro da barraca, e ele correndo pelo gramado ajudava a se secar. Um pouco acima de onde estavam as vacas, havia uma cerca elétrica, e quem foi lá xeretar? O Shurastey, claro. Só deu pra ouvir ele correndo e chorando, por, provavelmente, ter encostado o focinho na cerca e tomado um choque. A noite chegou e a fogueira se repetiu: mais pinhão cozido, porém sem miojo ou carne. O bom do camping é que tinha banheiro, então não precisei me aliviar no mato como na praia do Laranjal.

Acordamos cedo para levantar acampamento e, quando chegamos em Pelotas, fui perceber o tamanho do problema que esses dois dias isolado no camping, sem comunicação, me renderam. Assim que meu celular conectou à internet, não parou mais de vibrar, receber mensagens de texto, WhatsApp, ligações perdidas... Não era pouca coisa, não. Minha família, sem ter comunicação comigo, entrou em desespero, mandou mensagem para o Felipe, que disse que eu iria acampar, mas não satisfeitos e pouco convencidos, mandaram mensagem para o Nauro, para saber onde eu estava. Logo depois entraram em contato com a polícia de Pelotas, o que gerou o maior alvoroço, pois eles ainda comentaram na minha página no Facebook sobre o meu "desaparecimento". Simplesmente começaram a achar que eu e o Shurastey havíamos sido sequestrados!

Fiquei pensando em como isso foi acontecer. Primeiro, falta de comunicação da minha parte: eu realmente não informei à minha família que iria para um lugar sem acesso à internet, até porque eu não sabia que lá não haveria sinal. Segundo, precipitação da parte deles: a viagem que eu fazia iria me deixar sem comunicação mais cedo ou mais tarde. Sorte

minha jornada com Shurastey

que foi mais cedo, enquanto ainda estava no Brasil, porque na Argentina, se falassem que estava desaparecido, sei lá, capaz de me prenderem por lá! Enfim, "sequestro" resolvido, fui atrás do que planejava fazer.

Nauro morava numa palafita, um pouco distante do centro de Pelotas. Eu já tinha visto que ele às vezes recebia viajantes na sua casa. Então, quando cheguei na cidade, o Felipe me passou o número dele e eu o contatei a fim de trocarmos uma ideia. Assim que cheguei, o portão estava aberto e avistei, embaixo da casa, seus dois fuscas, com os quais fez várias viagens pelo Brasil e expedições pela América.

De altura mediana, com barba e um pouco forte, Nauro logo apareceu e, juntamente com sua mulher, me convidou para entrar, embora já estivessem com visita, um amigo músico. Shurastey ficou dentro do carro, pois eles tinham um cachorro um pouco agressivo. Conversa vai, conversa vem, Nauro me mostrou os mapas de viagem, os lugares por onde passou e me contou um pouco de sua experiência. Eu via nele alguém que pudesse me dar várias dicas e me motivar a seguir adiante. E assim ele fez, dizendo para eu ir em frente e dando algumas dicas, talvez a mais importante: "nunca recuse comida quando te oferecerem na estrada".

Algo, porém, não me fez bem ali. Quando fomos todos para fora, ele se aproximou para ver o Dodongo, enquanto sua esposa e o amigo seguiam conversando. Ele entrou e sentou no banco, e eu comentei que no caminho, saindo do camping, senti que estava sem freio e que gostaria de saber quais peças sobressalentes eu deveria levar nessa viagem. Mas o freio ainda me preocupava. Como eu não entendia nada de mecânica, não tinha ideia do que poderia ser, e ficar sem freio com um fusca não era boa ideia. Ele olhou o reservatório do freio, estava vazio. Sendo sincero, eu nem sabia que aquilo existia. Foi aí que ele realmente percebeu que eu não entendia nada de mecânica, apesar de eu já ter dito isso a ele. Eu me abaixei para ver se havia algum vazamento, e foi aí, nesse momento, que jogaram gasolina na minha viagem. Quando eu estava agachado, escutei ao fundo um comentário baixinho: "Ele não vai conseguir. Se duvidar não passa do Chuí". Creio que quem falou isso, obviamente, não falou para eu escutar e não esperava que eu tivesse escutado, mas escutei. E o que pra muitos poderia desmotivar, pra mim foi como se tivessem jogado gasolina na minha fogueira. Aquelas palavras, duvidando da minha capacidade, entraram pelo meu ouvido e foram parar no meu tanque de combustível. Eu já tinha escutado coisas desse tipo antes, mas eu via e ouvia as pessoas falarem se dirigindo a mim, e eu podia contestar, argumentar. Mas dessa vez foi diferente, eu só ouvi, não pude debater. Escutei e guardei dentro do meu tanquinho de combustível.

Acho que eles não entendiam o real motivo de eu estar viajando, não entendiam que aquilo não era uma simples viagem, em que tudo teria que dar certo. Eu não entendia de mecânica e sabia que problemas iriam acontecer, e era nos problemas que eu iria aprender, não só em relação ao carro, mas em tudo na minha vida. Era nas dificuldades que eu teria que me virar. A dificuldade de não falar espanhol, de viajar num carro antigo, de vencer o frio, a fome, a falta de coisas básicas, de provar para aqueles que duvidavam e jogavam contra. Eu não estava viajando a passeio ou com uma rota predeterminada, com grana sobrando, eu estava vivendo na estrada, sem saber de nada mesmo. Eu tinha consciência disso, foi o que escolhi.

Logo em seguida, Felipe também chegou com o seu fusca à casa do Nauro. Foi para se despedir de mim, já que eu dali iria direto para Rio Grande, onde o pessoal do grupo de fuscas me esperava. Em seguida, saímos os três de fusca, Nauro foi fazer as coisas dele, eu e Felipe fomos comprar peças para o carro, incluindo fluido de freio, já que eu estava sem. Compras feitas, me despedi do Felipe, agradeci pela força e pelo apoio e segui viagem.

Amigos VW de Rio Grande

Rio Grande não fica muito distante de Pelotas, em menos de uma hora eu já tinha chegado no pedágio, onde alguns amigos que eu nem conhecia me esperavam. Eram do grupo Volkswagen do WhatsApp. Me deparei com três carros, dois fuscas e uma brasília, e no caminho foram se

minha jornada com Shurastey

juntando mais fuscas. Quando chegamos na entrada da cidade, já eram sete fuscas mais a brasília, além de uma equipe que gravava a nossa chegada. Era para eu ter entrado por baixo de um pórtico com formato de uma máquina de costura, mas acabei errando e entrei pela lateral.

Todos me cumprimentaram, tiraram fotos com o Shurastey, com o fusca e, nas conversas, todos me apoiavam, compravam meus adesivos para ajudar – e um deles preciso destacar, o Sr. Erli, dono de um fusca azul, que usava um boné da Adidas e tinha um jeitão de avô. Ele salvou meu dia, pois comprou um único adesivo para encher o meu tanque. Ele disse: "Vamos lá encher esse teu tanque, porque tu fez algo que eu sempre tive vontade, mas nunca tive coragem, então pelo menos vou te ajudar com a gasolina". Ele só não esperava que meu tanque estivesse tão vazio que mal conseguiu chegar no posto. Assim que fiz o retorno pra entrar no posto, a gasolina acabou, a 10 metros de distância. Lá foi a galera dos fuscas empurrar até chegar na bomba, e o Sr. Erli, coitado, encheu o tanque.

Outro desafio a vencer era a falta de lugar para dormir naquela noite. Todos tinham suas casas com cachorros e outros tinham filhos, sem espaço para acomodar eu e o Shurastey. Enquanto estávamos no posto abastecendo, o pessoal fazia ligações em busca de apoio, até que conseguiram com um cara, dono de um alojamento para caminhoneiros e motoristas de ônibus, que cedeu um quarto para ficarmos. Agradeci o Sr. Erli pela gasolina, me despedi do pessoal, e um dos guris que estava de fusca com a gente nos acompanhou até o local onde iríamos passar aquela noite e também a seguinte. Chegamos ao local, um prédio bem simples, com beliches e uns colchões meio velhos, mas ao menos eu teria onde tomar banho e cozinhar, e o melhor de tudo, de graça.

Quando acordamos pela manhã, eu tinha que resolver um problema na mangueira do respiro do fusca, que estava partida e deixava vazar gasolina, sem contar o freio, que não existia praticamente. Comecei a buscar por uma mangueira de silicone para repor, isso era simples de consertar, porém o freio, não. Dei uma volta pela cidade tentando encontrar um lugar onde vendesse a tal mangueira. Lembro bem desse dia.

Eu estava em busca daquele item fazia uma hora, até que um vendedor me indicou determinada loja. Passei pela frente dela, mas não reparei que tinha estacionamento e ainda com vagas. Quando notei, ao tentar fazer o retorno, dei a volta na quadra, entrei numa contramão, subi pela calçada e, cansado de tantas voltas, acabei estacionando em frente a uma casa branca em obras. Deixei o Shurastey dentro do Dodondgo e fui comprar o que precisava. Voltei e assim que comecei a trocar a mangueira, saiu de dentro da casa um rapaz alto, despenteado, de barba e com graxa nas mãos, que veio e me perguntou se eu precisava de ajuda. Respondi que estava trocando a mangueira do respiro e tinha problema no freio. Isso foi o suficiente para iniciarmos uma conversa, na qual contei um pouco sobre minha viagem, para onde eu iria. Enquanto isso, ele, Diogo, se apresentou, que demonstrava entender de mecânica, dava uma breve olhada nos freios quando identificou o real problema. Pelo que entendi não era tão simples quanto uma falta de fluido de freio. Segundo ele, vazava o cilindro mestre do freio, que era outra peça que eu sequer imaginava que existisse.

Fiquei preocupado de início, não tinha ideia do valor dessa peça nem se era fácil trocar. Mas Diogo, me acalmando, disse: "Vamos ali comprar e trocar isso pra que você possa seguir viagem". Pesquisamos numas dez lojas o preço dessa peça, que custava entre 110 e 120 reais, o que pra mim era muito caro, principalmente naquele início de jornada. Até que encontramos uma loja onde o dono se simpatizou com a viagem e nos deu um belo desconto, me cobrando 60 reais. Voltamos ao fusca, eu tinha deixado o Shurastey brincando com a família de Diogo, e assim ele ficou enquanto eu ajudava o gaúcho a trocar a peça. É certo que ele fez praticamente tudo sozinho, levantou a frente do fusca, tirou a roda e começou a tirar o cilindro velho. Foi na rua, na frente de sua casa, que Diogo se tornou o primeiro salvador da nossa trip.

Quando paro pra pensar nessa situação, só consigo entender de uma maneira: aconteceu porque era para acontecer. Rodei por mais de uma hora, fui em mais de dez lojas atrás dessa mangueira. Eu poderia ter achado na primeira, ter feito a troca e ido atrás de um mecânico que iria me cobrar no mínimo uns 350 reais para trocar a peça – e provavelmente não faria naquele dia. Mas não, eu tive que ir até essa loja, que ficava na esquina da casa do Diogo, e poderia ter parado no estacionamento da loja, que estava vazio, mas não, eu tive que entrar numa rua contramão, dar uma volta e parar bem em frente à casa dele. É, eu precisava da ajuda dele naquele exato momento, e ele me ajudou, sem sequer saber ou me perguntar se eu tinha grana. Ele fez de bom coração e nos ajudou muito, até porque depois o freio nunca mais deu problema.

Onde diabos foi parar o meu rack

Chuí era a última cidade brasileira a ser desbravada por nós. Mas antes, resolvi conhecer Cassino, a maior praia em extensão do mundo, com mais de 220 quilômetros. Fica a cerca de 14 quilômetros do centro de Rio Grande, e eu queria visitar essa praia, marcar presença, afinal era a maior praia com o dono de fusca mais louco do mundo. Assim que chegamos, ventos muito fortes sopravam e ondas grandes se formavam, mas isso não seria problema, pois como tem uma faixa de areia bastante larga, carros podiam circular tranquilamente sobre ela, afastados do mar.

Entramos na faixa de areia e começamos a rodar em direção ao Uruguai. Obviamente não iríamos fazer a travessia por ali. Muitas coisas poderiam acontecer: ficar presos no meio do nada, perder o fusca atolado, sei lá. Porém, eu queria ir até a carcaça de um navio encalhado que por ali se encontrava. E nesse trajeto, pela areia, o vento que soprava a favor da nossa direção era tão forte que eu quase podia desligar o fusca e ainda assim continuaria rodando. O tempo não estava dos melhores, muitas nuvens num céu cinza, como se fosse chover em breve.

Dirigia a uma velocidade de 30, 40 quilômetros por hora, tínhamos passado já do parque eólico, que fica à beira-mar, quando avistei à frente uma corrente de água. Eram pequenos riachos, que desembocavam na praia fazendo valas, e por isso tínhamos que ficar alertas e

travessia gaúcha

passar bem devagar. Um pouco mais à frente, porém, o Shurastey colocou a cabeça no meu ombro, e eu já sabia que sempre que ele fazia isso era porque queria que eu abrisse a janela. Eu, nesse movimento de abrir a janela, que estava sempre emperrada, olhei para a maçaneta e por segundos não vi que logo adiante havia uma vala, não era do rio, mas creio que fosse da chuva. Era um degrau de uns 30 centímetros, que o fusca passou direto, e quando caiu na areia novamente, o que saiu voando foi o nosso rack. Na verdade, quando eu vi que o fusca ia cair, eu freei na hora, e esse ato de frear foi que fez aquele suporte, que já estava solto, se desprender por completo e voar por cima de nossa cabeça.

O rack já estava com problemas de fixação desde que eu o comprei e instalei, mas ele sempre esteve preso em pelo menos duas das quatro bases de fixação. Nesse dia, porém, ele desprendeu as traseiras e voou por cima do fusca, caindo sobre o capô e se desmontando todo. Por sorte, consegui frear antes de passar por completo por cima do saco de ração do Shurastey, que estava lá em cima, e pelos ferros retorcidos do rack. Se eu não tivesse parado a tempo, com certeza os pneus iriam rasgar naqueles ferros, isso se o próprio assoalho do fusca não fosse cortado, ou sabe-se lá o que mais poderia acontecer se eu tivesse passado por cima do rack.

Decidi que a nossa ida até o navio naufragado terminava ali. Na praia, em plena faixa de areia, fiquei quase uma hora guardando as coisas que estavam em cima do rack pra dentro do fusca, que já não tinha mais espaço pra nada. Depois levei o rack pra longe da areia, para que outros carros não passassem por ali e acabassem furando os pneus. Infelizmente, não tive como levar o rack até a cidade para arrumá-lo, pois estava todo mole. Assim que terminei, pegamos a praia no sentido contrário ao vento, e tudo o que o vento antes nos ajudou, dessa vez atrapalhou. Dodongo com seu motor 1300L nunca foi dos mais fortes, e com o vento contra sentia mais dificuldades. Ainda assim, vencemos mais esse desafio e seguimos para o Chuí.

minha jornada com Shurastey

Chuí, a primeira fronteira

Uma estrada tranquila, com pouco mais de 220 quilômetros, nos conduzia sob uma leve garoa à última cidade do Brasil, passando no caminho pelo Taim, uma reserva ambiental protegida por lei e repleta de capivaras (que vez por outra apareciam na pista). Já perto do Chuí, comecei a avistar, próximo à estrada, grandes torres de energia eólica, e eu, que já estava pra lá de curioso com essas torres desde que as vi pela primeira vez nos arredores de Laguna, decidi entrar numa via de terra e chegar o mais próximo possível de uma delas. O que eu não imaginava era que essas torres são imensas, muito grandes mesmo. De longe já pareciam enormes, mas quando chegamos perto, fui entender o quão pequeno nós somos. Bati uma foto a distância, com o fusca junto a uma delas, e fiquei impressionado como o Dodongo ao fundo parecia o fusquinha em miniatura que levo em cima do capô.

Fica uma observação sobre esse lugar: se você for homem e quiser batizar a torre, vai se dar mal. O vento deslocado das hélices lá do topo vai fazer seu xixi voar pra todos os lados, e não é uma experiência bacana de ser vivida.

Seguimos o baile e pouco antes de chegarmos no Chuí, o fusca morreu: o motor parou de funcionar. Desci meio apavorado, sem saber o que fazer direito, mil e uma coisas passando pela minha cabeça, e uma delas foi: "O lazarento jogou praga e eu não vou chegar nem no Chuí". Mas não era nada demais, apenas um susto. Pelo visto foi a bobina que esquentou. Abri a tampa do motor, depois dei a partida e o fusca ligou, e nós, ao final da tarde, já estávamos na última cidade brasileira.

No Chuí, novamente não tínhamos lar, e eu precisava resolver algumas pendengas por ali, como a carta-verde, o seguro sul-americano obrigatório. Chegamos, porém, no final da tarde, e a primeira impressão foi de uma cidade que parecia meio esquecida tanto pelo governo do Rio Grande do Sul quanto pelo do Brasil. Parei, como de costume, no primeiro posto de gasolina que encontrei, e pelo jeito era um dos únicos,

60

ficava bem no trevo onde ou você ia para o centro da cidade ou para a Barra do Chuí e o Uruguai.

Shurastey durante as viagens pouco se manifestava, porém toda vez que parávamos em algum lugar ele ficava louco pra sair. Parei no posto e ele desceu, enquanto eu conversava com os frentistas sobre onde emitir a carta-verde e conseguir um camping seguro para passar a noite. Os caras ali não foram muito amigáveis, então coloquei Shurastey para dentro do fusca e entrei no restaurante do posto para carregar o celular e procurar um camping para nós.

Peguei uma mesa, e na minha frente sentou-se um homem, de uns 45 anos. Ele havia pedido um prato de comida, um PF, e, enquanto esperava, puxou conversa comigo. Perguntou se eu era o dono do fusca e do cachorro, respondi que sim e conversa vai, conversa vem, o prato dele chegou, rodeado de carne, arroz, feijão e batata frita. Tudo o que eu queria havia muito tempo. Acho que ele percebeu isso, pois questionou se eu não iria jantar. Respondi que eu comeria um miojo logo mais e ele apenas me perguntou: "Quer carne ou frango?". Ele me pagou a refeição! Queria mencionar o nome dele aqui, conversamos bastante, mas não trocamos nossos nomes.

Chegamos a um camping perto da Barra do Chuí, chovia e ventava muito, e como era baixa temporada, o camping estava vazio. Conversando com o proprietário, acertei com ele para ficar duas noites. Como não havia ninguém no camping, ele nos deu uma das cabanas, com fogão, banheiro e TV, que passava programação uruguaia.

No dia seguinte, pela manhã, fui resolver a papelada do seguro carta-verde, me dirigi a duas agências na cidade que cuidavam disso e nenhuma aceitou fazer do meu fusca. Alegavam que não poderiam emitir esse seguro por causa da idade do carro, que passava dos 30 anos. Recorri então a um senhor que fazia esses trâmites lá no posto de gasolina, onde estávamos na noite anterior. Ele chegou numa moto toda suja, tirou de dentro da jaqueta um maço de papel e uma folha verde e começou a escrever meus dados. Na hora fiquei desconfiado, mas era o que tinha, além do que, vi ele fazendo muitos desses um dia antes. Pa-

minha jornada com Shurastey

guei 270 reais pra 30 dias de seguro, que não cobria nada do meu carro, somente de terceiros. E eu tenho quase certeza de que aquele papelote verde com meus dados não cobria nada dos terceiros também. Mas enfim, foi o que consegui, servia como documento, e pra mim pouco importava se ia ter validade ou não. Eu não queria era ser parado pela polícia uruguaia ou argentina e sofrer suborno por não ter o tal papel. Finalizado isso, voltei para o camping onde o Shurastey tinha ficado. Queria ter tirado algumas fotos na fronteira das cidades, a divisa que é apenas uma rua, mas como o clima continuava horrível, resolvi deixar pra outra vez.

Estávamos bem acomodados, com fogão e conforto, então decidi preparar uma comida diferenciada: fritei 1 quilo de linguiça que havia comprado, fiz macarrão – macarrão mesmo, e não miojo – e coloquei molho de tomate com queijo. Estava uma maravilha! Passamos o restante do dia debaixo das cobertas, dormindo, pois no outro dia pela manhã iríamos atravessar a nossa primeira fronteira internacional.

PARTE 2
A JORNADA DOS DESAFIOS

CAPÍTULO 4

EM TERRAS INTERNACIONAIS: URUGUAI

A primeira fronteira, a primeira noite

Bem ali, na minha frente, estava a primeira fronteira, esperando para ser atravessada, e finalmente minha viagem começava a tomar um rumo internacional. A partir dali, minha aventura e tudo o que eu queria enfrentar e vencer começavam de verdade. Eu estava eufórico, com um sorriso enorme que quase não cabia no rosto. Estava superando uma fronteira, entrando em um país que nunca tinha visitado – aliás, eu sequer tinha saído do Brasil (ou mesmo do sul do Brasil). E, além de mostrar pra mim mesmo que eu estava conseguindo, que estava vencendo todos os que duvidavam, eu queria mostrar que era possível, queria engajar pessoas a fazerem o mesmo e sentirem essa mesma felicidade. Com pouco conhecimento e quase sem recursos, eu estava vencendo e assim que entrei no Uruguai, pela Barra do Chuí, fiz uma verdadeira festa. Não parecia muita coisa, era simplesmente uma ponte, mas carregava um grande simbolismo.

Escolhi atravessar por ali para não ter que passar pela aduana uruguaia. Mais adiante, entretanto, eu iria saber que aquilo foi um grande erro. A ponte era pequena e estreita, tinha uma guarita e dentro dela, um

em terras internacionais: Uruguai

senhor que pouco se interessou em saber o que eu estava fazendo por ali. O tempo continuava feio, com nuvens, mas sem chuva. O próximo destino, segundo o meu pré-roteiro, era Punta del Diablo.

No caminho até essa praia, muita coisa passava pela minha cabeça, como um filme de duas partes: a primeira, os meus dias na estrada desde que comecei a minha jornada; a segunda, um filme do futuro, de como seria a viagem por países dos quais eu não tinha nenhum conhecimento. Por mais que eu pensasse em tudo o que poderia acontecer de ruim, isso me dava mais ânimo. Eu olhava para a paisagem uruguaia, que naquele momento, com muitas árvores e pastos extensos, não se diferenciava muito da brasileira, até perceber algumas mudanças na estrada, em diferentes faixas com cores distintas e, principalmente, nas placas em espanhol. Aproveitei para aprender um pouco do idioma castelhano com elas. Segui escutando minhas músicas. Cantarolando, a viagem passava rapidamente. Em questão de minutos, assim ao menos foi a minha impressão, chegamos na entrada de Punta del Diablo. Era a primeira cidade uruguaia que eu iria visitar, estava numa euforia, queria ver como eram as construções, descobrir a estrutura, saber onde eu iria dormir. Aliás, talvez fosse este o grande desafio: dormir em segurança e confortavelmente sem gastar dinheiro.

Na entrada, uma grande placa era tomada por muitos e muitos adesivos, todos de viajantes. Pra marcar minha presença ali, em terras estrangeiras, também colei o nosso adesivo. Ao entrar em Punta del Diablo, percebi que não era uma grande cidade e me lembrou um pouco Bombinhas, no litoral de Santa Catarina. Acredito que no verão e com clima bom fosse muito bonita, mas, do jeito que o tempo estava, pouco me agradou. Concluí que o povo ali vivia basicamente da pesca e, no verão, do turismo. Me deparei com uma praia brava de ondas fortes e um vilarejo pequeno, porém aconchegante. Mas o que eu queria mesmo era encontrar um posto de gasolina, ou, como eles chamam, *estación de servicio*. Shurastey nem saiu do fusca, eu desci apenas para tirar algumas fotos, e seguimos direto, rumo à outra Punta.

67

Punta del Este, onde acabávamos de chegar, esta sim era uma linda e grande cidade, muito bem organizada, com um trânsito leve e pessoas bem receptivas. As ruas de lá me lembraram muito de cidades da costa dos Estados Unidos, aquelas que a gente vê em filmes. Dona de uma praia muito bacana, a cidade foi a que mais me chamou atenção desde que parti. A arquitetura era muito diferenciada, casas em sua maioria sem muros nem portões, extensos gramados, praças e parques muito limpos e aparentemente seguros. Vi polícia por todos os momentos e, naqueles primeiros minutos ali, me senti muito à vontade. Dei uma grande volta pela costa e o clima assim que chegamos mudou completamente – pra melhor! Apareceu um sol lindo e fomos pra praia. Enquanto eu torrava sob ele, o Shurastey aproveitou para tomar um banho de mar.

Sentado, olhando para o mar uruguaio, desfrutando sem ter noção de que dia da semana era, fiquei refletindo sobre tudo o que estava acontecendo na minha vida. Comecei a lembrar de certos momentos em que eu sonhava em conhecer o mundo, conhecer cada canto, cada cidade de uma forma diferente, mas não tinha dinheiro para isso. Achava que para fazer essas coisas necessitava de muita grana, e eu ali, há mais de duas semanas fora de casa, realizando um sonho, vivendo uma vida que eu sempre quis. Eu estava vivendo – e não simplesmente sobrevivendo. Lembro que antes de viajar eu acordava todos os dias pedindo para que o dia passasse mais rápido – e assim todos nós somos, clamando pra que o fim de semana chegue logo, e não nos damos conta de que estamos pedindo pra nossa morte chegar mais depressa também, pro dia acabar e você descansar. Já eu estava aproveitando e descansando a cada segundo, a cada minuto, torcendo na verdade pro dia demorar mais pra passar.

Enquanto Shurastey se secava correndo na areia, eu cozinhava meu miojo e logo o comi com a linguiça frita que tinha sobrado. Deixei o fusca estacionado na beira-mar, onde uma praça com wi-fi liberado ostentava uma grande bandeira do Uruguai. Esta era uma coisa em que eu tinha reparado: sempre em lugares públicos ou onde pudessem, o povo colocava uma bandeira uruguaia. Um amor patriota que no Brasil não se vê tão forte.

em terras internacionais: Uruguai

Peguei o Shurastey para dar uma volta pela área central e vi uma cidade praticamente vazia, sem muita gente pelas ruas nem mesmo nos pontos turísticos. Eu e o Shurastey chamávamos a atenção mesmo sem o fusca, ou melhor, o Shurastey chamava muito a atenção. Todos que nos viam queriam passar a mão, fazer carinho, as crianças ficavam loucas, as mães e os pais, encantados. Paramos perto do monumento Os Dedos para tirar fotos e aproveitei para vender adesivos, com o fusca estrategicamente estacionado em frente, o Shurastey sentado, amarrado à cadeira, e eu oferecendo aquilo que era a nossa única fonte de renda.

Naquele momento me deparei com o câmbio do Uruguai. Precisava vender os adesivos a 40 pesos uruguaios para dar mais ou menos 4 reais, mas era muito difícil explicar o que eu estava fazendo e porque oferecia os adesivos. Eu não falava nada de espanhol, tampouco entendia, e acabava muitas vezes dando adesivos para as pessoas que não tinham como pagar. Mas alguns ajudavam com 20 pesos, outros com 10, alguns até com 100 e assim foi indo...

No fim, deu pra juntar uma grana pra abastecer o fusca, o que pra mim era mais do que o suficiente. Fui até um posto de gasolina e, enquanto enchia o tanque, tentei desenrolar um papo com os frentistas, perguntei onde eu poderia dormir, se eles me indicavam alguns campings. Como não tinha dinheiro, também indaguei se na praça da bandeira era seguro, eles me responderam algo assim: *"Aca no hay problemas com inseguridade, lá polícia és muy buena!"*. Realmente, me senti seguro desde o momento em que entrei em Punta del Este. Depois disso, fui ver o pôr do sol do outro lado da baía, o que pra mim, até aquele momento, era o pôr do sol mais bonito que eu já tinha visto. Estava tão lindo que fiquei até a hora em que o Shurastey aprontou.

Vinha, na faixa de areia, um casal passeando com um pinscher sem guia. O cachorro latiu para o Shurastey, que também andava sem guia e saiu correndo na direção dele. O pinscher, que era do tamanho de um rato, saiu correndo em disparada e seus donos saíram correndo atrás dele. Aquele pinscher latia e tremia igual a um louco, e quando

69

minha jornada com Shurastey

o Shurastey alcançou ele, o microcão ficou paralisado. Tudo o que o Shurastey fez, no entanto, foi dar uma cheirada no bichano e logo voltou correndo pro meu lado. Eu, que não queria assumir que o golden era meu, virei pro outro lado e fiz como se não fosse comigo. Não deu certo. Deu pra ver a raiva saindo dos olhos do casal a me fuzilar. Bem, pouco eu podia fazer, os dois cachorros estavam sem guia, e o deles latiu pro meu. A diferença é que o meu poderia tranquilamente engolir o deles (mas obviamente o Shurastey não faria isso). Se fosse um cão agressivo, jamais deixaria solto sem guia numa praia em público.

Assim que a noite caiu, voltei até essa praça, no encontro do mar com a baía do rio da Prata, estacionei o fusca e ficamos por ali brincando um pouco. Fazia muito frio, era uma área aberta, de frente para o mar, mas era segura e tinha wi-fi disponível. Arrumei as coisas para dormirmos, estiquei as canelas no carro e abracei o Shurastey para me esquentar, era tudo de que eu precisava. Mas antes, um belo miojo feito dentro do próprio fusca. Essa foi a noite mais fria que eu já tinha passado, 1°C na madrugada, porém, com meu saco de dormir e o Shurastey ao lado, quase não sentia frio. Shurastey parecia saber todas as vezes que eu precisava dele pra dormir e me aquecer, ele ficava quieto, imóvel. Já nos outros dias, parecia um saci, se mexendo pra lá e pra cá no pouco espaço que tínhamos. Assim se encerrava a nossa primeira noite em terras estrangeiras.

Armadilhas

Noite fria, vento forte e um amanhecer de tirar o fôlego, com o sol nascendo bem na nossa frente. Era por volta das 7h da manhã quando saímos da praça e fomos até a Casa Pueblo, uma construção linda e histórica, toda de branco, lembrando muito, pelo que já tinha visto em imagens, as construções das ilhas gregas. É um famoso cartão-postal da cidade, pena que não pudemos entrar por causa do Shurastey. Ao lado da Casa Pueblo, há uma praia com uma gruta, onde o Shurastey também

em terras internacionais: Uruguai

não poderia entrar, mas como não havia ninguém olhando, resolvi burlar a lei. No caminho, uma passarela e uma placa de advertência. Assim que entrei na gruta me deparei com uma escuridão total, não dava nem pra ver o chão. Resolvi então voltar até o fusca e pegar uma lanterna a fim de explorar melhor aquele local. O Shurastey, que estava solto, corria pra lá e pra cá, não parava quieto um só minuto. Quando voltamos com a lanterna, fui iluminando o caminho e percebi que bem onde parei de andar havia um degrau e um espelho d'água, e por muito pouco, por um passo literalmente, eu não caí ali. Mas outro ser sem noção caiu! Shurastey veio com tudo, correndo lá de fora da gruta e passou vazado, tombando direto na água. Aquela poça deveria estar ali havia muito tempo, foquei a luz da lanterna onde o Shurastey tinha ido parar, e vi garrafas boiando e muito lixo no fundo.

Assim que ele conseguiu sair, o levei até o mar e deixei que ele entrasse pra se limpar daquela água imunda. O problema é que não era para ele se molhar, porque, depois dessa gruta, já pegaríamos a estrada rumo a Montevidéu. Mas imprevistos com quem viaja com um cachorro acontecem, e assim tivemos que esperar um pouco mais pra ele tirar toda aquela sujeira e se secar. Fiquei jogando bolinha com ele na areia, e depois na grama pra areia sair do meio dos pelos. E lá se foi mais uma hora brincando com ele.

Shurastey até ali não apresentava muitos problemas em não ter uma casa ou em viajar todos os dias dentro de um fusca. Talvez ele entendesse que o fusca era a casinha dele e, quando eu abria a porta, ele tinha um quintal do tamanho do mundo pra correr e explorar. Assim que o Shurastey ficou seco, voltei ao centro da cidade pra sacar mais dinheiro pra pagar pedágios e gasolina. Foi aí que o banco Itaú me preparou a primeira surpresa negativa.

Antes de sair do Brasil, fui até uma agência e deixei tudo avisado sobre a viagem, informei o tempo que pretendia ficar fora e eles autorizaram meu cartão para compras e saques internacionais. Quando cheguei ao Uruguai, eu estava conseguindo passar o meu cartão de débito tranquilamente, até comprei com ele um boné e um adesivo. Ao chegar no caixa eletrônico, porém, quando fui fazer o saque, deu que a operação não podia ser realizada. O problema parecia ser muito simples, era só questão de transferir o dinheiro que eu tinha na minha poupança para a conta-corrente, pensei, mas os bancos estavam fechados e não pude entrar numa agência e resolver. O Itaú começava a nos preparar uma armadilha que mais à frente seria ainda pior.

Com o pouco dinheiro uruguaio que eu tinha, peguei a estrada torcendo para que duas coisas não acontecessem naquele curto trajeto entre Punta del Este e Montevidéu: não haver muitos pedágios e não acabar o combustível. A gasolina no Uruguai era muito cara. Em taxa de conversão custava mais de 5 reais o litro. Se ela acabasse durante aquele percurso, eu estaria ferrado. Seguimos com o Dodongo, e a estrada até Montevidéu era supertranquila, bem-asfaltada e com áreas para descanso, coisas que não vemos muito pelo Brasil. Durante aquela viagem, lembrei da curiosa facilidade de entrar no Uruguai e de percorrer o país, não tinha sido parado nenhuma vez, os policiais olhavam e me cumprimentavam sem grandes problemas e, apesar do frio, o clima era bem agradável.

No final da tarde, estávamos chegando à capital uruguaia, que de imediato me surpreendeu. Esperava uma cidade parecida com São Paulo (não que eu já tenha dirigido por lá, mas sabemos como é o trânsito paulistano), porém Montevidéu revelava um trânsito leve, que fluía sem muito estresse. Tá certo que os uruguaios não sabem muito dirigir e usam duas faixas sempre, andando no meio da linha, mas o trânsito era bem tranquilo. Conforme eu ia passando, as pessoas iam olhando com certa admiração. Chegamos ao marco zero da cidade, a praça da Independência, e novamente me perguntei: "O que eu iria fazer?".

Estacionei o fusca, descemos e fomos dar uma breve volta pelo centro. Polícia por todo lado, e novamente me senti bem seguro, mesmo no centro da capital. Era espantoso, pois eu que sou curitibano não me sentia seguro ao caminhar à noite pelo centro de Curitiba. Em Montevidéu, porém, havia senhores dançando com suas senhoras no meio da praça, o que me parecia ser tango, famílias e crianças brincavam na

em terras internacionais: Uruguai

grama sem preocupação, e já passavam das 22h. Eu e Shurastey, que pouco tínhamos o que fazer, também fomos ficando por ali, brincando. Fazia frio, a praça disponibilizava wi-fi, de modo que eu poderia atualizar minhas páginas e manter o pessoal informado de onde eu estava.

Nesse meio-tempo, me apareceu uma garotinha, chamada Maya. Ela falava o espanhol tão rápido e enrolado que eu só conseguia entender que ela estava me perguntando algo porque ela ficava me encarando como quem esperava por uma resposta. Eu olhei para um lado e olhei para outro e não via os pais dessa criança, ela estava com um cachorro, que corria pra lá e pra cá como o Shurastey. Então eu disse: *"No compriendo"*. Ela respondeu: *"Como no?"*, e o que ela disse foi algo como: *"esteperroestujodeondesosporquenohablasconmigo"*. Eu não entendia nada! Logo apareceu sua mãe, Alejandra, e ela traduziu lentamente para um espanhol que eu pudesse entender o que a pequena Maya dizia. Conversamos um tanto, contei que estava com problemas com o banco e que pela manhã eu iria resolver e seguiria viagem para Colônia do Sacramento. Ela então me informou que naquela segunda-feira seria feriado e, portanto, os bancos não abririam. Teríamos que ficar mais um dia em Montevidéu e na nossa praça. O bom é que a Alejandra ficou de nos trazer comida para a noite seguinte.

Como eu não teria onde ficar, tinha decidido dormir dentro do fusca naquela praça, porém resolvi perguntar a um policial se não havia algum problema, já que tudo ali parecia ser muito organizado. Com um sorriso no rosto, ele me respondeu: *"Claro que si hermano... Puedo sacar una foto com ustedes e tu perro?"*. E assim estabeleci a minha morada de Montevidéu.

Conhecendo Montevidéu

Acordamos cedinho, já que dormir não era um objetivo nessa viagem, e quanto mais cedo eu acordasse mais poderia curtir cada canto. Como eu não resolveria nada do cartão naquele dia, aproveitei para percorrer a capital uruguaia. Saindo da praça, fomos conhecer o estádio Centenário, palco da final da Copa do Mundo de 1930, onde o Uruguai se consagrou campeão mundial em cima da Argentina, um fato memorável e inesquecível para os uruguaios, principalmente por terem uma rixa com os argentinos. Para os dias de hoje, o estádio não impressiona, mas na época em que foi construído era algo invejável. Ao lado, um parque com uma grande área verde, várias árvores, um monumento e um lago artificial – onde o Shurastey, indo atrás de um galho que boiava, resolveu pular. Uma bronca depois, tive que ficar com ele no gramado até que se secasse um pouco, o que, por ser muito peludo, levava um bom tempo.

Fomos depois passear pela costa, que é banhada pelo rio da Prata. Fazia um bonito dia de sol e estava fresco. Ficamos ali por perto do fusca, mas sem dar a entender que era nosso. As pessoas passavam e tiravam fotos, cutucavam umas às outras. Percebendo isso, peguei meus adesivos e fiquei com Shurastey, oferecendo para quem quisesse ajudar na viagem. Mas acho que os uruguaios não são de ajudar muito com isso, ou talvez eu que não soubesse falar e explicar o que estava fazendo. Não vou dizer que não vendi, vendi alguns, não o suficiente pra encher o tanque, bem longe disso, mas o suficiente pra um McDonald's. Eu precisava de um lanche e quando vi o Mc, pensei, eu preciso de um Mc. Enquanto eu comia, Shurastey babava me vendo comer.

Na entrada da cidade, havia uma placa que tinham colocado ali recentemente, para os viajantes grudarem seus adesivos e marcarem sua passagem. No meio de poucos adesivos, eu colei o nosso e registrei novamente nossa presença no Uruguai. Conhecemos ainda o Congresso Nacional. Que construção bonita! Dava para ver esse prédio de longe, que se destacava e chamava a atenção. De volta ao centro, novamente reparei na quantidade de policiais, que são rigorosos com algumas coisas. Por exemplo: quando entrei no mercado para comprar uma extensão, os seguranças vieram pedir para que eu retirasse o boné. Fiquei sem entender a primeira vez que isso aconteceu, mas depois observei que em alguns estabelecimentos ninguém entrava com boné ou touca.

em terras internacionais: Uruguai

Nesses dois dias em que estive em Montevidéu, carregava o celular no posto de gasolina que ficava perto da praça e dava pra ir andando. Nesta noite, depois de ter conhecido a cidade, eu estava na praça esperando a Alejandra e sua filha, já que elas haviam prometido trazer comida. Porém, eu precisava carregar meu celular para o dia seguinte, quando iria acordar cedo, resolver os problemas com o banco e seguir pra Colônia do Sacramento, e se eu fosse até o posto, onde o pessoal já me conhecia, eu poderia perder a comida que a Alejandra iria trazer. Deixei então o Shurastey dentro do fusca e fui até o Subway, na esquina de onde ela viria, tentar carregar o celular por lá e ficar de olho quando a uruguaia passasse.

Assim que entrei no Subway, pedi ao atendente para carregar meu celular ali por alguns minutos, contei que estava viajando e, para não parecer suspeito (ainda mais usando boné), dei a ele um adesivo. Me sentei para carregar o celular, só havia eu ali, e quando me dei conta ele estava vindo com uma bandeja na minha direção. Pensei que ele ia se sentar do meu lado para conversar e comer durante a sua hora de intervalo, mas não, ele trouxe um lanche com suco pra mim! Ele tinha entrado na página do Facebook e viu que eu estava havia dois dias na praça em frente, dormindo dentro do fusca, e por isso quis me ajudar de alguma forma. Nesse momento, fiquei sem saber o que dizer, só consegui balbuciar um *"gracias"*. Eu estava com fome e obviamente comi, me esquecendo que a Alejandra iria me trazer uma refeição. Mas o lanche estava tão bom, pela quantidade de coisas que tinha e principalmente por ser de graça, que eu só pensava em quanta sorte eu tinha naquele momento.

É estranho pensar que, por um acaso, decidi ir ao Subway e não ao posto pra carregar o celular, e assim acabei ganhando comida. Essas coincidências malucas e improváveis fariam parte (e de forma importante) na minha viagem. Assim que terminei o lanche, recebi uma mensagem da Alejandra dizendo que estava vendo Shurastey dentro do fusca, mas não me via. Agradeci mais uma vez o pessoal da lanchonete, tirei uma foto com eles e saí para pegar a comida com as uruguaias. Cheguei no fusca, soltei o Shurastey pra correr com Maxx, o cachor-

minha jornada com Shurastey

rinho delas, e expliquei que eu tinha acabado de ganhar um lanche do Subway e que, assim, guardaria para o dia seguinte o que elas me trouxeram. No final da noite, me despedi da Maya e da Alejandra, muito agradecido pela comida e também pela amizade que tínhamos feito em tão pouco tempo.

Quando acordei pela manhã, eu tinha apenas que ir até uma agência do Itaú desbloquear meu cartão num caixa eletrônico, ativar o meu itoken e assim transferir o dinheiro da poupança pra conta-corrente para enfim abastecer o fusca, sacar dinheiro etc. Porém, não foi tão simples quanto imaginei. Os bancos abriam às 10h (inclusive o acesso aos caixas eletrônicos) e eu já estava na porta, só esperando; assim que abriram, o segurança simplesmente não me deixou entrar sem antes fazer um interrogatório sobre o que eu queria fazer. Quando consegui explicar, ele me disse que aquelas funções não eram feitas ali, ele não queria sequer me deixar entrar e usar o caixa eletrônico. Só depois de muita conversa cedeu, e aí eu pude constatar que realmente os caixas eletrônicos no Uruguai servem apenas para fazer depósitos, não existe a multifuncionalidade presente no Brasil. A agência pra atendimento ao público só abriria na verdade às 13h, e eu já estava ficando doido com tudo isso, queria logo seguir a viagem. O jeito era esperar, porém não naquela agência em que o segurança não tinha ido muito com a minha cara. Me dirigi a outra perto do Congresso, que havíamos visitado no dia anterior. Lá havia um gramado e eu poderia ficar brincando com o Shurastey enquanto o banco não abria.

Assim que abriu, mais uma surpresa desagradável: eles simplesmente não podiam resolver meu problema, disseram, e naquela agência não havia nada que pudessem fazer. Fui então em busca de uma terceira e ouvi a mesma coisa. Assim foi nas três agências seguintes aonde fui. Por sorte, em uma sétima e última, no centro, fui atendido por um *muchacho*, que se propôs a me ajudar; pegou um telefone e ligou para a central do Itaú no Brasil e me colocou na linha. Depois de mais de duas horas dentro do banco, mais de cinco agências na tentativa de resolver esse problema, finalmente o Itaú fez a transferência de valor da pou-

76

em terras internacionais: Uruguai

pança para a conta-corrente, permitindo assim que eu usasse o débito ao menos, mas não liberou o uso do meu itoken para transferências e outras operações. Por fim, consegui sacar 300 dólares e, assim que finalizei essa chata novela, entrei no fusca e demos adeus a Montevidéu.

Colônia do Sacramento

A viagem de Montevidéu a Colônia transcorreu sem grandes emoções. A única coisa distinta foi que pela primeira vez eu vi mochileiros pedindo carona, que também pediram pra mim. Eram dois caras com mochilas enormes e umas tábuas de compensado, com as quais eles vendiam suas artes provavelmente para se manter na estrada. Eu queria ajudar, mas não tinha como. Parei o fusca só pra dizer a eles que eu não poderia dar carona, não porque não quisesse, mas porque meu fusca não tinha banco dianteiro e estava abarrotado de coisas. Assim que desci no acostamento eles vieram correndo, felizes, achando que iam descolar uma carona até Colônia. Só que não... Eles me agradeceram por eu ter parado pra dizer isso a eles, e o legal foi que assim que entrei no fusca, um carro parou e colocou os dois pra dentro.

Colônia do Sacramento é uma cidadezinha com construções em sua maioria antigas, quase ninguém nas ruas, pouquíssimos carros e um ar de paz e tranquilidade que tomava conta de cada canto. Fui até o píer, onde tinha bastante gente, esperando para ver o pôr do sol. E que pôr do sol maravilhoso eu estava contemplando! Assim que descemos, o Shurastey saiu correndo no meio do povo – acho que ele quase derrubou umas cinco pessoas só com o rabo. Havia alguns brasileiros por ali, percebi pelas placas dos carros, um pessoal do Rio Grande do Sul. Quando encontrei esses gaúchos, aproveitei pra vender alguns adesivos pra eles, e foi peso uruguaio entrando sem eu ter que fazer câmbio.

O sol sumiu e as pessoas começaram a ir embora, mas eu fui ficando com o Shurastey por ali, analisando se poderíamos dormir com o fusca naquele lugar sem passar grandes apuros. A cidade parecia ser

minha jornada com Shurastey

muito segura, assim como as outras que eu havia conhecido no Uruguai. A única questão que me incomodava era a falta de banho – eu não tomava desde quando saí do Brasil. Fui então até o posto na entrada da cidade para perguntar se havia chuveiros ou se sabiam de algum camping barato pela região. Banheiro com chuveiro não tinha, mas eles me indicaram dois lugares, um deles era um camping um pouco para trás da entrada da cidade, a opção mais barata e com mais chances de aceitar o Shurastey.

Assim que cheguei no camping, vi um carro pequeno e antigo, ainda menor e mais velho na aparência do que o meu fusca, com uma família toda dentro. O motorista desceu e veio até mim, se apresentou como o administrador do lugar e disse que estava saindo com a família para assistir a uma partida de futebol. Eu falei que precisava de um lugar para dormir, que tinha pouco dinheiro e precisava tomar um banho e descansar, pois na manhã seguinte seguiria para a Argentina. Ele me disse para voltar mais tarde ou se eu quisesse montar a barraca e esperar pelo retorno deles estaria OK, mas não teria água quente, pois ele já havia fechado o registro. Dei meia-volta e fui embora. O cara não queria abrir o registro do gás e me deixar tomar um banho quente antes deles voltarem.

Fui atrás do segundo lugar que o pessoal do posto me indicou, um hostel, mas fui com o pé atrás, pois sabia que, se aceitassem o Shurastey, seria muito mais caro do que o camping. Mas eu ia decidido a pelo menos chorar um banho no hostel e dormir no fusca. Quando finalmente achei o tal do Hostel Colonial, entrei e fui muito bem recebido pela recepcionista, que estava com um gato nas mãos, o que me deixou aliviado, já que animais de estimação ali eram permitidos, e ao mesmo tempo preocupado, pois ela talvez não quisesse um cão por causa do gato. Mas o Shurastey foi autorizado a entrar e a descansar junto comigo. Quanto ao preço, custou 10 dólares, com direito a café da manhã, chuveiro com água quente e um quarto compartilhado que ficou só pra nós, já que não tinha movimento naquela época do ano.

A primeira coisa que fiz foi me jogar debaixo do chuveiro, quatro dias foram o maior tempo que eu passava sem tomar banho – e como

em terras internacionais: Uruguai

estava boa aquela água! Desde que saí de Balneário Camboriú também não lavava as roupas, apenas enxaguava as cuecas e meias quando ia tomar banho, mas calças, bermudas e camisetas, não tinha lavado nada. Aproveitei que o hostel tinha uma máquina de lavar e coloquei minha roupa pra limpar.

Saí para passear com o Shurastey pela cidade à noite. Numa das esquinas, adivinhe quem encontramos? Os dois *hermanos* argentinos que estavam mais cedo pedindo carona. Eles vendiam artesanatos, conversamos um pouco e eles me contaram que a carona que conseguiram só aconteceu porque parei. O outro carro viu que eu tinha parado e decidiu parar também para dar carona a um deles, pois pensou que eu só levaria um, e se sentiu mais seguro em dar carona, já que eu também supostamente ia ajudar. No fim, os dois foram com esse outro carro e eles, novamente, me agradeceram por eu ter parado.

Seguimos nossas andanças pela cidade até o píer, onde novamente contemplamos o pôr do sol, e o que eu vi foi uma das imagens mais impressionantes da viagem. Não consegui tirar uma foto que mostrasse o quão bonita era aquela cena: Buenos Aires do outro lado do rio da Prata, iluminando os céus, parecia que a lua estava nascendo e clareava as nuvens acima. Fiquei por ali, refletindo um pouco, pensando que no dia seguinte eu estaria do outro lado, adentrando no segundo país da nossa aventura. Tudo corria bem, e apesar dos desafios, eu sentia que nada poderia parar a nossa trip, eu me sentia feliz em todos os momentos, não conseguia me estressar com nada, e não via a hora de pisar em solo argentino.

Passeando pelas ruas de Colônia, ruas essas em sua maioria de pedras e calçamento, vi vários carros abandonados, antigos, muito antigos. Alguns me chamaram a atenção por terem transformado a carcaça em uma mesa vip de um restaurante, outros simplesmente, de forma criativa, viraram floreiras. Mesmo à noite aquela cidade era encantadora. Fomos até a entrada do Buquebus, a empresa que opera a travessia de ferry para a Argentina, para pegar informações de preços e horários. Já passavam das 23h quando chegamos e só havia o porteiro ali, que me deu a dica dos horários mais baratos. Na verdade, conversamos um bocado.

Aí você se pergunta como eu conversava com ele, com o povo todo, sem saber espanhol? Falando, amigo. Enrola a língua e finge que entende, que eles fingem também. No fim, dava para assimilar muita coisa, e afinal de contas eu só ia aprender espanhol se praticasse, então por mais que eu não soubesse, eu tentava e desenrolava um portunhol muito ruim. Nessa conversa que eu tive com o porteiro, mais uma vez escutei que estava realizando um sonho antigo de outra pessoa. Todas as vezes que ouvia isso, me sentia importante, não no sentido de me engrandecer, mas importante pra mim mesmo, e se lá na frente eu encontrasse com um jovem que estivesse fazendo a mesma coisa que eu, eu não diria isso, que ele estava realizando um sonho que eu não tinha ido atrás, mas sim "vá em frente que eu já fiz isso!".

Passeamos tanto pela cidade de madrugada que, quando chegamos ao hostel, já eram mais de 3h da manhã. O Shurastey estava tão cansado que foi se deitar em uma das camas de beliche sozinho. Ele já não queria mais dormir amontoado comigo. Pegou no sono antes mesmo de eu desligar as luzes. Eu também apaguei assim que deitei na cama, sequer pus o celular pra carregar, também estava bem cansado, afinal eu tinha passado os últimos quatro dias dormindo no fusca.

Acordamos cedo, tomamos café da manhã e fui comprar nossa passagem de Buquebus pra Argentina. Paguei 112 dólares para atravessar com o carro. Bastante caro, mas iria me encurtar mais de 600 quilômetros caso eu não pegasse a balsa, pois pela estrada, para alcançar a cidade que eu via do outro lado do rio, eu teria que dar uma volta enorme. Não havia alternativa, senão comprar a passagem do ferry – o que fiz, sem saber do problemão que eu tinha.

Fui informado de que eu precisava registrar a saída do Uruguai e a entrada na Argentina antes de embarcar no Buquebus. Aí percebi o tamanho do problema por ter passado pela Barra do Chuí sem ter dado entrada no Uruguai. Eu tinha duas opções: ou eu voltava até a fronteira e registrava a entrada no Uruguai ou teria que pagar uma multa de apro-

em terras internacionais: Uruguai

ximadamente 150 reais. Obviamente chorei um monte, mostrei que não tinha dinheiro, que vendia adesivos, mostrei a passagem já comprada e que viajava com meu cachorro, mostrei a página e até mensagens da minha mãe, para tentar convencê-los a não me cobrar a multa. Por fim, o cara do controle disse para eu procurá-lo na hora do embarque, perguntei o nome dele e ele me disse apenas "me procure".

Voltei ao hostel, peguei o Shurastey e fui dar mais uma volta pela cidade para conhecê-la melhor, agora de dia. Colônia do Sacramento me encantou de verdade, um povo bem receptivo, uma cidade muito simples, lugar bastante seguro, tudo muito lindo e bem-conservado. Por fim, fomos até uma espécie de Coliseu que existe em Sacramento, uma pena estar fechado para visitação (embora eu nem soubesse se poderia entrar com o Shurastey), e na volta vi o letreiro da cidade. Eu não tinha reparado isso na ida, então resolvi tirar umas fotos e assegurar que eu tinha passado por ali. Voltei ao hostel pra pagar a diária, recolhi minhas roupas lavadas (que ainda não estavam bem secas), preparei algo pra comer, tomei um último banho, agradeci a estadia e segui rumo ao porto.

Chegamos no terminal de cargas para embarcar o Dodongo no Buquebus, com uma hora de antecedência, e o Shurastey teria que ficar dentro do fusca esperando até o embarque. Feito isso, era hora de proceder os trâmites imigratórios e buscar aquele *hermano* uruguaio que me daria uma mão para fazer tais procedimentos sem me cobrar a multa. Passei pelo detector de metais já na busca do cara. Por sorte foi fácil de localizar porque só havia ele de homem nos guichês. Tudo certo, tudo pronto, era só esperar pra entrar com o fusca.

Uns 10 minutos antes da hora de embarque, percebi que os veículos já estavam todos lá dentro. Eu não tinha escutado quando avisaram isso ou, se escutei, não entendi. Saí correndo, atravessei a fila de pessoas que estavam paradas esperando para entrar sem seus carros e desci correndo para embarcar o fusca. No fim, consegui!

O Buquebus é uma balsa supermoderna, não é igual a esses *ferryboats* que temos no Brasil. Comportava mais de 20 carros e dentro havia lojas e, na área vip, até cassino. Assim que estacionei o fusca no

81

interior do Buquebus, tive que abandonar o Shurastey lá dentro, sozinho, já que durante a travessia não era permitida a permanência de pessoas dentro dos veículos nem de animais de estimação fora. Como o Shurastey é muito tranquilo e, por sinal, estava meio que dormindo quando entramos, sabia que não haveria problema deixá-lo ali. Eu até tentei e perguntei se poderia descer com ele, mas foi negado.

Em pouco menos de 40 minutos, estávamos nos preparando para ancorar no porto de Buenos Aires. A travessia, pouco mais de 45 quilômetros entre uma margem e outra, foi feita sem demora, as hélices do Buquebus jogavam a água uns 3 metros pra cima no fundo do barco. Foi tudo muito rápido e prático e, apesar do valor elevado, valeu pela experiência. E assim nos despedíamos do Uruguai.

CAPÍTULO 5

A PROVÍNCIA DE BUENOS AIRES

Um inferno chamado Buenos Aires

Eu estava ansioso para chegar à Argentina, pois grande parte da viagem seria nesse país. Quando finalmente pisei no solo argentino, fiquei extremamente feliz e animado por ter alcançado o meu segundo país, sem saber ainda que as coisas ali seriam bem diferentes do que foram no Uruguai. Logo que desembarcamos do Buquebus, passei por alguns trâmites imigratórios sem nem ao menos descer do carro, uma breve vistoriada nos documentos do fusca e do Shurastey, que por sorte estavam todos corretos, e fomos liberados para seguir adiante.

Dizem que a primeira impressão é a que fica. Pois bem. A primeira impressão que tive de Buenos Aires foi horrível. Eu estava animado e contente como sempre, mas a paz e tranquilidade que vivenciei nos últimos dias viajando pelo Uruguai se transformaram num inferno quando cheguei na capital argentina. Um trânsito caótico, motoristas mal-educados, caminhões e ônibus cortando faixas e motoqueiros voando pelo corredor. Eu não tinha ideia para onde iria, o que eu iria fazer, onde iria dormir. Estava no meio do caos argentino sem saber para onde ir, totalmente perdido e bastante assustado com tanto movimento.

minha jornada com Shurastey

No primeiro momento, me senti em São Paulo, sem nem ao menos ter ido pra lá, mas só pelo que a gente via em noticiários dava pra ter uma noção do inferno que era ficar preso num engarrafamento geral. Acredito que o problema foi que cheguei bem na hora do rush, por volta das 17h30, e no dia seguinte seria feriado na cidade, o que tornava tudo muito pior.

Estávamos presos no trânsito já havia uma hora, tínhamos rodado apenas 1 quilômetro em direção ao obelisco e eu não tinha ideia alguma pra onde estava indo. Busquei o posto de gasolina mais próximo. Assim que consegui mudar de faixa – porque os argentinos não deixam você mudar, eles não dão a vez, é preciso enfiar o carro até quase bater pra eles deixarem você entrar –, eu entrei numa rua transversal e o fusca começou a falhar. Parei junto à calçada e fiz a única coisa que eu sabia fazer naquele momento: a limpeza do giclê, um pequeno tubo do carburador que regula a transmissão da gasolina. Enquanto isso, veio uma agente de trânsito e me ofereceu um tíquete local para poder estacionar ali. Eu disse que não estava estacionando, e sim checando o motor que apresentava problemas. Indiferente, ela me advertiu para procurar um mecânico, que ali não era lugar de arrumar motores, e se eu quisesse continuar parado, deveria comprar o tíquete.

Neste momento, já estressado, percebi que o clima em Buenos Aires não era dos melhores. Sentia um ar de insegurança naquele caos. Em pouco tempo, já tinha visto moradores de rua, catadores de papel, pessoas fumando e se drogando em becos. Bem distinto de Montevidéu. Eu simplesmente queria um lugar seguro ou sumir daquela cidade o quanto antes.

Assim que achei um posto de gasolina, estacionei o fusca longe das bombas, quando veio um frentista dizendo que as bombas de gasolina eram para o outro lado e que eu só poderia estacionar ali se abastecesse. Eu não tinha nem desligado o motor do carro e já estava escutando um argentino no meu ouvido falando merda. Não troquei uma palavra com ele, simplesmente dei a ré e saí dali, em busca de outro posto onde eu pudesse parar e organizar a minha cabeça sobre o que iria fazer.

a província de Buenos Aires

Logo adiante me deparei com outro posto e parei novamente longe das bombas de gasolina, no estacionamento da loja de conveniência; dessa vez, não veio ninguém nos incomodar. Desci o Shurastey do fusca, ele já estava apertado pra fazer xixi, tanto é que, já do lado de fora, ficou bastante tempo urinando no mesmo lugar e depois veio beber água e comer. Eu já estava preocupado, e, pra piorar, um dos frentistas pegou um rodo e foi pra cima do Shurastey, que estava mijando no canto da parede e, ao ver o homem com aquele pedaço de pau, latiu pra ele. O cara então veio vindo na minha direção e disse que cachorros ali não poderiam urinar e muito menos ficar solto. Nesse momento, a minha vontade era de dar a ré e passar por cima desse frentista e de todos os argentinos daquela cidade! Saímos novamente do posto.

Eu queria conhecer Buenos Aires assim como eu tinha conhecido Montevidéu, andar pelos parques e praças da cidade. Busquei um lugar seguro para dormir, mas aquela cidade estava longe de me parecer segura. Selecionei alguns hostels no mapa para passar ao menos aquela noite e no dia seguinte seguir viagem. Dirigi até um deles. Cheguei no hostel, e em frente ficava outro posto de gasolina, onde estacionei. Fechei o fusca com o Shurastey dentro e fui caminhando até o local, sem perguntar se poderia deixar o carro ali, pois tinha quase certeza de que iriam dizer que não.

Nesse primeiro hostel, fui bem recebido, mas quando eu disse que precisava de um quarto em que pudesse dormir com meu cachorro, eles disseram que infelizmente não poderíamos ficar ali, mas pelo menos o rapaz ligou para outros quatro hostels que ele conhecia. Nenhum deles aceitou. Por último, ele me deu a opção de um hostel descendo a rua que talvez permitisse, disse que o hostel não era muito bom, mas que talvez os donos aceitassem, pois eles também tinham cães.

Entrei rapidamente no fusca e saí logo do posto antes que viesse outro frentista maluco, desci a rua e cheguei numa parte da cidade com construções mais antigas, alguns bares com mesas na calçada e uma placa discreta que anunciava *"Hostelaria"*. Consegui uma vaga na rua, e como já passavam das 20h, estava liberado sem necessidade de comprar um tíquete de estacionamento. Desci do fusca e fui até a porta de metal enferrujada daquele prédio antigo, toquei um interfone que parecia ter saído de um filme de terror, e um senhor argentino me atendeu dizendo: *"Que passa, que quieres?"*. Juro que fiquei uns 30 minutos tentando entender o que ele queria dizer, até que respondi: *"Puedes abrir la puerta, señor?"*. Ele finalmente a abriu, subi uma escadaria e logo estava pessoalmente falando (ou tentando falar) com um senhor argentino que não se esforçava em parecer amigável. Tentei por diversas vezes convencê-lo a nos dar um desconto, afirmando que seria apenas aquela noite e pela manhã iríamos sair. Sem chance, ele disse que, se quiséssemos ficar, o preço era 17 dólares.

Eu não tinha outra opção, ou talvez tivesse, mas estava tão cansado e estressado nessas últimas horas que tudo o que eu queria era tomar um banho, deitar e dormir. Pedi que me mostrasse o quarto, o único que ele dizia disponível. Era um quarto compartilhado, nada muito limpo, mas também não havia ratos por cima da cama como eu havia imaginado enquanto caminhávamos pelo corredor.

Eu estava bem receoso daquele lugar, daquela cidade. Fui buscar o Shurastey e as nossas coisas. Quando tranquei o fusca, fiquei com medo de que, pela manhã, quando eu acordasse, o carro não estivesse mais ali. Assim que me acomodei, fui tomar banho e comecei a reparar nos detalhes. Não sei se era porque eu tinha adquirido asco instantâneo daquele lugar, mas tudo o que eu via parecia errado, sujo e me dava agonia. O banheiro não tinha janela, a água ou vinha muito quente ou muito fria, quando acertei a temperatura ela durou 4 minutos e voltou a esfriar novamente. Terminei meu banho na água fria mesmo. Fui até a cozinha compartilhada do hostel, e pelo menos essa estava (aparentemente) limpa. Peguei minhas panelas e talheres e fiz o meu bom e velho miojo salvador. Quando me preparei para deitar, mais uma surpresa: tinham três colchões na cama, eu peguei um dos lençóis que levava e coloquei por cima para poder dormir. Ao me deitar, senti como se eu estivesse numa canoa. Os colchões estavam tão velhos e batidos que no meio havia um buraco, onde tive a impressão de ter caído e de que não conseguiria sair no dia seguinte.

a província de Buenos Aires

Quando acordei pela manhã, parecia que eu tinha dormido debaixo do meu fusca. Juro que dormir dentro dele era mais confortável. Infelizmente não lembro o nome desse hostel, que nem café da manhã tinha. Queria citar aqui – como aviso pra você, leitor, não ir (a não ser que goste de pagar para ser mal recebido e dormir desconfortavelmente). Eu só pensava que deveria ter ficado mais um dia em Colônia. Juntei nossas tralhas e, quando abri a porta do hostel pra nos mandarmos dali, o que eu vi me fez ter certeza de que não passaríamos mais um minuto naquela cidade que eu estava odiando.

Tinham revirado meu fusca! Meu longboard, o skate que eu levava amarrado atrás no para-lama, havia sido mexido. Levaram a corda, mas deixaram o long. O fusquinha em miniatura que ficava em cima do capô tinha sido removido e estava jogado no chão, assim como as palhetas do limpador de para-brisa. O espelho do motorista estava por cair, pois desrosquearam. E não bastasse tudo isso: uma das calotas do fusca foi roubada.

Um dia, apenas um dia em Buenos Aires e toda a minha sensação de insegurança e desconforto se confirmava. Eu planejara ficar pelo menos dois dias na capital argentina, mas depois disso decidi partir naquele mesmo instante. Por mais que eu quisesse percorrer as ruas de Buenos Aires, visitar os estádios, conhecer a Casa Rosada, o ar da cidade não me fazia bem. Me senti extremamente desconfortável ali, e como não tinha roteiro nem nada definido, peguei o Shurastey, joguei o long para dentro do fusca e me arranquei daquela cidade o mais breve possível.

Saindo, resolvi passar antes em frente à Casa Rosada, a morada dos presidentes argentinos, pois eu queria tirar uma foto, mas além da chuva, o que eu vi foram muitos policiais em volta, não podíamos sequer chegar perto. Como não consegui, fui a um posto de gasolina, abasteci e, com certa frustração, me despedi de Buenos Aires, que não deixou saudades.

minha jornada com Shurastey

Fugindo da capital

Enquanto saíamos da cidade, eu olhava rapidamente no meu pré-roteiro o destino seguinte de Buenos Aires. Lá dizia Punta Indio, a 200 quilômetros de distância. Entramos nas autopistas, estradas excelentes, quatro ou cinco faixas, mas o tempo não ajudava. Rodei pouco mais de 10 quilômetros e a chuva que caía começou a ficar mais forte, os limpadores quase não davam conta e, pra piorar, um deles se desprendeu e saiu voando no meio da autopista. Isso aconteceu bem em frente a um posto de polícia, e não tinha onde parar, pois não havia acostamento. Consegui parar o fusca uns 300 metros pra frente e voltei a pé, na chuva, para procurá-lo. Por sorte, encontrei, e inteiro, sem que nenhum carro tivesse passado por cima, porém eu estava todo encharcado. Além disso, eu não podia sequer trocar de roupa, pois todas as outras eu tinha lavado no hostel em Colônia e, espalhadas dentro do fusca, continuavam bem úmidas.

Aquela situação me fez perceber que eu precisava secá-las o quanto antes, além do que iriam embolorar e ficar com mau cheiro. Comecei a pensar em como eu poderia secar roupas dentro do fusca enquanto eu dirigia, ou até mesmo enquanto estivesse dormindo. Foi aí que veio a ideia de montar um varal no interior do carro. Passando por La Plata, entrei na cidade e encontrei uma *ferrateria*, casa de materiais de construção, onde comprei cordas e parafusos. Dentro do fusca, passei as cordas de um lado para o outro, deu um trabalho danado esticar e fixá-las, mas consegui e ficou muito bom. Na mesma hora, comecei a pendurar roupas ali. Aos poucos, conforme ia parando de chover, pude abrir a janela e o vento que entrava ajudava a secar as peças mais leves, como cuecas e meias.

Logo depois de La Plata, entramos numa *ruta* secundária que ia para Punta Indio. Nessa estrada, comecei a reparar, nas laterais da rodovia, vários carros abandonados e incinerados. Carros de todos os modelos, antigos e novos, muitos jogados. A cada 300 metros havia

a província de Buenos Aires

um veículo, incluindo ônibus, vans e até caminhões, todos queimados. Talvez fosse algum tipo de golpe pelo seguro, não sei, foi a única coisa que passou pela minha cabeça.

Nesses poucos quilômetros que eu havia rodado dentro da Argentina, reparei em duas coisas: que eu não tinha visto nenhum fusca em lugar algum e o quanto as pessoas ficavam surpresas ao ver o meu velho fusca. Por onde eu passava, o povo me olhava, cutucavam uns aos outros, sorriam, e essa sensação de levar sorrisos para as pessoas me fazia rir e me sentir bem.

Quando me dei por conta, tinha chegado no meu destino. Ou quase. Eu estava num cruzamento numa rodovia, onde eu deveria seguir reto por uma estrada de areia e barro, que aí sim me levaria até Punta Indio. Foi aí que percebi que Punta Indio não era uma cidade, e sim um pequeno vilarejo, ou pra ser sincero, eu não tenho certeza do que era ou o que é, já que eu estava com a gasolina na reserva e precisava abastecer. Como vi no maps-me que não havia nada, nem cidade muito menos postos de gasolina por aquela estrada de chão, resolvi abortar a missão Punta Indio. Dobrei à direita e segui o caminho rumo a Mar del Plata.

A chuva deu uma trégua e logo encontrei um posto para abastecer. Todas as vezes que parávamos para abastecer, o Shurastey sempre descia pra correr um pouco. Em todo posto sempre havia cachorros, e naquele não era diferente. Enquanto Shurastey fazia novos amigos, eu ia à loja de conveniência pagar a gasolina. Lá vi uns salames artesanais que achei baratos e que combinaria bem com meu miojo ou até com pão. Comprei e aproveitei para carregar o celular, já que eu vinha escutando música através do bluetooth e isso consumia muita bateria.

Quando saí da loja de conveniência me deparei com um casal de senhores com uma criança pequena, olhando para o fusca e para o Shurastey. Me perguntaram se eu estava viajando e para onde estava indo. Respondi que meu destino era Ushuaia. Deram risadas, me chamaram de louco, pois segundo eles dirigir a Ushuaia em pleno inverno era coisa de maluco. Confirmei novamente o meu destino e que o Shurastey ia comigo, eles novamente riram e falaram algo que não pude entender.

89

minha jornada com Shurastey

Conversamos um pouco mais e eles me convidaram para almoçar na sua casa, o que me deixou bastante contente. Porém, quando me disseram que moravam a uns 40 quilômetros na direção contrária, justamente no sentido de Punta Indio, eu tive que recusar. E olha que recusar comida não era algo que eu estava disposto a fazer, porém queria chegar em Mar del Plata ainda naquele dia. Agradeci aos dois pelo convite, disse que ficaria para a próxima e dei um adesivo a eles. Espero que tenham acessado a nossa página no Facebook.

Mais à frente vi uma *panaderia*, onde aproveitei e comprei alguns pães. A forma dos argentinos venderem pão é bem diferente da nossa. Primeiro, eles trazem o pão dentro de grandes sacos de papel e pegam dali mesmo, diretamente com a mão, e colocam em outro saco de papel menor. Eu tinha que comer pão com salame e aquela era a única padaria dali, então foi esse pão mesmo. Se eles comem pão assim e não morrem, não seria um brasileiro que iria morrer. E ali mesmo, dentro do fusca, eu saboreei meu pão com salame.

A chuva que já havia parado deu lugar a um sol lindo e, no final da tarde, quase chegando em Mar del Plata, fomos presenteados com um belo pôr do sol na estrada. Como estava anoitecendo mais cedo, decidi parar num posto de gasolina. Vi várias vagas cobertas, como no Brasil. Parei o fusca sem nem falar com os frentistas. Estava bem receoso do atendimento e da receptividade deles. Estacionei longe das bombas de combustível e esse posto era bem grande, com várias vagas de estacionamento. Desci o Shurastey e fiquei brincando com ele por ali. Shurastey costumava dormir no carro, mas, quando descia, parecia estar ligado no 220 e corria atrás da bolinha como se não houvesse amanhã.

Logo vieram alguns frentistas do posto conversar comigo, querendo saber de onde eu vinha e para onde eu ia. Na hora que vi dois frentistas se aproximando, eu já estava preparado pra mandá-los à merda. Porém, eles chegaram para conversar, curiosos, bem na boa. Como eram simpáticos, arrisquei perguntar se haveria problema em dormirmos aquela noite ali, dentro do fusca, e eles responderam que não, que

90

a província de Buenos Aires

o posto funcionava 24 horas, sempre tinha gente por ali e era seguro. Contei o que houve em Buenos Aires e eles me disseram que na capital o povo é realmente mais ríspido.

Um dos frentistas ficou mais tempo conversando comigo, disse que visitar Ushuaia era o sonho dele e que estava se preparando pra isso. Me fez muitas perguntas, sobre a minha preparação e tudo mais, e só respondi que cansei da vida que levava, vendi tudo, entrei no fusca e me mandei. Ele ficou simplesmente encantado com a forma como eu estava viajando e novamente escutei que ir para Ushuaia no inverno era loucura. Eu disse que sim, era uma loucura, e por isso eu estava fazendo.

Tentei vender adesivos para eles, mas não puderam ajudar, disseram que estavam sem *plata*. Então dei um adesivo a cada frentista, aproveitei e colei um adesivo no poste, ao lado do fusca. Deixei o Shurastey no carro, fui carregar o celular dentro do posto e aí descobri um novo problema: o encaixe da tomada argentina é diferente do que temos. Alguns não eram redondos e tinham um formato nunca antes visto por esse brasileiro. Tive que cortar os fios da minha extensão e plugar direto. Assim, deixei o celular carregando e voltei ao fusca, onde preparei pão com ovo e salame. Shurastey só de olho na minha comida, que já era pouca e ele ainda assim queria. Quando eu estava comendo veio um frentista, que parecia ser o gerente do posto. Bateu no vidro do fusca, me pedindo para descer. Fiquei preocupado, pensei que ele me mandaria embora. Mas não. Ele estava me trazendo uma coxinha com Coca-Cola e pediu para tirar uma foto do fusca. Disse que eu poderia dormir ali tranquilamente e me aconselhou a colocar o fusca mais perto do posto, onde ventava menos e faria menos frio, já que aquela seria uma noite bem fria.

Assim se encerrava mais um dia de viagem. Depois de todo o sufoco passado em Buenos Aires no dia anterior, as coisas pareciam voltar à normalidade, digo, pelo menos os argentinos pareciam ser bem mais gentis e atenciosos fora da capital.

Seguidores em Mar del Plata

Chegamos em Mar del Plata logo pela manhã, uma cidade linda, supertranquila e com um litoral incrível. Quando estávamos em Buenos Aires ainda, passando sufoco no hostel, recebi o convite de uma brasileira que morava nessa cidade para visitá-la e jantar na sua casa, e, obviamente, comida grátis no caminho era parada obrigatória. No posto de gasolina, mandei uma mensagem a ela dizendo que chegaria logo pela manhã, mas como ela e o marido trabalhavam, eu disse que me virava durante o dia e nos veríamos à noite.

O sol finalmente sorria pra nós em terras argentinas e aproveitamos o dia para conhecer os cantos daquela cidade e passear pela área costeira. Mar del Plata é famosa pelos leões-marinhos que saem do Ártico em busca de águas mais quentes nas praias do oceano Atlântico, mais exatamente nesta aqui – não que esta água fosse realmente quente, porque estava um frio de lascar com um vento que gelava a alma, mas com certeza eram mais quentes do que as águas do oceano Ártico.

Andando pelo calçadão do centro da cidade, resolvi fazer algumas compras e me preparar melhor para o frio que ficava cada vez mais forte. Para ficar aquecido, comprei uma calça térmica e uma calça de moletom, baita preparação, mas só a calça térmica já ajudava muito, e saiu cerca de 30 reais – isso porque chorei, seriam 50 reais, mas como comprei a calça de moletom junto, deram um desconto. Aproveitei e segui as dicas de uma seguidora, que me disse para comprar um chip de uma operadora da Argentina. Peguei um da Claro.

Eu e o Shurastey ficamos ali na praça, brincando e chamando a atenção do povo, que se encantava com o golden que andava sem guia do meu lado e buscava a bolinha quando eu jogava. Alguns vinham falar comigo, queriam tirar fotos e, quando descobriam que eu era brasileiro, parecia que ficavam mais simpáticos ainda, falavam de suas famílias e eu contava sobre a nossa viagem. As crianças achavam o máximo, corriam atrás do Shurastey, puxavam o pelo, faziam carinho, e o Shurastey todo bobo com tanta atenção.

a província de Buenos Aires

O fusca estava estacionado um pouco longe da praça, e eu não tinha comigo os adesivos, mas mesmo assim dois argentinos, para me ajudar na viagem, me deram 50 pesos cada. Ficamos o dia todo por ali, entre o calçadão e a faixa de areia, que por incrível que pareça tinha piscinas artificiais, que estavam desativadas por causa do frio (mas no verão me disseram que a praia, uma das mais bonitas e movimentadas da Argentina, fica lotada).

No final da tarde, voltamos para o fusca e ficamos esperando até que a Paula, a brasileira que nos convidou para jantar, nos chamasse, o que logo aconteceu. Cheguei na sua casa e assim que ela apareceu, nos cumprimentamos e fomos encontrar com seu marido, que ainda estava trabalhando. No caminho, ela me apresentou um pouco mais a cidade e contou como tinha vindo parar na Argentina. Contou também que estava grávida e que em breve daria à luz um argentinozinho. Paula tinha uma golden também, mas ela ainda estava em São Paulo, na casa da sua mãe. Ela tinha começado a nos acompanhar pelo grupo de goldens no Facebook, onde eu postava as nossas fotos da viagem.

Conheci o Alejandro, o esposo argentino, e fomos para o apartamento deles, no centro de Mar del Plata. Assim que entramos no elevador, eles me disseram pra não me assustar, que o apartamento era muito pequeno. E eu disse que estava tranquilo, que também morava num apartamento pequeno em Balneário Camboriú. Todas as vezes que alguém me dizia que morava num apartamento pequeno, sempre era muito maior do que o meu de Santa Catarina, que tinha 26 metros quadrados. Porém, quando entramos, entendi que o apartamento deles era realmente muito pequeno. Tudo era muito aconchegante e bem-organizado, mas parecia mesmo menor do que o meu em Balneário. Confesso que, na sala, eu fiquei buscando uma outra porta, além da do banheiro, para um quarto, até entender que o sofá em que eu estava sentado era a cama deles e que aquela sala, além do banheiro, era a única peça da casa.

Alejandro preparava umas pizzas caseiras, enquanto Paula brincava com o Shurastey e me contava de sua golden. Assim que ganhassem o bebê, eles iriam se mudar para um apartamento ou uma casa maior, e ela iria tentar trazer a golden para morar com eles na Argentina. A noite foi de uma pizza maravilhosa e bom papo com novos amigos e seguidores da nossa viagem. Porém, obviamente, não teríamos espaço para dormir ali, ela até tentou ver com alguns amigos se descolava algum espaço para ficarmos, mas infelizmente não conseguiu. Tudo bem, a pequena ajuda que nos deram, principalmente pra mim, oferecendo algo diferente pra comer, já estava ótimo. Nos despedimos e voltamos para dentro do fusca.

La policia

Saímos da casa de Paula e Alejandro por volta das 22h30 e, como eu estava descansado, alimentado e com energia, decidi viajar à noite mesmo, rumo a Bahia Blanca, a uns 400 quilômetros de distância. O plano era parar antes em algum posto de gasolina, como o que eu tinha dormido na noite anterior, com segurança e apropriado, ao contrário do posto em que estava parado naquele momento, na saída de Mar del Plata, que parecia inseguro e ainda fecharia em meia hora.

Dirigi por uma hora. Estávamos distantes o bastante de Mar del Plata para voltar, quando me dei conta de que o fusca estava na reserva, e, por azar, o posto mais perto ficava numa cidade fora do caminho, a uns 40 quilômetros só de ida, além de mais 40 de volta. Já o próximo posto dentro rota estava a uns 80 quilômetros, segundo o maps-me. Com receio de que acabasse a gasolina, à noite, no meio da estrada, com frio – pois à noite fazia muito mais frio do que de dia –, e com pouca visibilidade, decidi estacionar o fusca junto à entrada de uma fazenda, no meio do mato, nos acomodar, dormir e seguir viagem na luz do dia. Caso faltasse gasolina, seria mais fácil de alguém parar e nos ajudar.

A estrada era meio vazia, sem muito movimento de carros nem caminhões, tanto de dia quanto de noite, e me senti seguro em dormir ali, mesmo porque o capim alto escondia o fusca dos faróis dos poucos carros que passavam. E bom, para a nossa segurança, eu tinha um facão de 30 centímetros dentro do fusca. Deitei e me acomodei, com o Shurastey por cima das minhas pernas para me esquentar, tudo certo, tudo lindo. Peguei no sono, até acordar com o som do giroflex da polícia argentina. Minha primeira reação foi ficar quieto, fingindo estar dormindo, afinal de contas eu estava mesmo dormindo, até ouvir essa sirene deles. Porém, eles desligaram o som e desceram com as lanternas, vindo na minha direção. Eu permanecia de olhos fechados e todo coberto, pensando: vão embora, por favor, me deixem dormir, não tenho dinheiro. Chegaram bem perto e miraram a lanterna para dentro do fusca, um deles tentou abrir a porta e logo bateram no vidro para que eu acordasse. Eu já estava acordado, só não queria papo com eles. Mas não teve jeito, tive que levantar, com um medo disgramado de ser preso, afinal eu nem sabia se podia ou não dormir ali. Levantei, abri a porta com a luz da lanterna deles na minha cara e disse: *"Qué passa, hermanos?"*.

Os policiais então conseguiram me surpreender. Eu imaginava que iriam me multar ou exigir algum tipo de suborno, mas não. Disseram apenas que pararam para ver se estava tudo bem, que ali não era um lugar muito seguro para dormir e que havia um posto da polícia a uns 30 quilômetros para trás. Eu tinha visto esse posto na entrada de Miramar, mas não quis parar ali, afinal não tinha boas referências da polícia argentina, então eu os evitava ao máximo. Aqueles policiais, porém, estavam apenas preocupados e tentando me ajudar. Contei rapidamente que estava viajando e que, ao amanhecer, seguiria viagem rumo a Bahia Blanca. Insistiram novamente que eu os acompanhassem até a base da polícia, então eu precisei confessar que tinha pouco combustível e que se eu retornasse não teria gasolina suficiente para chegar até o próximo posto no dia seguinte. Agradeci e dei a eles dois adesivos. Fiquei mesmo surpreso com aquela atitude. Acho que aquelas histórias de policiais corruptos estavam longe do sul da Argentina. Aqueles dois estavam apenas preocupados com a minha segurança. Em todo caso, acabei dormindo com o facão na mão.

Parrilla argentina

No caminho para Bahia Blanca, a uns 10 quilômetros antes do posto de combustível, a gasolina acabou. Por sorte, eu tinha mais 5 litros num galão branco dentro do fusca, e isso me salvou de ter que caminhar aquela distância até lá. As estradas se tornavam mais calmas, com pistas simples e sem pedágios, com menos tráfego de carros e caminhões. Como começou a chover e fazia um frio danado, naquele posto onde parei pra encher o tanque resolvi ficar para o almoço, quero dizer, comer meu pão com salame.

Chegamos em Bahia Blanca no início da tarde. Não deu pra conhecer muito, mas percebi o ar de cidadezinha do interior, com seus casarões antigos. Passei por dentro da cidade, ao longo da avenida principal, e todos me olhavam. Eu dirigia um carro que praticamente não existia na Argentina, e ainda havia um cachorro dentro dele. Eu passava e, conforme as pessoas olhavam, eu acenava. Publiquei na página que eu estava em Bahia Blanca e, logo, a Rafaela, de Bento Gonçalves, dona do Nadal, onde a gente tinha se hospedado no alojamento dos motoristas da empresa deles, me mandou uma mensagem contando que ela tinha um amigo em Bahia Blanca. Ela falou com ele e me passou o seu número para que eu pudesse entrar em contato.

Mandei uma mensagem e fiquei esperando pelo Guilhermo num posto de gasolina da Petrobras. Pensava comigo: hoje vou comer bem, vou ter banho quente e um bom lugar para dormir, ele também deve ter um alojamento para os ônibus de sua empresa, como a Rafaela. Enquanto ele não chegava, eu e o Shurastey fazíamos sucesso no posto, as crianças que estavam saindo da escola passavam por ali e ficavam brincando com ele, jogando a bolinha e fazendo cabo de guerra com a guia.

Quando Guilhermo chegou, um cara de uns 40 anos, altura mediana e um pouco forte, logo me pareceu superamigável, porém, ao conversarmos, me explicou que não teria nenhum lugar para eu dormir, pois ele tinha vários cachorros na sua casa e, além disso, estava com as

a província de Buenos Aires

filhas e hospedando mais alguns parentes. Sugeriu que fôssemos até um posto de gasolina na saída da cidade, que era muito seguro, segundo ele, onde todos os caminhoneiros dormiam, garantiu, e que não haveria nenhum problema, exceto o frio.

Chegamos a *estación de servicio* e realmente me pareceu segura. Deixei o Shurastey dentro do fusca e, com o Guilhermo, fui tomar um chá e comer alguma coisa dentro do posto. Conversamos um pouco mais e ele me contou que tinha apenas um ônibus e que certa vez, quando levava estudantes numa excursão, usou a garagem de Rafaela, em Bento Gonçalves, e desde então eles se tornaram amigos. Guilhermo era muito atencioso e parecia se sentir culpado por não poder me hospedar, talvez por isso tenha pago o meu lanche. Depois me levou ao mercado, para que eu pudesse me abastecer de algumas coisas. Eu queria comprar mais miojos, já que os meus estavam acabando. Aí veio a surpresa: não existe miojo na Argentina. Comprei algumas bolachas e chá, porque começava a ficar muito frio nas estradas e um chá me esquentaria bem. Todos os postos argentinos têm uma máquina que fornece água quente. Tem que pagar, mas é algo entre 2 e 5 pesos, muito barato para mais de 2 litros de água quente. Separei as coisas que achava importante, comprei umas sopas prontas, e, no caixa, Guilhermo também se propôs a pagar as minhas compras.

Voltamos ao fusca, me despedi dele. Eu já estava até me preparando para dormir dentro do saco térmico quando Guilhermo me mandou uma mensagem, perguntando se eu comia carne. Obviamente respondi que sim. Em 20 minutos, ele passou ali pra me pegar. Chegou com mais um amigo em sua caminhonete e fui com eles, mas sem o Shurastey, que ficou no fusca de guarda (e mesmo porque, onde iríamos, ele não poderia entrar).

Chegamos a um local que eles chamam de *parrilla*, uma casa de carnes assadas. Mas logo eu saberia que não era qualquer carne assada que serviam ali. Nos sentamos, nos deram um prato, um garfo e uma faca grande, específica para cortar carne, e quando fui me servir, des-

minha jornada com Shurastey

cobri como eles assavam: era em tacho de metal, e o assador cortava a carne com um golpe de uma faca superafiada que partia até o osso. Mas não era difícil cortar aquela carne, que se desmanchava de tão macia. A que me serviram inicialmente foi a de cordeiro, que eu já provara no Brasil e me parecera meio doce. Obviamente, àquela altura do campeonato, poderiam me oferecer carne de rã que eu iria comer. Quando cortei aquele cordeiro e pus na boca, eu queria morrer. Simplesmente a melhor carne que já havia provado na vida. Ficamos ali conversando e assistindo ao jogo do Boca Juniors, e eu comendo mais e mais porque sabia que no dia seguinte provavelmente eu voltaria ao miojo ou pão com salame.

Agradeci ao Guilhermo, que me levou de volta ao posto, novamente se desculpando por não poder me dar um lugar para dormir. Eu já estava muito grato pela *parrilla* e por tudo o que ele tinha feito, e sem nem ao menos me conhecer, que nem me importava em dormir no fusca. Pra terminar, ele foi até a lojinha do posto e voltou me dando duas fichas, que permitiam que eu tomasse banho. Eu até queria um banho, mas fazia muito frio e tinha fila para o chuveiro, pois os caminhoneiros estavam todos ali para dormir e seguir viagem no dia seguinte. Então guardei as fichas para tomar banho pela manhã.

Mais uma noite dormida dentro do fusca com muito frio. A cada dia que passava as noites ficavam mais frias, e não só as noites, como o próprio dia, o sol já não esquentava, parecia ter cada vez menos força. Quando raiou e nos acordou, saímos do carro e o arrependimento por não ter tomado banho de noite foi grande. O fusca estava coberto por uma camada de gelo, todos os carros e caminhões estavam. Tinha feito muito frio aquela noite e eu acho que fazia mais frio ainda pela manhã. Bom, eu precisava tomar banho, até pra não desperdiçar as fichas, e lá fui eu com uma imensa vontade de ir embora pra não precisar tirar a roupa. Mas o pior estava por vir: assim que eu estava me lavando, a água quente acabou do nada. Não foi esfriando aos poucos, simplesmente caiu uma água gelada que parecia vir de dentro de um freezer.

98

a província de Buenos Aires

Fora o susto e o frio que passei para me enxaguar, o banho (até vir a água gelada) estava ótimo. Obviamente saí o mais rápido possível dali. E em poucos quilômetros de estrada eu estava abandonando a província de Buenos Aires para atravessar a Patagônia – e entrar nas longas e intermináveis retas da *ruta* 3.

CAPÍTULO 6

RUTA 3

Será que é só coincidência?

Longas e intermináveis retas, sem muito o que se admirar de um lado ou de outro. Assim eram as estradas ao deixar a província de Buenos Aires, tudo muito igual, exceto pelos caminhões que por ali rodavam, muitas vezes nos ultrapassando, já que seguíamos a passos lentos. Assim que atravessamos o limite entre as províncias de Buenos Aires e Rio Negro, havia uma controle bromatológico, daqueles que não deixam passar nada de frutas e de produtos de origem animal que não estejam devidamente cozidos. Por sorte, os policiais alfandegários não viram o salame nem as batatas que eu havia comprado no mercado. Tampouco pediram a documentação do Shurastey; pelo contrário, pediram para tirar fotos com ele.

Já havíamos superado os 5 mil quilômetros desde que saímos de Balneário Camboriú. Eram muita estrada e muitos desafios vencidos, e o fusca havia aguentado bem até então, mas já estava mais do que na hora de trocar o óleo. O primeiro posto onde passamos, na estrada, não fazia isso, e nos indicaram outro, já entrando numa cidade próxima. Lá fomos nós atrás dessa *estación de servicio,* antes que o motor desse problema. Chegando lá, ao descer do fusca soube que eles não iriam trocar o óleo naquele dia. Era domingo, e os argentinos têm disso, de prezar muito pelo domingo, e quase nada funciona nas cidades. Eu havia chegado cedo naquela localidade, poderia rodar mais alguns quilômetros até a próxima, o clima não estava tão frio e não eram nem 14h, então talvez eu conseguisse chegar em Puerto Madryn naquele dia ainda. Resolvi apenas completar o óleo com o que eu tinha, abastecer o fusca e seguir adiante. Mas quando eu estava me preparando para partir, aconteceu algo que eu não consigo explicar.

Saindo de dentro da loja de conveniência do posto, veio uma senhora de uns 40 anos e me perguntou várias e várias coisas, toda empolgada com o Shurastey. Uma das perguntas foi se eu iria ficar por ali aquela noite, e eu disse que pensava em seguir viagem até Puerto Madryn, já que ainda era cedo. Ela então me contou, caso eu quisesse ficar na cidade, que era dona de um hostel a 15 quilômetros dali, numa cidade chamada Las Grutas, e poderíamos ficar lá sem problemas, eu e o Shurastey. Quis confirmar que era uma ajuda e que eu não teria surpresas em ter que pagar. Então, comentei que não tinha dinheiro e costumava dormir dentro do fusca, e ela reforçou que estava me convidando sem custos, pois sabia o quanto era difícil viajar assim. Também, segundo ela, se ofereceu a me ajudar por dois motivos: o primeiro era o meu fusca com placa de Balneário Camboriú, para onde ela já tinha ido várias vezes; e a segunda e mais importante, que eu estava viajando com meu cachorro, e ela era apaixonada por cães.

Obviamente eu aceitei, já que precisava de um lugar pra tomar um banho quente, cozinhar e descansar. Porém, ela disse que não estava indo pra lá naquele momento, que só estava de passagem por ali, a caminho de um campeonato de paddle. Ela voltaria somente pelas 18h e pediu que eu esperasse ali; me passou o seu número, pegou o meu e garantiu que me mandaria uma mensagem pelo WhatsApp.

Como eu não tinha opção melhor, ficamos por ali mesmo, e nesse meio-tempo, enquanto o Shurastey corria atrás de um ou outro cachorros que moravam no posto, resolvi tirar todas as coisas de dentro do fusca e aproveitar o tempo para reorganizar tudo. O tempo passava e

minha jornada com Shurastey

eu começava a ficar com fome. Já eram 18h30 e nada dela aparecer ou mandar mensagem. Comecei a achar que eu teria que dormir naquele posto mesmo. Até aí nenhum problema, mas eu poderia ter adiantado a minha chegada em Puerto Madryn. Logo, porém, ela mandou uma mensagem dizendo que iria se atrasar e que era pra eu esperar ali, que ela chegaria em breve. Eram quase 20h quando ela finalmente apareceu. Juro que já estava pronto pra fazer um miojo e dormir.

Ela desceu do carro e veio conversar um pouco. Nesse momento ela já tinha conferido todas as minhas redes sociais, já sabia que eu era de confiança e que não haveria nenhum problema em me abrigar, mas eu não sabia nada sobre aquela mulher. Não sabia se era ou não uma pessoa boa, mas como ela estava com uma criança e mais duas mulheres dentro do carro, achei que poderia confiar. Desse modo, a segui por uma rua escura e de pavimento secundário; conforme rodávamos, as mulheres que estavam de carona foram descendo. Assim que chegamos a Las Grutas, fomos direto ao hostel dela.

Las Grutas é um balneário que vive basicamente do turismo no verão, e como já estávamos no início do inverno, não havia muita gente nem o que fazer por ali. Assim que chegamos, a primeira coisa que fiz foi tomar um banho quente. O quarto onde a Maria, a dona do hostel, nos hospedou tinha sido recém-desocupado, estava ainda um pouco bagunçado. Ela disse que iria arrumar, mas me propus a limpar e arrumar tudo como forma de pagamento pela estadia.

Mais à noite, fiquei pensando na sorte que tinha de ter parado exatamente naquele posto e de ser domingo, porque se fosse qualquer outro dia da semana, eu teria trocado o óleo e seguido viagem. O mais incrível foi que nessa noite, que eu acabei dormindo no hostel dela, apareceu a Ariany, uma seguidora que acompanhava a nossa viagem e respondeu a uma postagem em que eu perguntei se alguém tinha um conhecido em Puerto Madryn que pudesse nos ajudar por lá.

Ariany escreveu que tinha ficado em Puerto Madryn na casa de um rapaz chamado Julio e que ele usava o couchsurfing, um site e aplicativo em que pessoas oferecem suas casas, um quarto ou um simples colchão no chão para viajantes dormirem e descansarem em segurança, sem cobrar nada, simplesmente com a intenção de ajudar e compartilhar experiências. Ela entrou em contato com ele, me passou o seu número e eu rapidamente baixei o app e mandei mensagem a ele. Se eu conseguisse dormir em casas, por duas noites seguidas, em duas cidades diferentes, seria muito bom. E ele confirmou a estadia.

Como são as coisas, né? Eu não parava de pensar nisso. Isso só aconteceu porque eu estava no hostel com acesso à internet e com tempo e conforto para verificar minhas mensagens no Facebook, caso contrário era bem provável que eu chegasse em Puerto Madryn e não tivesse lugar para ficar, pois pessoas como a Maria não aparecem todo dia. Foi uma sucessão de situações que iriam me ajudar muito, incluindo descobrir o couchsurfing, que eu usaria bastante dali em diante. Pela manhã, nos despedimos da Maria e saímos de Las Grutas extremamente agradecidos, e voltei pra estrada ainda perplexo com todas as coincidências boas que aconteciam.

O primeiro couchsurfing

Eu acertei com Julio que iria para Puerto Madryn logo pela manhã e que possivelmente chegaria no início da tarde, dependendo, é claro, do fusca e das estradas. A *ruta* 3 é toda muito bem asfaltada. O único fator que poderia aumentar o meu tempo de viagem entre as cidades seriam os problemas mecânicos – ou as paisagens que me fariam parar e fotografar, embora ali isso não fosse tão marcante. Na maior parte, eram grandes retas, com eventuais curvas que vez ou outra quebravam a mesmice, geralmente nas subidas das colinas. Na real, era entediante, tanto pra mim quanto pro Shurastey. Horas ali, dentro do fusca, sem muito o que ver.

Apesar disso, as paradas aumentavam cada vez mais, por vários motivos: o tédio e a monotonia, o frio que era cada vez mais forte, os meus pés, que a essa altura já ficavam dormentes, a quantidade de chá que eu tomava pra me esquentar, o que me levava a parar e me aliviar e, é claro, o Shurastey, que pedia mais constantemente pra descer do fusca. Acho que ele também precisava se movimentar e se esquentar. Tanto é que, quando ele descia do carro, corria pra lá e pra cá. O bacana das estradas argentinas era que sempre, a cada 10 quilômetros talvez, se encontrava uma área de descanso, onde sempre parávamos. Eu e o Shurastey descíamos, corríamos por uns 10 minutos para esquentar as pernas, dávamos voltas em torno do fusca e quando eu cansava, começava a jogar a bolinha para ele, que parecia dotado de uma energia infinita.

Eu já tinha parado umas três vezes e, lá pela metade do caminho, avistei uma estrada secundária ao lado da principal, junto a um rio. Eu tinha acabado de passar por ela, mas resolvi fazer a volta. Pensei que ali renderia uma boa foto de um lugar onde as coisas não eram tão iguais. Tudo era incrivelmente único na minha viagem. Esse momento serviu para muitas coisas, além de uma bela foto, como os momentos de reflexão, que eram constantes. Tudo era motivo de uma felicidade cada vez maior. Poderia haver nada, mas aquele nada era muito mais do que eu jamais imaginei que testemunharia.

Quilômetros adiante, chegamos em Puerto Madryn, aparentemente uma cidade sem grandes atrações, tudo muito simples, com muitas casas e poucos prédios. Fui até o local que o Julio me passou e por ali fiquei esperando a resposta dele às mensagens que eu tinha enviado. Num determinado momento, apareceu um garoto a quem eu fiquei ensinando como os brasileiros jogam futebol, mas obviamente quem acabou ganhando o jogo foi o Shurastey, que mordeu a bola e saiu correndo.

Julio logo surgiu. Sua casa ficava na rua de trás. Apenas dei a volta na quadra e entramos. Ele trabalhava com turismo em Puerto Madryn, tinha um Fiat 600 e estava pensando em usá-lo numa viagem bem parecida com a minha, porém sem cachorro. Conversamos um pouco, ele falava muito bem o português e em menos de uma hora ele já havia me

ruta 3

deixado sozinho na sua casa. Foi para uma reunião de trabalho e me deixou com a chave, totalmente à vontade.

Não nos conhecíamos, nos falamos por menos de uma hora e ele já tinha me dado a chave de sua casa. Isso era algo totalmente fora do meu mundo. No Brasil jamais isso iria acontecer, eu pensava, e se acontecesse, a hora em que o proprietário voltasse provavelmente já não encontraria mais nada na casa, se duvidar nem a casa estaria lá. Eu ainda não compreendia bem o que era o couchsurfing, o que era essa onda de pessoas boas que te acolhem sem esperar nada em troca, que logo de cara já confiam em você.

O sol começava a ser pôr quando peguei o Shurastey e fui dar uma volta pela beira-mar. Fazia bastante frio e nem eram 18h. Os dias começavam a ficar mais curtos e as noites, mais longas. À primeira vista, não vi nada demais em Puerto Madryn. Fiquei brincando com o Shurastey na praça, e nada me chamou a atenção por onde passei. Ariany, que me deu o contato do Julio, escreveu que Puerto Madryn era linda, que as baleias sempre estavam por ali e que o nascer do sol era fantástico; o jeito então era acordar cedo pra ver o sol nascer e depois procurar essas baleias na península Valdés.

Eu e Julio conversamos bastante. Ele confirmou que o nascer do sol junto ao mar ali era realmente incrível e insistiu que eu não perdesse. Como o sol nascia por volta das 8h (horário em que agora eu estava despertando, e não mais às 6h30 como antes), estava tranquilo acordar cedo e ir pra praia naquele frio. Eu já estava caindo de sono, quando Julio trouxe um travesseiro e uma manta fina; como lá tinha aquecedor a gás que ficava ligado durante a noite, dentro de casa era muito confortável e quentinho; fora era que o bicho pegava. Me ajeitei por ali no sofá e capotei, sem coragem de tomar banho –, acho que eu estava me acostumando a não tomar banhos. Shurastey pôde entrar e dormir comigo. Julio não se importava com a presença dele dentro da casa. Ele tinha cachorros que ficavam no pátio, mas Shurastey era o único autorizado a entrar.

105

minha jornada com Shurastey

O nascer do sol e as baleias

Pouco antes das 8h já estávamos de pé. Como Julio morava perto da beira-mar, fomos andando. Quando eu virei a esquina, comecei a entender por que diziam que o nascer do sol era tão maravilhoso ali. Assim que chegamos na praia, vi um céu meio roxo, com tons de laranja, e conforme o sol ia subindo, o laranja ficava cada vez mais forte. A maré estava baixa, e na areia se formava uma fina camada de água que parecia um espelho a refletir os céus. Era lindo demais. Eu, lamentavelmente, tinha esquecido de levar meu tripé para tirar uma foto, mas obviamente isso não iria me impedir; catei umas pedras e posicionei o celular, eu precisava registrar aquele momento, junto com o Shurastey, para ficar sempre guardado. Quando vi o resultado, fiquei ainda mais impressionado. Sem filtros, sem edição alguma e com um tripé improvisado, o que consegui registrar era exatamente o que eu estava vendo. Realmente espetacular. Com toda a certeza do mundo, valeu a pena sair naquele frio de -3°C para contemplar aquele visual único.

Caminhávamos pela faixa de areia enquanto o sol seguia seu curso rumo aos céus, e a cada segundo a paisagem ficava ainda mais bonita, do laranja tornou-se um rosa-azulado, até que o sol nasceu por completo, proporcionando um dia lindo e ensolarado. Andamos até o final da praia. Shurastey corria atrás das gaivotas como se fosse conseguir pegar alguma delas, entrava naquele mar gelado de Puerto Madryn e parecia nem se importar com o gelo daquela água. No final da praia, encontrava-se hasteada uma grande bandeira da Argentina. Os argentinos, assim como os uruguaios, eu já tinha reparado, fosse em praças ou lugares públicos, gostavam de expor a sua bandeira, bem diferente dos brasileiros. Depois de uma longa caminhada, aproveitando o belo dia de sol, o que amenizava o frio, voltamos pra casa.

Ainda faltavam as baleias, e Julio disse que, se eu quisesse, poderia me levar para vê-las, que estavam começando a chegar para a época de reprodução. O local era a península Valdés, um refúgio natural de baleias, e não só delas, mas de várias outras espécies de animais marinhos e terrestres, que buscam por lá uma proteção contra predadores, e desde que o parque nacional foi instituído, essa proteção aumentou ainda mais.

Julio não tinha carro, não um que funcionasse, já que aquele velho Fiat 600 não ligava o motor havia um bom tempo, então comecei a tirar as coisas de dentro do fusca para que ele pudesse entrar. Era a primeira vez que alguém entraria no fusca desde que saímos de Balneário Camboriú. Retirei todas as caixas e aproveitei para estender minhas roupas que, desde o Uruguai, ainda seguiam úmidas; como o sol estava forte e sem nenhuma nuvem, secariam rapidinho e perderiam aquele cheiro de tecido molhado.

Pegamos uma estrada de chão batido, o que na Argentina eles chamam de *ripio con lomo de burro*, uma estrada de cascalho meio ruim de dirigir. Ao nos depararmos com um mirante, próximo à estrada, paramos, subimos e começamos a observar. A única coisa que eu conseguia enxergar era um mar sem-fim, mas Julio apontava e dizia "lá tem uma baleia", e eu só falava "cara, não consigo ver nada". O argentino se referia aos jatos de água expelidos pelas baleias, assim ao menos ele as identificava. Esse mirante ficava no topo de um morro, com escadas para subir, e a praia um pouco adiante. Logo Julio avistou uma baleia bem próxima da costa, e nós, na ânsia de vê-la de perto, entramos no fusca tão rapidamente que quase esquecemos o Shurastey pra fora.

Chegamos na beira da praia, que não tinha nada de areia, apenas pedras, pequenas e arredondadas, e a baleia estava ali, a menos de 10 metros! Era do tamanho de um ônibus, gigante, linda e bem perto de nós. Quando aquele enorme bicho soltou o sopro de água, o Shurastey, que já não estava muito confiante, deu no pé correndo de medo. Até imaginei o que ele estava pensando: "Se aquele cavalo já me pôs pra correr, imagina esse bicho aí".

Para ver as baleias de perto, da praia, somente com a maré cheia. É possível se aproximar ainda mais delas em um passeio de barco, mas achei caro. Sem contar que o Shurastey não poderia embarcar e, se pudesse, acho que ele morreria de medo. Ficamos ali, admirando aquela

minha jornada com Shurastey

baleia, e logo, um pouco mais distante, apareceram outras duas. Aos poucos, todas foram se afastando, por causa da maré que baixava. Shurastey encontrou um pequeno osso de baleia e queria porque queria trazê-lo para o fusca. O único probleminha era que o osso era maior que o fusca.

Fomos embora, Shurastey triste por ter deixado o "pequenino" osso na praia, e eu contente por ter visto uma baleia tão de perto. Julio, como um bom guia, ia me explicando e contando fatos e curiosidades locais, como a existência de um esqueleto de filhote de baleia no final da praia, que encalhou por ali havia alguns anos. Segundo ele, o filhote tinha mais de 7 metros. Agora imagine um adulto. Ficamos o dia todo fora, quando voltamos a Puerto Madryn, passei no mercado antes de voltarmos pra casa.

Como os meus miojos acabaram e eu tinha comprado umas sopas prontas em Bahia Blanca, decidi pegar mais alguns ingredientes e fazer uma sopa mais encorpada, me alimentar um pouco melhor. Mas talvez eu tenha exagerado. Peguei 1 quilo de peito de frango, batatas e cenouras, cozinhei tudo numa panela grande com macarrão e ainda acrescentei sardinha e, no final, pimenta. Ficou lindo de gostoso e sobrou um monte, que eu poderia guardar para os próximos dias (comida era algo que eu não podia desperdiçar). Ofereci ao Julio, que, desconfiado, provou e disse que estava bom, mas não repetiu. Eu, por outro lado, comi novamente.

Aproveitei a experiência do Julio com couchsurfing pra ele me ensinar a usar e como pedir hospedagem, e logo comecei a buscar estadia na próxima cidade, principalmente de pessoas que tivessem referências de outros viajantes em seus perfis, por questão de segurança, conforme Julio me sugeriu. A próxima parada seria Comodoro Rivadavia, que ficava a pouco mais de 400 quilômetros de distância. Fiz várias solicitações e até o final da noite não havia recebido nenhuma resposta.

Nesta mesma noite, consegui o contato do Javier, em Ushuaia. Ele tinha uma página de *air cooled*, ou seja, era um "movidos a ar". Até hoje não consigo me lembrar quem me passou o contato dessa página, já que eu vinha recebendo uma muvuca de mensagens. Por sorte, consegui me comunicar com Javier. Contei a ele que chegaria em no máximo

108

cinco dias, era o que eu estimava, e ele me disse *"En casa no habría problema. Sólo que tengo dos perros y uno es muy viejo... Ahhhh tu escarabajo es um avión!"*. Pelo visto, ele achou que estávamos indo rápido demais pra Ushuaia e brincou comigo. Pelo menos em Ushuaia eu teria onde ficar, ao menos por uma semana, que foi o período que pedi a ele.

Peguei uns pinhões, aqueles do Rio Grande do Sul ainda, que estavam guardados no fusca, e assei à noite no fogão do Julio, que não sabia o que era, nunca nem tinha escutado falar, mas comeu, e esses sim pareceram lhe agradar. O argentino perguntou se eu não queria ficar mais um dia, para dar tempo de algum couchsurfing de Comodoro me responder. Eu já estava começando a pensar na ideia, quando recebi a notificação do app. Um cara aceitou o meu pedido de estadia por uma noite. Pedi uma noite mesmo, pois o Julio disse que em Comodoro não havia muito o que ver. Situada no meio de dunas de areia, a cidade abrigava refinarias que operavam na Argentina. Entrei no perfil desse couch, conferi que tinha algumas referências e confirmei minha hospedagem. Na manhã seguinte, nos despedimos do Julio e seguimos adiante.

A Patagônia é conhecida pelas longas retas de suas estradas, em especial a *ruta* 3, com pouca vida nos arredores. Porém, próximo ao oceano Atlântico, onde ainda estávamos ao sair de Puerto Madryn, o cenário pode ser outro. E assim fomos brindados por um monte de leões-marinhos deitados na costa. Eram muitos, mais de cem. Consegui chegar razoavelmente perto deles, e eram enormes, uns maiores que os outros. E o Shurastey? Ficou dentro do fusca, é claro. Não desceu por nada. O medo que ele tinha desses bichos era impressionante.

Um mais louco que o outro

Mais de 400 quilômetros de retas intermináveis entre Puerto Madryn e Comodoro Rivadavia, e eu só via caminhões, alguns na contramão, outros me ultrapassando, e todos buzinavam quando me viam. Era um cumprimento comum entre os caminhoneiros. De 100, provavelmente 99 buzinavam ou davam luz alta. Quando estava chegando na cidade, fui parado pela polícia, que resolveu fazer aquela vistoria geral dentro do fusca. Pediram para eu descer, para ver meus documentos e revistaram a minha mochila e o interior do carro. Como estava tudo em ordem, caminho que segue, e não demorou a entrarmos na cidade, no meio de grandes dunas, com gigantes morros de areia por todos os lados. Comodoro Rivadavia de imediato me pareceu meio feia, sem nada de bonito que encantasse os olhos à primeira vista. Parei no posto de gasolina no centro da cidade, esperando uma resposta do Mauro, o nosso couchsurfing.

Assim que ele saiu da faculdade, me mandou o seu endereço, e sua casa ficava a 13 quilômetros de distância do posto no sentido contrário de onde eu estava, ou seja, tivemos que voltar um bocado. Confesso que olhei por diversas vezes o Google maps para identificar a sua localização. Ele era o segundo couch, mas o primeiro que eu conseguia sem indicação de alguém e numa cidade que não me pareceu muito hospitaleira.

Já era noite quando chegamos no endereço, mandei mensagem e ele saiu de casa, uma residência simples, do outro lado da rua. Me apareceu um jovem de uns 20 anos, com uma energia extremamente positiva – percebi na hora em que começamos a conversar, ainda na frente do fusca. Logo me senti seguro, desci o Shurastey e entramos. Ele morava nos fundos de uma casa de dois cômodos. Junto dele estava o seu irmão pequeno, de uns 5 anos, conversamos um monte, ele me contou que era mochileiro e sempre que podia saía pegando carona e ia até onde dava. Me mostrou fotos e me contou sobre algumas pessoas que tinham passado pela sua casa. Uma delas era um casal de uruguaios que viajava de bicicleta e tinha estado lá uns quatro meses antes. Fiquei impressionado, eles tinham saído do Uruguai e estavam indo até Ushuaia de bicicleta. Isso mais uma vez só reforçava o que eu já sabia: não há limites quando se deseja fazer algo. Eles tinham passado por ali pouco antes de uma tragédia que ocorreu em Comodoro: uma grande tempestade que inundou a cidade de areia. Mauro me contou que choveu muito durante alguns dias, o que fez com que a areia descesse dos morros e invadisse as tubulações de água e entupisse tudo, provocando um alagamento geral na cidade, com mais de 1 metro de areia em alguns pontos. Como era relativamente recente, a cidade ainda estava se recuperando dessa tragédia.

O irmão mais novo do Mauro era terrível e ainda estava acompanhado de um primo que morava na casa da frente. Corriam pra todos os lados e não paravam quietos. Enquanto eu atualizava as minhas redes sociais, meu anfitrião começou a preparar uma massa de bolo, que no final se tornou um enorme cookie de chocolate com nozes. Eu, azul de fome que estava, comi sem pestanejar. Mauro cursava geologia e era fissurado em pedras, tanto que no seu quarto havia várias, de todos os tipos. Pedras que pareciam simples, segundo ele, eram bem raras, e eu que não entendia nada daquilo achava muito doido alguém ter pedras na cabeceira da cama.

Enquanto Shurastey corria e brincava com as crianças no pátio, Mauro me contou de suas andanças de carona pela Argentina e pelo Chile, e disse que em breve gostaria de conhecer o Brasil. Depois me falou que tinha um aniversário e talvez demorasse um pouco a voltar; me mostrou o colchão debaixo da cama, me deu algumas cobertas e foi se arrumar. Eu fiquei lá fora com Shurastey e as crianças, esperando o pai do irmão mais novo vir buscá-lo, pois ele só ficava ali durante algumas horas, enquanto seu pai não voltava do trabalho.

Uma hora se passou, já eram quase 21h30 e nada de virem buscar o irmão dele. Mauro já estava pronto e meio atrasado para a festa, então eu disse a ele que poderia ir e eu ficaria ali com as crianças, até o pai do menino chegar. Assim que o argentino saiu, aquelas crianças viraram uns capetas ainda piores, começaram a jogar as estimadas pedras do Mauro pela casa e subir na árvore que tinha no quintal (e isso que fazia um frio lascado lá fora). Nem o Shurastey aguentava mais aqueles dois e já estava deitado do lado do colchão onde eu iria dormir. Juntei os pirralhos, dei uma bronca em português mesmo, e eles se aquietaram. Por sorte, o pai que estava atrasado chegou em seguida, conversamos um pouco e ele levou o guri embora; o outro foi pra sua casa, que ficava na frente. Nesse meio-tempo, disse pra eu guardar o fusca dentro do quintal da casa, que ali na rua não era muito confiável de se deixar. Fusca pra dentro, crianças pra fora, era hora de dormir e descansar um pouco, porque a programação do dia seguinte seriam 700 quilômetros até Río Gallegos num tiro só.

Quando deitei no colchão, comecei a pensar que loucura era aquela, o cara tinha acabado de me conhecer e já deixara o irmão e o sobrinho comigo, em sua casa, que não era de luxo – pelo contrário, era supersimples, e dava pra ver que ele era uma pessoa muito humilde. E eu ainda não conseguia entender como essas coisas aconteciam no mundo de hoje. Como alguém abria a porta de sua casa, recebia um estranho, ia para uma festa e deixava uma pessoa totalmente desconhecida cuidando do seu irmão e da sua casa. Coisas totalmente fora da minha realidade.

Enquanto refletia sobre isso, eu já estava com o aplicativo aberto buscando couchsurfing em Comandante Luis Piedrabuena e Río Gallegos. Mandei pra umas dez pessoas, até que acabou o número de solicitações permitidas de couch (pois quando você não paga o app e o usa gratuitamente, existe um limite de pedidos por mês, e eu já havia alcançado esse número). Eu sempre lia todos os perfis, e os que eu não entendia, usava o Google tradutor. Mas a essa altura, meu portunhol já me permitia uma conversa bacana sem muitas interrogações na minha cabeça, ainda que não entendesse algumas palavras e expressões.

Por volta das 4h da manhã, escutei um barulho. Pensei que fosse Mauro chegando da festa, mas era um gato que estava tropeçando em uns vasos da cozinha. O gato derrubou dois vasos e fez uma zona com terra, e lá fui eu limpar a casa de madrugada. Quando acordei para pegar a estrada, meu anfitrião ainda não tinha voltado. Eram quase 8h, estava escuro ainda, cada dia o sol nascia mais tarde, e nada do Mauro. Mandei uma mensagem perguntando se estava tudo bem, porém sem respostas ou visualização. Ajeitei tudo, pus o Shurastey pra dentro do fusca, abri o portão onde carro estava e, de fininho, saímos sem acordar os vizinhos.

ruta 3

800 quilômetros

Nos últimos dias tudo corria muito bem, as coisas pareciam andar numa positividade absurda. Conheci pessoas incríveis que me ajudaram e ainda indicavam outras, como uma bola de neve de energia positiva e bons ares.

Entramos na estrada com o nascer do sol similar ao de Puerto Madryn, que até hoje me deixa saudades. Subia a colina com os raios solares refletindo na traseira do fusca. Nada podia estragar aquele início de dia, exceto mais um dos peidos do Shurastey – e eu lembro bem desse, pois estava muito frio, eu com duas luvas dirigindo e tendo que abrir a janela para o fedor de gambá apodrecido sair de dentro do fusca. Pior ainda foi olhar para trás e ver o sacana do Shurastey deitado com a barriga pra cima, como se nada tivesse acontecido, esse podre.

Longas e quase intermináveis retas, a paisagem da *ruta* 3 era igual por todos os quilômetros. Nada mudava, nada chamava nossa atenção. Ainda tinha muito chão pela frente, e como era tudo sempre igual, a viagem se tornava cansativa. Quanto mais ao sul nos dirigíamos, mais frio fazia; o sol brilhava, mas parecia não ter força para esquentar. Comecei a bolar um jeito de me aquecer sem ter que parar o fusca para não demorar muito, já que eram quase 800 quilômetros a serem percorridos naquele dia. Eu apertava o acelerador com o pau de selfie e sapateava com os dois pés dentro do fusca, e assim meus pés aqueciam um pouco, mas a cada 200 quilômetros eu tinha que parar. Como já disse, eu estava tomando muito chá, era o que mantinha o meu corpo quente. Só que não dava pra tomar 3 litros de chá e não por pra fora. Quando eu parava no acostamento, sempre que um carro passava, diminuía a velocidade e muitos paravam e perguntavam se estava tudo bem. O pessoal por ali tinha uma preocupação incrível com o coletivo, e eu, no meu portunhol, dizia apenas que estava correndo para me esquentar, pois não havia *"calefacción en mi auto"*. Shurastey também descia e corria pra lá e pra cá, cheirava tudo o que via pela frente.

minha jornada com Shurastey

Nessa altura, os guanacos argentinos, primos das lhamas, andavam livremente pela estrada, atravessavam de um lado para outro, e eu vi vários mortos, atropelados provavelmente por caminhões, pois não havia pedaços de carros ou para-brisa. Esses bichos são grandes e saltam alto. Se um carro os atropelassem, voariam direto no para-brisa, e os que estavam mortos estavam pela metade. Deduzi que caminhões, sem dó nem piedade, passaram por cima desses filhos da mãe, e eu digo isso pois eles me atrasaram um monte. Toda vez que eu avistava alguns na beira da estrada, tinha que diminuir, pois não dava pra saber pra que lado esse animal iria correr – ele podia atravessar a via bem na sua frente e aí adeus, viagem. Iria acabar com o fusca.

Quase sem combustível, estávamos chegando num vilarejo chamado Puerto San Julián, onde abasteci e seguimos rodando. Desde o Uruguai, eu estava com uma coisa na cabeça: dormir mais confortavelmente dentro do fusca. Como não havia muitas paisagens a observar e me distrair, meus pensamentos se voltaram a resolver essa questão. Encostei, então, o fusca numa área de descanso e resolvi tirar o encosto do banco traseiro, assim eu conseguiria posicionar meu corpo mais pra trás, até o chiqueirinho. E desse encosto que tirei, havia o corino que poderia servir para encapar a tábua que ficava entre o assento dianteiro e o traseiro, no vão em que as pessoas que se sentam atrás normalmente colocam as pernas. Fiquei quase uma hora para conseguir tirar todo o corino, sem estragar. Nessa área de descanso, havia latões de lixo, então deixei o que sobrou do encosto ao lado de um desses latões, peguei alguns parafusos e, em vez de grampear ou colar o corino na tábua, eu o aparafusei.

Perto de Comandante Luis Piedrabuena, percebi que já estava muito cansado. Parei cerca de 30 quilômetros antes dessa cidade, estacionei numa estradinha de terra secundária e decidi dormir ali mesmo naquela noite. Tinha rodado uns 500 quilômetros e não conseguia seguir mais por causa do frio. Meus ombros doíam muito, meus pés estavam congelados. Eu até poderia esticar mais os 30 quilômetros que faltavam até a cidade, mas eu queria ficar em silêncio total, sem ninguém, sem nenhum barulho, somente eu, o Shurastey e o frio.

Ajeitei as coisas, e em menos de 20 minutos já estava completamente escuro. Peguei minha panela, um pouco de água e, quando fui ligar o fogão, ele não funcionava, tentei de tudo, mas o negócio não ligava. Eu tinha a sopa que fiz na casa do Julio e queria esquentá-la, mas não tinha como e não queria comê-la fria, pois estava mais dura que pedra, quase congelada. Aquela noite ficaria sem comer nada.

Preparei o saco de dormir, as duas mantas e mais a coberta grossa que eu levava, tudo isso mais o calor do Shurastey. Foi uma noite única, muito frio. Por volta das 4h da manhã acordei com uma claridade na minha cara: era a lua gigantesca nascendo vermelha, parecia até o sol numa espécie de modo econômico de energia, muito linda. Shurastey estava dormindo tão pesado que roncava, voltei pra baixo das cobertas e peguei no sono novamente.

Quando acordei, o fusca estava coberto de gelo. O lugar onde havíamos parado estava com lama, e a lama havia congelado, mas o pior estava por vir. Quando fui dar partida, o fusca não ligava, estava engasgando e não queria dar partida. Pensei ser o motor de arranque, tentei empurrar, mas o carro não saía do lugar, e eu estava a 1 quilômetro da estrada principal. Fui até o motor, verifiquei o que sabia: óleo OK, correia OK, e isso era tudo o que eu sabia. Tentei mais algumas vezes dar partida e, quando o carro parecia pegar, escutei um barulho no motor. Aí o meu coração ficou mais gelado do que a noite anterior... Fui até o motor e então vi que a correia tinha arrebentado. E agora, como faria pra trocar essa correia, eu não tinha ideia de nada, nunca tinha feito isso, mas por sorte eu havia comprado umas três de reserva. Busquei a chave para tirar a polia e, por sorte de novo, eu tinha uma. Tirei a corrente arrebentada e fui colocar a nova, mas eu não sabia como, não era simplesmente colocar. Reparei que havia argolas de ajustes, porém não havia reparado quantas para dentro e quantas para fora, e fui na base da tentativa e erro de ajustar aquela correia, o que durou uma meia hora, até que por fim consegui. Quando pus a polia novamente, coloquei a errada. Existe uma posição correta para pôr a polia, ela vem com um encaixe, e eu coloquei errado e não conseguia apertar o suficiente. Então tive que remover e virar a polia com o encaixe para o lado correto. E por sorte, mais uma vez, na primeira tentativa de dar partida o fusca ligou e conseguimos sair dali. Agora não sei se foi graças à correia ou ao tempo que demorei e o sol ter esquentado um pouco o carro, mas assim que troquei conseguimos partir daquele lugar.

Chegando em Comandante Luis Piedrabuena, parei no posto de gasolina para abastecer e pegar açúcar para adoçar meu chá, quando vi um cara numa moto com uma roupa verde fluorescente, mais parecia uma caneta marca-texto. Estava dando água para o Shurastey quando o cara começou a tirar o capacete, vindo na minha direção. Era brasileiro e também estava indo para Ushuaia, disse que já não aguentava mais passar tanto frio, principalmente nas mãos, e que não via a hora de chegar e começar a voltar. Ele estava de férias e sua viagem duraria 30 dias. Contei que pretendia chegar a Ushuaia nos próximos dois dias, ele disse que estava tentando fazer o mesmo.

Entrei na cidade para comprar algo para os meus pés, um calçado mais quente ou algo do tipo, já que meu tênis e as meias não estavam mais dando conta do frio. Não encontrei nada, mas comprei luvas novas, as que eu estava usando já estavam rasgadas. Também peguei algumas bolachas e finalmente consegui consertar meu fogão, era a válvula de gás que estava travada. E então seguimos adiante.

Do céu ao inferno

Chegamos em Río Gallegos por volta das 15h. Passei direto pela cidade e fui em direção ao passo fronteiriço com o Chile –, já que é necessário atravessar ao país vizinho para seguir até o extremo sul da Argentina, Ushuaia. Minha gasolina, porém, estava na metade e o maps-me não indicava nenhum posto de gasolina nos próximos 200 quilômetros. Fiquei um pouco receoso de que faltasse combustível e então fiz o retorno e fui até a *estación de servicio* abastecer.

ruta 3

Eu já estava pronto para sair e seguir rumo a Río Grande, parada anterior a Ushuaia, quando recebi uma mensagem de um couchsurfing me perguntando se eu ainda precisava de acomodação na cidade. Eu ia responder que não, que já estava indo embora, mas lembrei que precisava trocar o óleo do fusca e pensei: "Troco o óleo, durmo confortável, tomo um banho e no dia seguinte vou embora bem cedo".

Conferi o perfil do couch. Informava que ele era policial da província e que o mesmo casal que se hospedou em Comodoro, na casa do Mauro, tinha ficado com ele, então achei que seria confiável ir até a sua casa. Confirmei o pedido, e ele disse que chegaria no final da tarde; nesse meio-tempo, busquei algum lugar em que pudesse trocar o óleo do fusca.

O Julio de Ushuaia, que eu ainda nem conhecia, mas já estava trocando mensagens, me passou o contato de um mecânico, dono de uma kombi, que poderia me ajudar, pois além do óleo eu precisava ajustar o ponto, para que o fusca ligasse mais facilmente pela manhã. Assim que encontrei a oficina do Pepo, conversamos brevemente, e ele me deu um novo filtro de ar, trocou a tampa da entrada de óleo, que estava vazando um pouco, e disse que o ponto estava OK, sem me cobrar nada. Me indicou um lugar para trocar o óleo, mas como não consegui entender muito bem o que ele disse, não encontrei esse tal lugar. Rodei pelo centro inteiro até achar um "lubricentro", específico de *azeite*, como eles chamam o óleo. Entrei e pedi o óleo 20/50 e o preço, me informaram: quase 1.500 pesos por 3 litros de óleo já trocados – um absurdo! Eu não dispunha de toda essa grana para apenas trocar o óleo. Conversei com eles e me deram uma opção de óleo mais barato, 500 pesos, o que ainda achei caro, mas fiz a troca. E segui para a casa do couch. As coisas que até então estavam indo bem demais, a partir desse ponto entraram num declive de negatividade absurdo.

Cheguei à casa do couch. Ele nos recebeu, e de imediato eu senti algo diferente naquele ambiente. Um cara mais reservado, meio fechado, talvez por ser policial, pensei. Conversamos um pouco e ele me disse que receberia alguns amigos para uma janta. Deixei o Shurastey na guia para ele não ficar zanzando pela casa. Não senti muita liberdade para

117

minha jornada com Shurastey

ele ficar solto. Conversa vai, conversa vem, os amigos chegaram: uma mulher e um homem no gênero da palavra, pois ele era gay. Um povo muito animado, muito *"buena onda"*, como eles dizem. Conversamos sobre diversas coisas, o gay já havia viajado a Balneário Camboriú algumas vezes e a moça disse que gostaria muito de ir. Me perguntaram se eu fumava maconha, eu disse que não, e eles, enquanto preparavam um peixe assado, começaram a fumar, além de beber vinho. Eu no meu canto, conversava com eles de longe, que da cozinha insistiram mais de uma vez para beber ou fumar com eles. Eu repeti o não.

Eles era muito alegres e gente boa, mas alguma coisa não me deixava confortável com a cena de um policial fumando maconha dentro de sua casa. Mesa posta, jantamos, os ânimos deles baixaram e pudemos conversar mais sobre minha viagem e tudo o que eu estava vivenciando. Todos disseram que era um sonho viver dessa forma e que era muito lindo o fato de eu ter levado o meu cachorro comigo.

Assim que os amigos dele foram embora, eu já estava pra lá de cansado e querendo dormir, pois já era mais de 1h da manhã. O cara então me perguntou onde eu queria dormir, e eu disse que no sofá estaria ótimo, já que no dia seguinte bem cedo eu iria me levantar e partir. Ele então ofereceu o seu quarto, para eu dormir na cama com ele – o que recusei e reafirmei que o sofá estava ótimo. E fui no carro buscar meu saco de dormir e o travesseiro. No início, ele não demonstrou ser gay, apenas reservado. Mas, depois, provavelmente as taças de vinho e os cigarros de maconha o fizeram se soltar, e ele mais uma vez insistiu e eu novamente recusei.

Agradeci e me acomodei no sofá. Por volta das 4h, acordei com uma pressão na minha perna direita. Quando me dei conta do que estava acontecendo, fiquei simplesmente imóvel, sem saber o que fazer. Eu sempre dormia com um canivete no bolso, por precaução, e naquele momento em que senti a mão daquele cara na minha perna, eu queria com toda a força do mundo enfiar aquele canivete na mão dele e ainda dar uns bons socos. Mas consegui manter a calma e, em frações de segundos, pensar em várias coisas, como o fato do cara ser policial e que pudesse ter uma arma com ele em casa. Ele poderia me matar e alegar que eu estava roubando sua casa. Poderia matar o Shurastey também. Eu estava fora de meu país, então minha reação foi manter a calma, fingir que estava acordando e movimentar a perna, pra ele se levantar e sair, mas ele continuou. Provoquei então outro movimento mais brusco, o que aí sim fez ele se levantar, simulando que iria beber água. Nesse momento, o Shurastey despertou e veio até mim, parando na minha frente, e eu vi o cara passando bem perto e olhando para ver se eu tinha acordado. Quando ele foi se sentar novamente no braço do sofá, o Shurastey me deu uma lambida, e foi a desculpa que usei pra acordar sem que ele percebesse que eu havia notado tudo o que ele estava fazendo. No momento em que o Shurastey lambeu a minha cara, ele saiu rapidamente na direção da escada e subiu para o seu quarto. Desse momento em diante, eu não dormi mais.

Fiquei pensando no tamanho da merda em que eu poderia estar me metendo, torcendo pra ele não descer com uma arma, enfiar um revólver na minha cara e no meu c#, ou enfiar outra coisa. Na verdade, eu já estava preparado para o pior: se ele descesse novamente e fosse tentar algo comigo acordado, aquele canivete iria servir pra alguma coisa, e o Shurastey que ficasse esperto e me defendesse também.

Por sorte, nada pior aconteceu. Simplesmente passei as três horas seguintes acordado, e foram as três horas mais longas da minha vida. Assim que ele acordou e desceu, pois trabalhava cedo, eu já estava com a mochila nas costas esperando ele abrir o portão para que eu pudesse sair com o Shurastey. Fiz de conta que nada tinha acontecido, ele me ofereceu um café e algo para comer, eu disse que não queria e que estava com pressa, pois tinha que chegar cedo na fronteira. Agradeci novamente pela hospedagem e partimos o mais rápido possível daquela casa.

No caminho até a fronteira, eu pensava no tamanho da cara de pau daquele sujeito. Eu estava com uma imensa vontade de denunciar o perfil dele no couchsurfing, mas novamente refleti que eu estava dentro da província onde ele era policial, e ele poderia tramar alguma coisa caso descobrisse que a reclamação partiu de mim. Poderia mandar os policiais me pararem e revistarem todo o meu carro e não deixarem eu seguir viagem, alegando algo irregular, ou até mesmo implantar algo ilegal no fusca e alegar que era meu. Mantive a calma e decidi fazer a denúncia depois que eu saísse daquela província. Então seguimos para mais uma fronteira.

CAPÍTULO 7

APRISIONADOS NA PATAGÔNIA

O que está ruim pode piorar

Assim que fui dar entrada no Chile, recebi um monte de papéis para preencher, e ainda mais papéis pelo Shurastey e tudo de documentos que eu tivesse dele. Entreguei tudo que tinha ao fiscal da alfândega, que pegou, se levantou da cadeira e, com cara de quem ia analisar tudo, foi para outra sala. Quando voltou, disse que eu não poderia entrar no Chile, pois a documentação estava vencida para os parâmetros chilenos e que eu teria que voltar a Río Gallegos para refazê-la. Eram quase 70 quilômetros para retornar. Até tentei conversar e explicar que eu não iria ficar no Chile, que meu destino era Ushuaia, na Argentina, mas sem conversa: ou tem a documentação ou não passa. E assim, o dia que já tinha começado ruim, ficava pior. Só nos restava voltar.

No meio do caminho, como se não fosse o bastante, o fusca simplesmente apagou, tal como quando estávamos chegando no Chuí. Deduzi que poderia ser a bobina, pois não estava dando partida, mas como a bobina iria esquentar naquele frio? Enquanto tentava, sem sucesso, ligar o fusca, aquele brasileiro que viajava de moto passou por mim e parou. Ele, que demonstrou entender um pouco mais de mecânica do que eu, abriu o capô, retirou a tampa do distribuidor e fez uma limpeza com a chave da sua moto, e o fusca simplesmente ligou. Aparentemente estava com zinabre, uma crosta esverdeada que cobre algumas peças, não permitindo a combustão da gasolina. Também tive um pouco de sorte naquele dia, afinal! Agradeci o brasileiro e segui rumo ao Senasa, órgão argentino que cuida da papelada dos animais. Claro que não seria tão simples chegar lá, fazer a documentação e seguir viagem... Pra começar, era um sábado e o Senasa só abriria na segunda pela manhã.

Decidi então ir novamente até a fronteira e mais um vez tentar conversar, informar que o Senasa estava fechado e que eu tinha data para chegar a Ushuaia por causa da reserva no hotel e dos passeios pela agência. Obviamente eu estava mentindo, mas era o que tentaria fazer. Durante a viagem, fiquei pensando como aquele dia estava sendo ruim... E ainda iria piorar.

A uns 20 quilômetros de Río Gallegos, a caminho da fronteira, o motor perdeu a força numa subida. Engatei a terceira marcha e ele ficou ainda mais fraco. Começou então a fazer muita fumaça, muita fumaça mesmo, e o fusca, assim que terminou de subir um leve aclive, já não tinha mais força para descer. Coloquei em ponto morto e assim ele desceu, mas quando veio a reta não tinha força para se puxar. Foi então que parei, abri o capô e vi óleo por todos os lados no motor, que fervia como nunca antes tinha visto. O filtro de ar novo que Pepo me deu estava mais preto do que os pneus, e quando tentei dar partida novamente, um ruído metálico fez com que eu desse adeus às chances daquele motor ligar novamente.

Como pode, senhor, do dia pra noite as coisas mudarem tanto?! Abri a tampa do motor e o óleo escorria a rodo, por mais que eu quisesse ter pensamentos positivos, naquele momento eu só pensava: ferrou! Desci o Shurastey pra ele dar uma volta e fiquei à espera de alguém passar e me guinchar até a cidade. Sentei no para-choque do fusca e fiquei jogando bolinha para o Shurastey, pensando no que eu iria fazer se não conseguisse consertar o motor por um preço justo. Se o conserto custasse mais caro do que o próprio fusca, eu iria vendê-lo e comprar uma bicicleta, juro que cogitei isso.

aprisionados na Patagônia

Do nada, enquanto eu refletia, reclamava e lamentava, parou uma caminhonete com placa do Chile e desceu um homem baixinho, que falava igual ao Ligeirinho do desenho animado – se eu já não entendia direito o que os argentinos falavam, esse chileno se superou. De 10 minutos que conversamos, digamos que o *"hola, como estás"* eu entendi; o resto, indecifrável. Eu dizia o que eu estava precisando e ele respondia algo que eu não entendia. Por fim, ele engatou o fusca e me levou até a entrada de Río Gallegos, até a *guardameria*, a guarda local. Ao chegarmos, por algum motivo ele disse que não poderia me conduzir com o carro engatado para dentro da cidade, então pedi a ele que me levasse, somente eu, até a oficina de Pepo. Passei o endereço e ele topou. Um cara súper gente boa, porém definitivamente não conseguia entendê-lo. Me deixou na esquina, agradeci a ajuda e nos despedimos. Detalhe: o Shurastey, assim como o fusca, tinha ficado na *guardameria* com os policiais, ou seja, eu tinha que voltar logo para buscá-lo.

Quando entrei na oficina, encontrei o Pepo pronto para sair; infelizmente ele não poderia me ajudar naquele momento, mas disse para voltar na segunda que ele veria o que tinha acontecido e o que poderia fazer. Porém, eu ainda precisava buscar o Shurastey e também achar um lugar para ficar. Pelo celular, procurei hostels, e todos estavam um pouco longe de onde eu estava. Ainda teria que ver o preço, tentar negociar o valor e saber se permitiriam o Shurastey. Nesse momento, de forma alguma passava pela minha cabeça tentar outro couchsurfing. Eu queria poder dormir tranquilamente e pensar no que fazer.

Depois de um par de horas andando pelas ruas de Río Gallegos, encontrei um hostel em que consegui convencer a dona ou gerente a me fazer um ótimo valor. Eu não tinha onde dormir, chorei um monte e disse que ficaria apenas aquelas duas noites e na segunda-feira já iria embora. Mesmo que o fusca não ficasse pronto na segunda, eu iria dormir dentro dele a partir daquele dia. Consegui acertar com ela por 200 pesos os dois dias (enquanto normalmente custaria 450 pesos uma única diária).

Fui então procurar alguém que pudesse me ajudar a buscar o carro, um guincho, ou uma *grua*, como eles chamam. E o que eles queriam me

123

cobrar era absurdamente caro, 3 mil pesos para rodar cerca de 10 quilômetros, pouco mais de 500 reais na época para trazer o fusca da *guardameria* até o hostel. Eu não tinha comigo nem 1.000 pesos argentinos quanto mais 3 mil. Saí dali desesperado, sem saber o que fazer. Decidi pegar um táxi, e o primeiro que cruzou meu caminho eu fiz parar. Ali no meio da rua mesmo, expliquei toda a situação, disse o quanto de dinheiro eu tinha e que precisava de uma ajuda urgente. Ele se propôs a buscar o fusca, enganchar no seu carro de passeio e levar até uma mecânica ou, se não achássemos, nos deixaria no hostel.

Eu estava extremamente nervoso. Entrei no táxi e fomos até sua casa, onde ele trocou de carro e fomos buscar o Dodongo e o Shurastey. Enganchamos o fusca no carro. Eu fui dentro pra frear e manobrar, enquanto ele ia nos puxando até as oficinas que conhecia e que talvez pudessem ajudar. Uma, duas, três e nenhuma entendia daquele motor. Fusca e kombi são carros raros na Argentina, imagina na Patagônia, no extremo sul. Já era noite quando tentamos uma última oficina, que também não tinha conhecimento e não queria se aventurar a mexer no meu fusca.

Pedi então que ele nos deixasse no hostel. Eu já estava cansado e sabia que o único mecânico que poderia dar jeito no fusca era o Pepo. Assim que desprendemos o carro e o estacionamos em frente, ele me disse quanto cobraria pelo serviço, e lá se foram 700 pesos. Mas o cara era gente boa, ficou comigo por quase quatro horas rodando pra cima e pra baixo, tentando encontrar um mecânico que pudesse me ajudar.

Tão logo entrei no hostel, me conectei à internet e contei a todos o que havia acontecido. Busquei ajuda nos grupos de WhatsApp, e cada um dizia uma coisa, todos tentando ajudar, mas a cada diagnóstico um pesadelo diferente. Todas as opiniões, por fim, levavam ao motor estar fundido, e aí seria um grande problema. Mas durante aquele final de semana entendi que nada seria resolvido, eu estava pra lá de cansado, extremamente preocupado e precisava apenas de um banho quente e cama – e, por sorte, tinha água quente no chuveiro.

Nada vai bem, mas tudo vai melhorar

Nessa mesma noite em que tudo dava errado, recebi mensagem de mais um couch, que mandou seu número de telefone para eu entrar em contato. Na hora eu não quis nem saber quem ele era, deixei o celular de lado e fui preparar algo pra comer. Antes de dormir, resolvi conferir o perfil desse cara. O nome dele era Hernan, tinha mais de 40 referências de pessoas que tinha recebido, e de outras 50, anfitriões onde ele se hospedou. Não podia ser uma pessoa ruim – embora as referências nada mais sejam do que mensagens, nunca sabemos de fato quem o cidadão realmente é. Pelas fotos de várias pessoas com ele, pelo perfil simples, me pareceu ser boa gente e poderia me livrar de pagar por mais e mais dias de hostel, caso o motor demorasse a ficar pronto. Mandei uma mensagem pelo WhatsApp e fiquei esperando o retorno.

Enquanto eu comia meu miojo, a gerente do hostel veio até o meu quarto me chamar: havia um homem esperando por mim lá embaixo. Meu coração palpitou: era o policial do couchsurfing, pensei. Mas não. Felizmente era o chileno que me deu carona logo que o carro quebrou. Por sorte, ele passou naquela rua, viu meu fusca e veio me devolver a chave reserva que deixei cair no banco de trás de sua caminhonete, o que eu nem tinha reparado. Atencioso, me perguntou se estava tudo bem, se eu tinha conseguido arrumar o fusca. Evidentemente nada estava bem, mas iria melhorar – foi o que disse a ele. Agradeci e ele se foi, e até hoje não sei o nome dele. Ele se apresentou e disse mais de uma vez, mas nunca consegui entender.

Óbvio que as coisas estavam ruins, mas não iriam continuar assim para sempre, uma hora o jogo teria que virar e eu seguiria viagem. Voltei para o quarto, o Shurastey estava deitado em cima da minha cama, que, por sinal, era uma boa cama de solteiro. Agora vou contar do hostel. Era um hostel onde famílias eram alojadas pelo governo por questões diversas, como guarda dos filhos, marido bêbado, uso de drogas. Então era um local bem simples, e o quarto onde eu e o Shurastey estávamos

minha jornada com Shurastey

era mais simples ainda, debaixo de uma escada (como o banheiro, que também ficava debaixo da escada). Tinha no máximo 1,50 metro de largura por uns 4 metros de comprimento, bem apertado, mas para dormir longe do frio que fazia lá fora estava mais do que ótimo.

Hernan me respondeu no Whats, e eu contei a ele o que estava acontecendo, pedindo estadia na sua casa. Ele disse que estava fora e só voltaria na segunda-feira final da tarde. Além disso, já havia dois outros rapazes no espaço onde ele acomodava os visitantes. Por ele, não haveria problema, mas iria perguntar aos dois caras, por causa do cachorro. Eu estava esperançoso de que ele pudesse nos tirar dali, não pelo hostel, mas pelo custo, já que eu não teria dinheiro para ficar muitos dias e depois ainda ter que pagar o mecânico.

Pouco antes de ir dormir, resolvi contar aos meus seguidores o que estava acontecendo com a gente, sobre o motor travado, os gastos pra trazê-lo da estrada até o hostel e ainda o que precisaria ser feito. Fiz um vídeo curto, e o que eu recebi em seguida foi algo simplesmente inacreditável: muitas e muitas mensagens, várias pessoas querendo me ajudar, fosse com doações, fosse comprando os adesivos que eu vendia por transferência bancária e depósito, que meu amigo Felipe Pires enviava pra mim. Muita gente perguntava quanto iria sair o conserto do fusca, pessoas realmente preocupadas com o que estava acontecendo. E eu não esperava essa reação dos meus seguidores. Respondi a todos que consegui naquela noite, até adormecer com o celular na mão.

No domingo pela manhã, saí para dar uma volta com o Shurastey e fui surpreendido ao ver o fusca pela primeira vez com neve. Pouca e muito fina, mas era neve. Assim que abri o carro pra pegar a bolinha do Shurastey, parecia que eu estava abrindo uma geladeira. Só imaginei o frio que eu e o Shurastey passaríamos se tivéssemos dormido ali dentro. Fomos caminhando até o centro da cidade, a umas dez quadras do hostel. Levei comigo um maço de adesivos, comecei a oferecê-los e a contar para as pessoas na rua o que estávamos fazendo ali e o que tinha nos acontecido. Fui vendendo os adesivos, precisava de dinheiro para pagar o conserto do fusca. Não tinha ideia de qual era o problema, mas

126

aprisionados na Patagônia

já pressentia que sairia caro. Vendi uns vinte adesivos e consegui juntar uns 250 pesos, já era alguma coisa. Por fim, voltamos para o hostel, que aliás foi pago com o dinheiro da venda dos adesivos – e ainda sobrou alguma coisa para comprar pão.

Não perdi tempo. Assim que acordei na manhã de segunda-feira, coloquei todas as coisas dentro do carro, paguei o hostel, peguei o Shurastey e fomos até a oficina do Pepo, um pouco longe, uma meia hora de caminhada. Com a caminhonete dele, buscamos o fusca, enganchando-o. Já na oficina, Pepo tentou por diversas formas soltar o motor, fazê-lo girar, mas nada dava certo. Só restava então removê-lo do fusca, só assim para descobrir o que se passava.

Os problemas estavam apenas começando. Assim que retiramos o motor, Pepo percebeu que ele não iria destravar, que possivelmente tinha fundido, o que resultaria em ter que fazer o motor por completo – retifica completa, troca de camisas e pistões. Foi isso ao menos o que ele me disse. Eu não entendia nada, mas só em ouvir "retifica" e "troca de peças", o frio na barriga de ter que vender um rim para pagar tudo isso era grande. Eu só rezava mentalmente para que esse motor destravasse e ligasse naquele mesmo dia.

Após abrir o motor e dedicar um tempo em cima dele, Pepo, no final do dia, já tinha um diagnóstico: um dos pistões havia travado de tal forma que fez quebrar um pedaço desse pistão. As coisas iam de mal a pior. Eu teria que comprar novas camisas e novos pistões, e isso era realmente caro. Nesse meio-tempo, Hernan entrou em contato comigo e me passou a localização da sua casa, que por sorte era muito próxima à oficina do Pepo. Nós não iríamos resolver mais nada naquele dia, então deixei o fusca ali e fomos até a casa do meu novo couch, a menos de quatro quadras. Estavam ele e os seus dois outros hóspedes me esperando do lado de fora.

Uma salada cultural. Na casa do argentino estavam dois jovens, mais ou menos da mesma idade que eu, um inglês, de Londres, e o outro chinês, e ambos falavam quase nada em espanhol, português então nem pensar. Hernan, por sua vez, fazia a ponte entre todos nós. Além do

127

espanhol, era fluente em inglês e entendia meu portunhol. Foi uma sopa de idiomas, cada um falando um pouco de cada língua, a menos usada, claro, foi o mandarim do chinês.

Conversando com Hernan, ele me contou o motivo de ter entrado em contato comigo, e ele me falou isso antes mesmo de eu relatar minha experiência ruim com o couchsurfing anterior. Ele tinha visto minha mensagem pedindo couch na quarta-feira, mas deixou para responder depois, pois estava com sua mulher jantando. Ele até comentou com ela a respeito e disse que responderia assim que chegasse em casa. Na quinta, ele acordou de madrugada lembrando que tinha uma pessoa pedindo hospedagem para Río Gallegos e responderia pela manhã, mas acabou se esquecendo. No sábado, sua mulher perguntou sobre o brasileiro e foi aí que ele resolveu enviar a mensagem imediatamente para mim. Disse que algo o estava mandando entrar em contato, que por algum motivo eu estaria precisando de ajuda, e ele deveria me ajudar. Quando respondi à mensagem dizendo que estava no hostel por causa do carro quebrado, ele teve mais do que certeza que deveria ter entrado em contato comigo.

Comecei eu então a contar o que havia se passado dias antes com o outro couch, e ele ficou doido ao ouvir a minha história. Me incentivou a denunciar, mas depois que eu saísse da província para não haver problemas, como eu já havia pensado. Hernan era um cara muito do bem, fazia viagens em um uno 1.0 adaptado para ele dormir dentro dele. Já tinha viajado para vários lugares e enfrentado diversas situações. Me contou que essa energia que ele sentia, quando viu minha mensagem, era mais comum do que eu podia imaginar, que muitos sentiam quando pessoas boas precisavam de ajuda e que eu ainda veria muito disso por onde eu passasse. Eu já havia sentido isso, já havia percebido que as coisas boas acontecem no momento certo e que, apesar dos problemas, tudo teria uma solução. Imediatamente, pensei na minha situação naquele momento e percebi que nem que eu precisasse ficar ali um mês vendendo adesivos, tudo iria se resolver e a viagem prosseguir. Aquele medo todo que passei quando o fusca quebrou, aquele desespero já tinham ido embora. As mensagens de apoio das pessoas que nos acompanhavam eram muito motivadoras, sem contar o pessoal que nos ajudava, comprando os adesivos e até mesmo fazendo doações espontâneas para colaborar com o conserto do motor, que eu ainda nem sabia quanto custaria.

Prision Gallegos

Acordei e vi o Shurastey dormindo junto com os amigos mochileiros. Eles estavam com os colchões no chão, assim como eu, e o Shurastey se deitou bem no meio dos dois àquela noite. Assim que despertamos, fomos direto pra oficina do Pepo. Eu queria acompanhar e ajudar no que pudesse, e também aprender um pouco sobre mecânica. O mínimo possível já era muito mais do que eu entendia até então. Enquanto isso, Shurastey ficaria brincando com a cadela que o argentino tinha. Ou melhor, incomodando, pois ela não estava nem aí pra ele; ele tentava e tentava brincar com ela, e ela só rosnava. Conversando com Pepo, ele disse que o motor já estava para fundir e por sorte não fundiu por completo. Era um motor muito antigo em que não tinha sido feito a retifica ainda. Eu estava com o pensamento que isso só aconteceu por causa do óleo que tinha sido colocado na troca. Não sabíamos qual óleo era, podia ser um muito grosso ou muito fino. Até hoje eu não sei e talvez nunca vá saber o real motivo, apenas que era para ele ter travado ali.

Já sabíamos que teríamos que fazer a troca de camisas e pistões. O problema era que essas peças de fusca praticamente não existiam na Argentina, muito menos no extremo sul da Patagônia. Pepo ligou para um e para outro, pois havia um clube de Volkswagen em Río Gallegos, mas a maioria era de proprietários de kombis, e com motores 1600, enquanto o meu fusca era 1300L, ou seja, o tamanho não batia, não era possível usar um jogo de camisas e pistões de um motor 1600. Se fosse, Pepo tinha alguns jogos de camisas e pistões lacrados na sua oficina.

Enquanto não conseguíamos as peças, comecei a organizar todo o fusca por dentro, retirei tudo, limpei, joguei fora algumas coisas, achei até alguns pesos perdidos no assoalho, e não fiz nada além disso naquele dia. Pepo, na busca pelas peças, ligou até para Puerto Madryn onde havia outro grupo de VW e depois começou a ver a possibilidade de buscar em Buenos Aires; buscar não, comprar e pedir o envio. No final da tarde voltamos para a casa do Hernan.

Os dias seguintes foram em busca das peças, e todos os dias eu ia à oficina fazer alguma coisa: limpar as partes do motor que ainda seriam reutilizadas, organizar as ferramentas de Pepo ou somente tomar um mate e ficar conversando enquanto aguardávamos alguma resposta. Não havia muito o que fazer enquanto não tivéssemos uma resposta sobre as peças e de quanto custaria encomendar novas em Buenos Aires. Só nos restava esperar.

Uma tarde dessas, em que fui dar uma volta pelo centro, ao retornar na oficina, Pepo me deu boas notícias: tinha conseguido um kit de camisas e pistões novos, zero bala, com uma moça, dona de um fusca em Gallegos mesmo, que se fosse da mesma cilindrada que o meu, conseguiríamos montar o motor naquele dia. Enquanto Pepo foi até a casa dela, fiquei terminando de limpar as peças que faltavam. Eu estava empolgado e animado, pois, se o motor ficasse pronto até o final da tarde, eu já estaria livre para seguir viagem no dia seguinte.

Neste dia, completou um mês de viagem, um mês desde que saí de Balneário Camboriú rumo a navegar por rotas desconhecidas, a buscar o sonho de conhecer o mundo... E eu estava ali, limpando as peças do meu motor. Mas isso também era incrível, como todo o resto que eu já havia vivenciado, era um aprendizado para a vida.

Resolvi compartilhar cada momento nas redes sociais, divulgar que eu estava com alguns problemas no motor, aliás, divulgar que os problemas no motor eram sérios, o que me fez receber muitas mensagens positivas. No entanto, como era de se esperar, apareceram também pessoas de energia negativa, com pensamentos pessimistas e, ainda pior, me julgando por não entender de mecânica. Um dos comentários que mais me marcou foi o de um senhor que escreveu:

aprisionados na Patagônia

"Até compreendo o momento. Mas o viajante viu a
luz vermelha acender no painel (correia rompida) e
continuou a viagem. Motor ferveu e fundiu. O mínimo de
conhecimento de mecânica é imprescindível. O cara tem
que saber quantos litros de óleo vai no motor, tem que
saber trocar uma vela, limpar um carburador... Será que
ele sabe pegar o carro no tranco ???? Já disse isso aqui...
Com um Fusca, um arame, um alicate e uma chave 13
(o amigo aventureiro deve estar se perguntando o que
é uma chave 13) dá para rodar o mundo. Fusca é muito
simples de arrumar DESDE QUE TENHA O MÍNIMO DE
CONHECIMENTO EM MECÂNICA."

Respondi algumas coisas antes disso, mas a minha resposta final a ele foi: "Com todo o conhecimento que o senhor tem de mecânica, o senhor já deu a sua volta ao mundo com o seu fusca?".

Quem é que disse que é preciso ser mestre em mecânica para viajar o mundo? Eu vivia num prédio e não sabia construir um prédio; eu usava notebook e não sabia consertar ou fabricar um. Todos os dias utilizamos coisas que não sabemos como funcionam e isso não nos impede de usá-las, mas quando algo é de grande importância, nós nos limitamos, achando que não sabemos e que, por isso, não podemos fazer isso ou aquilo. Você não precisa ser um piloto de avião para viajar de avião, assim como eu não precisava saber tudo da mecânica de fuscas para viajar de fusca. O que eu precisava era de coragem, e isso nunca me faltou. As dificuldades iriam aparecer e, como já disse, eu sabia disso, sabia que essas coisas poderiam acontecer e que nessas horas eu aprenderia muito mais do que simplesmente dirigir o fusca. Foi ali que eu aprendi como desmontar o motor, como ele funciona, como trocar as velas, a trocar o óleo. Eu realmente não sabia nada disso e não tenho nenhuma vergonha de afirmar, porque sem saber disso eu já tinha rodado mais de 5 mil quilômetros. Enquanto mecânicos especialistas vivem dentro de suas garagens por anos, sem pegar estrada, eu fazia algo sem conheci-

minha jornada com Shurastey

mento de mecânica, sem conhecimento de viagens, sem conhecimento da língua estrangeira, e eu estava fazendo e iria continuar assim. Os desafios estavam ali e seriam vencidos. Depois que tudo isso passasse, pelo menos eu saberia reconhecer uma chave 13.

Pepo retornou no final da tarde com os jogos de pistões ainda dentro da caixa. Isso era ótimo porque, se desse certo, nós poderíamos seguir viagem já no dia seguinte. Mas é claro que Río Gallegos nos queria por mais alguns dias na cidade. Os jogos de camisas e pistões eram 1200. Não funcionariam. Voltamos à estaca zero. Pepo tinha mais um amigo com quem ainda não tinha conseguido contato e tentaria falar com ele novamente no dia seguinte e, caso não conseguisse, o jeito era pedir de Buenos Aires, e aí teríamos que esperar mais uma ou duas semanas no mínimo até as peças chegarem.

Voltei para casa e lá estavam os mochileiros fazendo um rango doido do chinês, que não me arrisquei a comer. Hernan também estava por lá tomando um mate, e ficamos conversando. Contei a ele que as coisas não estavam nada boas, que eu não tinha previsão de quando o motor ficaria pronto e que se fosse possível eu e o Shurastey ficarmos na sua casa por mais alguns dias, eu agradeceria muito. E quando ele voltasse para a plataforma, onde trabalhava, se ausentando de casa, eu arrumaria outro lugar para ficar. Ele então disse que não haveria problema, que eu poderia ficar o tempo que fosse necessário. Nós estávamos alojados numa peça fora da sua casa, então não atrapalhava e muito menos tirava a privacidade de Hernan e de sua esposa.

Na manhã seguinte, lembro de acordar cedo com uma sensação boa, eu estava animado, talvez aliviado por poder permanecer mais alguns dias na casa do Hernan sem precisar pagar hospedagem num hostel. Peguei o Shurastey e fui até a oficina do Pepo, e lá estavam ele e uns amigos. Eles comentaram que havia um cara preparando um fusca para uma competição e que eles tinham guardado as peças do motor original. Pepo conhecia o cara, mas não se recordava do fusca. Entramos imediatamente na caminhonete e fomos até a casa dele. Por sorte lá estava ele. Pepo ficou quase duas horas conversando com ele, e eu não tinha

132

ideia do que se tratava, eu só queria pegar aqueles pistões e camisas, me mandar pra oficina, montar e testar o motor o quanto antes.

Eram pistões e camisas de um motor 1300, o meu era 1300L, o que não mudava nada na parte do motor. Depois de muita conversa entre eles, pegamos as peças sem ele dizer quanto cobraria e fomos para a oficina. Chegando lá, aquele alívio ao ver tudo se encaixar perfeitamente. Deixamos então pra montar o motor e finalizar por completo no dia seguinte.

Finalmente um pouco de sorte. Eram peças usadas, mas aparentemente estavam muito boas e serviriam para tirar eu e Shurastey daquele sufoco. Río Gallegos não oferecia nada para se fazer, todos os dias ventava muito e fazia um frio absurdo, apesar do sol. E mais: eu não queria ficar andando pela cidade com medo de encontrar o couch policial. Então minha rotina por ali era da oficina do Pepo para a casa de Hernan e vice-versa.

Quando voltei para a casa do Hernan, nossos amigos gringos tinham ido embora rumo a El Calafate. Deixaram um pão e umas bananas para eu comer, e então ficamos eu e o Shurastey sozinhos novamente.

Numa bela manhã, conseguimos finalmente terminar de montar, colocar tudo no lugar e dar partida. E deu! Que sensação maravilhosa foi aquela! Foi incrível ouvir o ronco do motor do Dodongo funcionando, foi algo que me fez chorar. Eu realmente fiquei muito contente quando o ouvi roncar. Eu sabia que no dia seguinte voltaríamos a pegar estrada e talvez chegar até Ushuaia. Eu estava totalmente emocionado, dei um abraço no Pepo e fui dar uma volta com o fusca para testar. E, cara, que coisa maravilhosa! Eu estava tão feliz! Era tão pouco, mas me deixou muito contente, eu estava mais feliz do que quando saí de Balneário, eu dava risada sozinho dentro do fusca. Aquele momento foi perfeito. Voltei à oficina e óbvio que aquela felicidade teria um custo: o preço da mão de obra e das peças que, mesmo usadas, teriam que ser pagas. Dava pra notar que o Pepo também ficou feliz por conseguir arrumar o fusca. Ele me cobrou algo em torno de 1.000 reais por todo o serviço, sem dúvida não era o mais barato do mundo, mas nas condições em que estávamos ou era isso ou voltar de bicicleta para o Brasil.

A Caverna do Dragão

Minha primeira volta com o fusca foi ir até o banco para sacar 3 mil pesos, que era o máximo permitido por dia para saques internacionais, então no dia seguinte eu sacaria mais 3 mil pesos, incluindo aí alguns que ficariam comigo de reserva. Foi aí que o ditado "felicidade de pobre dura pouco" fez o maior sentido. Eu havia conseguido juntar essa grana vendendo adesivos pelo Facebook e com as doações que o pessoal tinha feito, mas na hora de sacar deu erro. Me dirigi a outro caixa e a mesma mensagem se repetiu. Então troquei de banco, e lá eu vi *"esta operacion no puedes ser realizada no momento"*. Só podia ser brincadeira. Não era verdade o que estava acontecendo. Fui a outro banco, e a outro, e a outro, eu fui a todos os bancos que apareciam no mapa. E nada... Eu só pensei: ferrou. Como meu internet bank estava bloqueado desde o Uruguai, eu não podia sequer fazer uma transferência para alguma outra conta. O pouco dinheiro de reserva que eu tinha estava lá, e bloqueado.

O problema era no cartão de débito: o chip queimou, quebrou, deu PT. Depois de tentar todos os bancos daquela cidade, resolvi arriscar o cartão nos estabelecimentos, até porque eu precisava me abastecer de comida e gasolina, mas pra meu azar não passava nos postos, não passava nos comércios, não passava em lugar nenhum. Por fim, fui a um Carrefour e, milagrosamente, lá o cartão funcionou. Eles tinham um modo de leitura por tarja magnética, que assim conseguiu ler as informações e processar o pagamento e pelo menos comida eu pude comprar. Como não havia Itaú na cidade (e mesmo se houvesse creio que não iriam resolver o problema), o jeito foi tentar entrar em contato pelo telefone, mas sem chance, então tentei pelo Facebook, mas também não respondiam.

Voltei à oficina do Pepo e expliquei a ele o que estava se passando, toda a dificuldade com o cartão e que não estava conseguindo sacar dinheiro. Ele disse que não havia problema, que por ele estava tudo certo e, assim que eu conseguisse resolver esse problema, poderia fazer um depósito para ele.

Quando cheguei na casa do Hernan, ele veio falar comigo, e as coisas só pioraram. O argentino disse que eu teria que desocupar o quarto onde eu estava, pois ele iria para a plataforma na terça-feira e, nesse mesmo dia, viria um pedreiro fazer uma reforma ali. Ele me contou isso antes mesmo de eu falar do problema do cartão, porque eu já tinha enviado mensagem a ele festejando que o fusca estava bom e que agora era só fazer a documentação do Shurastey e seguir viagem, mais tardar no sábado. Então creio que ele se agilizou para chamar o pedreiro pra fazer essa reforma enquanto ele estaria trabalhando fora.

Parecia cada vez mais impossível sair de Río Gallegos, me senti na Caverna do Dragão vivendo uma missão impossível. Não era tão simples chegar a Ushuaia, disso todo mundo sabia, mas o que estava acontecendo era pra testar qualquer fé humana. Porém, não me deixei abalar. Nesse mesmo dia publiquei novamente na minha página que estava com problemas no cartão, e Rebeca, que viajou de bicicleta 9 mil quilômetros por quatro países, me mandou uma mensagem perguntando o que eu estava precisando e assim ela foi passando meu contato para viajantes e grupos de motociclistas. Conforme eu ia entrando nesses grupos, o pessoal que já tinha sofrido problemas similares com cartão ia me dando dicas do que fazer e do que poderia acontecer. Na pior das hipóteses, eu teria que voltar ao Brasil para resolver.

Acordei logo cedo com uma resposta do Itaú pelo Facebook, e isso já era muito bom, pois pelo menos eles estavam sabendo do meu problema. Expliquei tudo o que estava acontecendo, o que eu estava fazendo, e que o único dinheiro que eu tinha era o que estava no banco. Deixei quem me atendia a par da situação e de que eu precisava de uma solução urgente ou que desbloqueassem meu itoken para que eu pudesse transferir do Brasil para a conta da minha tia e assim ela me enviaria pelo Western Union.

Passei o dia inteiro trocando mensagens com eles pelo Facebook e depois de mais de quatro horas de conversa, eles resolveram me

minha jornada com Shurastey

ligar para confirmar meus dados. Pensei que iriam me pedir um endereço na Argentina para enviar um cartão emergencial, mas não. O que eles queriam era desbloquear o meu itoken. Já era alguma coisa, pelo menos eu conseguiria fazer transferências. Mas como tudo que está ruim pode piorar, eles não estavam conseguindo desbloquear o itoken no meu celular. Eram quase 18h quando mandaram eu excluir o app e reinstalá-lo, mas nem assim; no sistema deles aparecia que o itoken estava funcionando normalmente, mas eu não tinha acesso. Foi então que eu lembrei que a minha tia tinha acesso à minha conta e que talvez o itoken tivesse sido desbloqueado no celular dela – e foi exatamente isso que aconteceu.

Assim que descobrimos o problema, cabia à minha tia transferir para a conta dela, sacar o dinheiro e me depositar via WU, só que óbvio que as coisas não seriam tão simples. Já passavam das 18h e ela não conseguia sacar mais de 2 mil reais para me transferir, 1.200 para pagar o Pepo e o restante para eu chegar a Ushuaia. Ou seja, só na manhã de segunda-feira isso seria possível. E estávamos num sábado.

Lá se foi mais um final de semana fazendo nada, um sábado e um domingo chuvosos que pareceram uma eternidade. Na manhã de segunda, fui atrás dos documentos para atravessar com o Shurastey a fronteira do Chile e fiquei na expectativa que minha tia conseguisse transferir e assim eu sacar e pagar o mecânico. Passei a manhã toda procurando um veterinário que aceitasse não me cobrar mais que 700 pesos para um simples atestado, até que encontrei um, quase ao meio-dia, que atestou a saúde do Shurastey e me cobrou 250 pesos. Agora precisava ir ao Senasa e emitir os papéis oficiais, mas por algum belo motivo que até hoje não sei, naquela segunda-feira o Senasa estava fechado, ou seja, eu teria que dar entrada na terça-feira pela manhã. E torcer para poder ficar mais um dia na casa do Hernan.

Tudo acontecia aos trancos e barrancos na caverna que era aquela cidade. Eu já não via a hora de sair daquela maré de azar, daquela onda de negatividade. Por fim, minha tia não conseguiu fazer a transferência via WU – olha só que novidade algo não dar certo pra mim em Gallegos.

136

aprisionados na Patagônia

O sistema de envio estava fora do ar no momento em que ela foi ao escritório do WU no Brasil. Ou seja, somente no dia seguinte.

Mas eu não aguentava mais. Fui até a oficina e disse ao Pepo que só conseguiria sacar o dinheiro quando eu chegasse a Ushuaia e perguntei se ele aceitaria que eu fizesse a transferência de lá, pois só receberia o depósito na manhã do dia seguinte. Se ele não topasse, eu iria esperar minha tia transferir, pagá-lo e depois seguir viagem. Ele disse que não havia problema, me passou sua conta e eu ainda tirei uma foto do papel pra ter a certeza de que não iria perder. Agradeci toda a ajuda que ele nos deu e por ter nos salvado de permanecer em Río Gallegos eternamente.

De volta à casa do Hernan, comecei a preparar tudo para cair na estrada. Faltava muito pouco e a ansiedade era gigantesca. O objetivo era chegar em Ushuaia naquela terça-feira mesmo, pouco mais de 500 quilômetros, o que calculei que poderia ser feito tranquilamente em um dia. Todavia, um dos contatos que Rebeca me passou, o Beda, me mandou uma mensagem perguntando se eu precisava de apoio em Río Grande, uma cidade antes de Ushuaia, e sugeriu que eu descansasse lá para seguir viagem no dia seguinte. Ao conversar com o pessoal dos grupos de motociclistas, todos eles me alertavam sobre a estrada ser de difícil acesso e que estava nevando muito naquela região na última semana. Beda então me passou o contato do Oscar, um motociclista que recebia viajantes na sua casa, em Río Grande. Comecei a falar com ele, que logo se ofereceu a hospedar eu e o Shurastey. Assim, decidi parar em Río Grande antes de Ushuaia, a menos que estivesse tudo certo e as condições da pista fossem boas para seguirmos adiante.

Pronto, cheio de expectativas, terminei de organizar tudo, só faltava colocar pra dentro do fusca na manhã seguinte eu e o Shurastey. Hernan veio se despedir e aproveitou para me dar alguns conselhos, reforçou que havia trechos muito difíceis na *ruta* e que poderia nevar, e sugeriu que, antes de sair de Gallegos, eu comprasse correntes para os pneus. Eu não tinha grana, essa era a questão, estava descendo para Ushuaia com o dinheiro contado para a gasolina e ainda teria que pagar a balsa para entrar na Terra do Fogo, ou seja, a grana estava mais do

minha jornada com Shurastey

que curta. Por fim, ficamos conversando e tomando mate, eu agradeci imensamente a ajuda que ele tinha nos dado nesses oito dias e, principalmente, por ter, de alguma forma, sentido que a gente precisava da ajuda dele.

Acordamos supercedo. Quando saímos ainda era noite. Chegamos antes mesmo de abrir o Senasa e ficamos ali esperando pra preencher a documentação. Foi tudo muito rápido, eu só tive que pagar uma taxa de 80 pesos, e o documento ficou pronto na hora, graças a Deus. Seguimos até o posto de gasolina, onde fui abastecer, e quem eu encontrei lá?! Não, não foi o couch policial, felizmente, mas, sim, a amiga dele, que veio me perguntar o que havia acontecido que eu não respondia mais às mensagens dele. Inventei a desculpa que meu celular estava com problemas, além do meu carro que tinha quebrado, e como eu já estava dentro do fusca, encerrei a conversa dizendo que precisava seguir para não me atrasar. Imaginei aquela mulher ligando para o cara e ele vindo até o posto, então saí dali rapidamente em direção ao Chile.

Percorri todos os 65 quilômetros até a fronteira sem qualquer problema, o Dodongo ia muito bem por sinal. Fomos bem devagar, a 50 quilômetros por hora, sem pressa. Não queria forçar o motor logo de cara. Foram os melhores 65 quilômetros da viagem até então. Eu estava tão feliz por dirigir de novo, por tudo voltar a dar certo que eu mal acreditava que finalmente conseguimos sair daquela caverna do dragão chamada Río Gallegos.

CAPÍTULO 8

TERRA DO FOGO

300 quilômetros em 12 horas

Assim que chegamos na fronteira do Chile, peguei a documentação, minha, do fusca e do Shurastey, agora tudo em dia, e fui dar entrada no país. Por sorte, não havia nenhum outro viajante e o processo foi bem rápido. Declarei que possuía alimento, no caso ração para o Shurastey, mas que não tinha nenhum outro de origem orgânica sem ser cozido, que são proibidos no Chile (até mel eles proíbem de entrar). Enquanto o Shurastey esperava dentro do fusca, eu fazia a parte burocrática, depois viria a revista, quando eu peguei um breve nojo dos chilenos, mesmo que fossem regras e elas tivessem que ser cumpridas. Na revista, eles viram 7 quilos de ração que estavam num pote plástico transparente e pediram para eu retirar, pois não podia entrar com esse alimento em solo chileno. E o que eles fizeram? Pesaram e me deixaram com apenas 500 gramas, ração para apenas um dia, e o resto jogaram fora. Eu fiquei muito bravo na hora, mas depois entendi que no Brasil as regras são as mesmas, a diferença é que nós não fiscalizamos e deixamos tudo livre para quem quer que seja trazer o que quiser.

Depois desse breve estresse, pisamos finalmente no Chile, e fazia tanto frio que não pude tirar uma única foto em frente à placa que dava as boas-vindas, deixei passar essa. Mesmo porque seriam apenas alguns quilômetros dentro de solo chileno, logo eu iria voltar à Argentina. Sob um céu fechado e sobre uma estrada molhada, seguimos em direção à balsa que nos transportaria para a Terra do Fogo. Ao chegarmos no píer, tivemos que esperar até que a embarcação retornasse, pois tinha acabado de sair. Aproveitei para descer o Shurastey para ele dar uma volta, esticar as canelas e curtir o frio maravilhoso que fazia naquele dia sem sol. Encontramos com alguns brasileiros que também estavam descendo para Ushuaia e que ficaram surpresos de me ver ali, com um cachorro e um fusca. Quando a balsa chegou, fizemos a travessia do famoso estreito de Magalhães, realmente estreito, levou apenas 15 minutos e custou cerca de 400 pesos argentinos; claro que se pode pagar em pesos chilenos, e sairia até um pouco mais barato, mas eu não tinha a moeda chilena, então ficou por isso mesmo.

Finalmente eu chegava na célebre Terra do Fogo. Não havia absolutamente nada ao desembarcar, apenas a mesma estrutura do lado continental. Seguimos nossa viagem, e a cada quilômetro rodado o frio se intensificava. Em pouco tempo chegamos a uma bifurcação na estrada, e foi aí que o GPS nos sacaneou mais uma vez. O aparelhinho indicava que eu deveria seguir reto, na bifurcação, e foi exatamente o que eu fiz, e os quilômetros seguintes foram os piores quilômetros da minha vida.

Tudo começou com uma estrada de barro cheia de buracos, sem nada nem ninguém. Seguimos a passos lentos, pois havia menos estrada do que buracos, e todos eles estavam com uma fina camada de gelo e água por baixo. E o pior ainda estava por vir. Dentro de 20 quilômetros, a estrada começou a ficar mais retilínea, ou seja, sem buracos, e também a ficar mais branca. Era neve. A pista estava congelada, nos pontos mais altos era muita neve no suposto acostamento, o frio era absurdo e se acontecesse algo por ali iríamos ficar por ali mesmo, sem que passasse uma vivalma por nós.

Aparentemente, o GPS tinha nos enganado e, dessa vez, da pior maneira possível. Seguindo mais uns quilômetros avistei alguns caminhões, e, bom, pelo menos havia mais alguém naquela rota além de mim. Conforme fui chegando perto, percebi que era mais de um, eram cerca de dez caminhões parados, esperando para descer uma ladeira que estava completamente coberta de gelo e neve. Parei o fusca e fui conversar com eles. Quando olhei pra baixo entendi por que todos os caminhoneiros estavam parados do lado de cima: lá embaixo havia dois caminhões que não venceram a descida, que nem era tão íngreme assim, mas como sobre o gelo o freio pouco funciona, eles se perderam na curva e caíram para fora da pista. Conversando com o pessoal, eles disseram que para tirar aqueles caminhões dali iria demorar umas cinco horas, até as máquinas chegarem de Puerto Madryn – isso se elas viessem naquele dia. Então eles estavam revezando, um caminhão subia, aí outro descia, todos muito, mas muito devagar. Eu perguntei se podia descer e eles me disseram para pôr as correntes, e eu "que correntes?". Eles me disseram que mais pra frente as condições estariam ainda piores e que eu iria precisar das correntes nos pneus sim ou sim.

Entrei no fusca e comecei a descer, *despacito*, muito devagar. No meio do percurso, um caminhão também estava descendo, então fui pela pista contrária e fiz a ultrapassagem mais louca da minha vida, no gelo, na descida e numa curva. Conseguimos chegar lá embaixo. E aí mirei pra cima e vi todos os caminhoneiros buzinando, e os de baixo vieram me cumprimentar, pois, com o meu fusca e sem as correntes nas rodas, consegui descer. Eles ficaram impressionados como eu tinha conseguido chegar tão longe. Mais alguns quilômetros adiante e mais caminhões do lado da pista e, dessa vez era numa reta, ou eles iam muito rápido, ou eram muito tongos.

Nós rodávamos tão devagar que aquele trajeto demorou horas pra ser percorrido. A pista era muito escorregadia e a cada curva, um medo diferente do fusca passar reto por falta de aderência. Tinha uma curva que apelidei de Indianápolis, pois era praticamente deitada, igual aos circuitos de corrida daquela cidade americana ou aos da Nascar, e ela estava completamente cheia de gelo. Se eu passasse por onde era a minha mão, certamente iria cair. Tive que ir pela contramão mesmo, no topo da curva, e conforme ia passando devagar o carro inclinava para o

minha jornada com Shurastey

lado de dentro, deslizando. Naquela hora me bateu o desespero, pensei que iria cair naquele buraco e nunca mais sairíamos de lá. Por sorte, conseguimos passar em segurança.

Seguimos muito devagar por esse trajeto, que estava todo coberto de gelo. Foram cerca de 120 quilômetros, que nós demoramos mais de cinco horas para atravessar. Finalmente chegamos ao *paso* San Sebastián – e a Argentina estava a menos de 10 quilômetros de distância. A fronteira chilena se encontrava na minha frente, e como eles não me pediram para parar, eu segui reto até a fronteira argentina. Aqui fica um alerta: pare na fronteira do Chile, mesmo que eles não parem você. Seguimos, pois eu pensei que não precisava parar naquela fronteira, igual a de Río Gallegos, onde primeiro tem o controle fronteiriço da Argentina e depois o do Chile. Por fim, percorri os 10 quilômetros até o *paso* San Sebastián do lado argentino. E o que aconteceu? Assim que paramos o fusca, o agente da *guardameria* veio até o carro e pediu o documento da imigração, então eu dei a ele o papel que eu tinha pego lá na entrada do Chile. O cara disse que não era esse, e sim o papel de saída do Chile, na fronteira lá atrás. Juro que queria matar aquele argentino e também aqueles chilenos. Eu me sentia exausto, tinha saído de Río Gallegos por volta das 8h da manhã e já eram 17h, eu estava na estrada por quase dez horas. Eu não aguentava mais dirigir, meus ombros estavam destruídos, o Shurastey, extremamente cansado.

Não teve jeito, teria que voltar, e pra piorar a gasolina estava no fim, mas por sorte tinha um posto bem na fronteira e muito barato. Com 300 pesos consegui encher o tanque. Irritado, fiz o retorno e taquei o pé no acelerador. Eu estava muito bravo, extremamente indignado com aquela situação, com a falta de consideração e de organização da aduana chilena em não parar os carros que passavam por ali. Tão rigorosos que foram na fronteira de Río Gallegos e naquela ali não havia um cara sequer para verificar os carros. Óbvio, com aquele frio intenso, não haveria ninguém mesmo. Eram 10 quilômetros de ida mais 10 quilômetros de volta, e eu fui voando com o fusca, não estava nem aí pro gelo. O carro dançava na pista, mas eu não estava nem aí, só respirava ódio de tão cansado que estava, sem perceber o risco que estávamos correndo. O fusca ia muito rápido, a uns 40 quilômetros por hora. Eu estava nervoso e irritado, e essa velocidade já era suficientemente rápida para fazer meu corpo liberar essa tensão.

Quando cheguei na aduana chilena, entrei como se não houvesse amanhã, puto, e entreguei a documentação sem sorrisinho dessa vez. Eu era sempre muito simpático, mas dessa vez não fui. Só pedi para colarem um adesivo da viagem no vidro. Feita a documentação, voltei para o fusca e desci o Shurastey, pra ele poder mijar e correr um pouco. Desde a entrada na balsa, seis horas antes, o coitado não descia do fusca. Ao descer, ele teve o seu primeiro contato com a neve, e esse cachorro ficou enlouquecido durante cinco minutos. Só não foi mais tempo, pois ainda tínhamos muito chão pela frente até Río Grande; a missão de chegar a Ushuaia naquele dia, é claro, foi completamente descartada.

Novamente voando a 40 quilômetros por hora pelas *rutas* congeladas, aterrissei na aduana argentina, entreguei a documentação, fiz os trâmites migratórios e o agente da *guardameria* veio até mim. Supreendentemente, me pediu desculpas, disse que esse era o procedimento e muitas vezes acontecia isso por causa dos chilenos, que não paravam os veículos. Me senti até culpado por desejar que ele morresse congelado, mas no momento da raiva foi o que pensei. No fim, estava tudo certo, dei um adesivo a ele e voltei para o fusca. Quando fui dar partida, adivinha. O fusca não ligava, apagou geral. Nenhuma luz ligada. Eu queria chorar. Não era possível que eu teria que dormir ali, naquele frio que fazia. Além de tudo já era praticamente noite.

Por sorte, eram apenas alguns fusíveis que eu esbarrei e sem querer, caíram. Fusíveis no lugar, era hora de seguir até Río Grande. Assim que chegasse lá eu contataria o Oscar pra ver se ele poderia salvar a nossa pele, evitando que dormíssemos no fusca naquela noite gelada.

Seguimos a noite por mais 80 quilômetros, agora numa estrada asfaltada; com a luz alta travada por causa dos fusíveis, eu inevitavelmente ia cegando todos os carros que vinham na direção contrária. Por fim, por volta das 20h, chegamos em Río Grande. Fui até o posto de gasolina

minha jornada com Shurastey

e mandei uma mensagem ao Oscar, escrevi que precisávamos do seu apoio na cidade e que estávamos na *estación de servicio* completamente congelados. Enquanto ele não respondia, liguei o fogareiro dentro do fusca e fiz um miojo, o que, além de esquentar o carro por dentro, matou a minha fome, que era imensa naquele momento.

As últimas 12 horas tinham sido o teste de fogo da viagem, o pior trajeto até então, o mais difícil e cansativo, sem falar do frio. Havia chegado um momento em que eu já nem sentia meus pés. Foi muito pesado mesmo, mas foi extremamente gratificante vencer isso, dirigir o fusca sobre o gelo, numa estrada extremamente desafiadora. Eu já nem lembrava mais dos problemas, estava tão contente que consegui chegar ali que tudo estava ótimo.

Oscar então me respondeu mandando a sua localização, eu com 7% de bateria fui indo em direção à rua dele com medo de que a bateria não durasse até o final da rota e eu ficasse perdido pela cidade. Por fim, conseguimos encontrar a casa, na periferia de Río Grande.

Amigos de amigos

Oscar nos recebeu em casa com sua família, a esposa e o filho pequeno, e ainda havia outro viajante por lá, um boliviano chamado Nestor, ou Roserito, que viajava de moto e já estava por lá havia mais de um mês. Meu anfitrião trabalhava numa fábrica que, naquele período, por causa do clima, estava fechada e só abriria em agosto. A casa onde morava era sem luxos, porém muito confortável, quente e bem aconchegante. Conversamos e tomamos mate, contei a eles tudo que havia se passado nas últimas semanas, me disseram que, se eu tivesse vindo uma semana antes, não teria pego neve nenhuma. Enquanto isso, a mulher dele fazia um macarrão para o jantar. Eu havia acabado de comer um miojo, mas era óbvio que ainda estava com fome. Roserito viajava na sua moto em busca das esferas do dragão, exatamente isso. Ele viajava por aí buscando as esferas do desenho *Dragon Ball*. Ele ia em cada país e em cada

144

cidade e procurava por elas em lojas; naquele momento ele possuía cinco e faltavam apenas duas, uma tarefa um tanto quanto complicada.

Me senti muito à vontade com eles, uma família simples, mas muito acolhedora; conversamos a noite inteira e quando me dei conta já passava da meia-noite. Fui tomar banho e dormir, um banho um pouco gelado e sem muita água, mas estava valendo. Oscar ajeitou a cama do filho para mim, e o guri foi dormir com eles no quarto. Logo que deitei a cabeça, vi que recebi a mensagem de um casal que viajava de kombi perguntando se estava tudo bem comigo, ele era uruguaio e ela, brasileira. Javier havia passado meu contato pra eles, que queriam saber se eu precisava de algo. Respondi que eu estava em Río Grande e que pela manhã iria a Ushuaia, mas não sabia as condições da pista. Eles me disseram que eu iria precisar de correntes para descer o *paso* Garibaldi, pois sem elas a *guardameria* não me deixaria passar. Argumentei que não tinha correntes e que não tinha dinheiro para comprá-las naquele momento. Eu contava com apenas 400 pesos que tinham sobrado e 100 dólares, e com eles não daria pra comprar correntes e abastecer o fusca para chegar a Ushuaia. Eles então me passaram o contato do Andreas, em Río Grande, que possuía *cadenas* deixadas por outros viajantes de kombi que compraram, mas não serviram em suas rodas. Eles mesmos deixaram as correntes ali para o Andreas vender e depois repassar o dinheiro a eles. Acabei conversando com ele e consegui que ele apenas me emprestasse as correntes para eu descer e na volta, como teria que passar por Río Grande, eu devolveria. O único problema era que ele só poderia me entregar as correntes depois das 20h, ou seja, ou eu viajaria sem as correntes ou teria que ficar mais um dia na cidade.

Na manhã do dia seguinte perguntei ao Oscar se haveria problema eu ficar mais um dia por lá e partir no outro dia pela manhã, ele disse que estava tudo certo, que aquela era a minha casa pelo tempo que eu precisasse. Río Grande não tinha muito o que ver ou fazer, mesmo porque estava um tempo pra lá de feio, com uma garoa fina que caía e logo se congelava no chão por causa do frio. Passei assim aquele dia fora do

minha jornada com Shurastey

previsto dentro de casa e no início da noite fui encontrar o Andreas. Ele tinha uma kombi antiga e também queria um dia viajar pelo mundo, me disse. Deu as correntes pra mim e me mostrou como usá-las, embora ele mesmo nunca tivesse utilizado, pois na Argentina, em regiões onde neva muito, o pessoal costuma rodar com pneus com cravos, pequenos pregos fixados nos pneus, que são vendidos assim mesmo, e que segundo ele dão melhor aderência na neve.

Quando cheguei na casa do Oscar, tirei as coisas de dentro do fusca para ele e Roserito entrarem no carro e irmos até o centro da cidade, eu queria ver se conseguia comprar uma bota com os 100 dólares que ainda tinha. Uma bota impermeável e quente, que eu pudesse andar na neve e não mais sentir frio nos pés enquanto dirigisse. Rodamos pra lá e pra cá, até que encontrei uma boa bota com cano alto, bem revestida por dentro e com um preço muito bom: 1.000 pesos. Eu só tinha os dólares, não cheguei a fazer câmbio ali na cidade, então conversa vai, conversa vem, consegui que o pessoal da loja aceitasse os 100 dólares e ainda me dessem 600 pesos de troco. Para estrear a bota nova, Oscar queria me mostrar o marco das Ilhas Malvinas, onde alguns soldados desembarcaram após a fracassada tentativa de reconquistar as ilhas, que hoje pertencem ao Reino Unido.

Nos despedimos àquela noite comendo um assado e tomando *fernet*, uma bebida típica da Argentina que é misturada com Coca-Cola. Eu, no meu Paraná, chamaria isso de tubão. Mas não tem nada a ver. Compartilhamos juntos aquela noite, contamos nossas histórias e dividimos momentos bacanas. O dia seguinte seria rumo a Ushuaia. Todos estavam encantados com a presença do Shurastey, como ele era bem-educado e se comportava bem dentro de casa. Eles tinham um labrador que latia o dia todo e ficava preso do lado de fora. Apesar do frio, ele ficava na casinha dele sozinho, sem nenhum tipo de manta, pois ele destruía tudo. Já Shurastey dormiu do meu lado na cama, mas pela manhã fiquei sabendo que ele foi até o quarto de Oscar, subiu na cama e ficou deitado com eles de madrugada.

146

Paso Garibaldi

Saímos de Río Grande logo cedo, abasteci o fusca e seguimos a *ruta*. Estava chovendo, um tempo meio feio, porém no sentido de Ushuaia parecia melhorar. Eu estava levando as correntes caso necessitasse. O problema todo seria como colocar isso nos pneus se realmente fosse preciso.

Poucos quilômetros depois de sair de Río Grande, fui parado pela polícia, um único guarda que me atrasou a viagem em quase uma hora pelo simples fato de estar curioso sobre como meu carro tinha chegado até ali. Conversamos e eu tive que dar um adesivo a ele e um *"bye bye"*, senão ele não me deixaria ir embora. Ele me disse que em mais uns 10 quilômetros eu teria que usar as correntes. Pensei comigo: "Só se a situação estiver muito pior do que a que já passei, caso contrário, toco o barco, porque o Dodondo aguenta".

Seguimos, e realmente após 10 quilômetros começou a nevar na pista, mas era coisa pouca. Rodamos cerca de 20 quilômetros e a neve começou a aumentar. Foi aí que vi pela primeira vez a máquina que retirava a neve da estrada. Não só vi como por uma hora dirigi atrás dela, que rodava muito devagar, evidentemente para retirar a maior quantidade de neve possível de uma única vez. Assim que consegui uma brecha, eu a ultrapassei e logo me arrependi. Afinal, estando na frente do carro-máquina que tirava a neve da estrada, encontrei muito mais neve na pista. Ao menos era neve, e não gelo, então pelo menos o fusca tinha tração. Seguimos e nos deparamos com outra máquina dessas limpando a estrada, porém dessa vez consegui ultrapassá-la mais rapidamente, e seguimos até o próximo posto de polícia, onde, obviamente, fomos parados. Toda vez que a polícia nos via, nos parava. Juro que pensei que eles iriam falar algo sobre eu ter ultrapassado a máquina, mas os outros carros também faziam isso, então eu tinha esse argumento. Mas na verdade eles só queriam saber se eu tinha as *cadenas* e obviamente me perguntar o que diabos eu fazia ali em pleno inverno.

minha jornada com Shurastey

Toda vez que eu era parado faziam as mesmas perguntas. Eu já estava pensando em deixar gravadas as respostas. Mostrei as correntes, que estavam numa caixa ao meu lado, e a policial disse que depois de Tolhuin eu teria que usar sim ou sim, pois a *guardameria* não me deixaria passar sem elas. Além do mais, estava nevando muito no *paso* Garibaldi, segundo ela, estavam até quase fechando a estrada. Ou seja, eu teria que pôr as *cadenas* assim que chegasse em Tolhuin, a última cidade antes de Ushuaia. Mais alguns quilômetros e consegui avistar o posto e a entrada desta, que não é mais do que um vilarejo.

Estacionei o fusca e nevava muito. Parei ao lado de uma caminhonete grande, 4x4, de onde desceram dois argentinos que começaram a colocar as correntes nos pneus. Eu, observando a cena de dentro do carro, pensei: se eles que estão nessa baita caminhonete estão colocando as *cadenas* para descer, quem sou eu, de fusca, pra ignorar. Desci, abri a caixa onde as correntes estavam, e aí que a coisa ficou feia. Primeiro, eu nunca tinha visto correntes para pneus na vida; segundo, elas eram completamente diferentes do que eu imaginava, a instalação nos pneus era totalmente distinta do que eu estava esperando. Comecei a tentar, ao mesmo tempo que ficava atento aos argentinos colocando as deles, procurando entender. Logo que eles terminaram, vieram até mim e perguntaram se eu estava precisando de ajuda. Obviamente, eu disse sim. Então eles me ajudaram a colocar uma corrente e foram embora. Fiquei lá apanhando para colocar a segunda, no outro lado do carro. Não era fácil, e essa que eu estava tentando pôr era diferente da primeira, faltava um pedaço, um pequeno encaixe que parecia errado e que me atrapalhou um monte. Quase uma hora na tentativa de deixar aquelas correntes bem firmes, eis que parou de nevar. Nisso me apareceu um chileno e disse: "*Cadenas*? Pra que está colocando essas correntes? Acabei de subir e está supertranquilo". Eu não sabia se tirava as correntes e tacava na cabeça daquele chileno ou se seguia com elas. Resolvi seguir com elas, pois ele dirigia uma caminhonete 4x4 com pneus de cravos e estava subindo, já eu, de fusca com pneus que pareciam de carrinho de brinquedo de tão finos, iria descer.

148

Aproveitei para tirar o Shurastey para ele caminhar e rolar um pouco naquela neve, e brincamos por ali com a bolinha. Sempre que eu parava o fusca eu aproveitava para brincar um pouco com ele, para ele não ficar tão estressado. O pior trajeto, tanto pra mim quanto pra ele, foi a travessia de Río Gallegos a Río Grande. Notei que ele também ficou bem tenso nesse momento da viagem.

Ushuaia a 104 km – indicava a placa que fotografei. Faltavam apenas isso, apenas 104 quilômetros para eu chegar na última cidade do continente americano, a famosa Ushuaia. Eu nem sabia de sua existência até bem pouco tempo atrás, confesso, mas desde que soube ela se tornou minha paixão, quase obsessão, algo a ser conquistado, e faltava muito pouco para isso. Apenas 104 quilômetros. Cento e quatro quilômetros de curvas à beira de precipícios, neve e gelo por todos os lados.

Não muito longe de Tolhuin, uma das correntes do pneu se rompeu, obviamente era a que eu coloquei, que estava com problemas. Tentei por diversas vezes arrumar, mas não consegui. Seguimos, então, os próximos 90 quilômetros com apenas uma corrente, que, por sorte, era do lado esquerdo, pois a *guardameria* sempre ficava no meio da pista, e se vissem ao menos um pneu com correntes, já estava tudo certo.

Nos quilômetros seguintes a neve começou a cair forte, a pista logo ficou coberta e eu dirigia cada vez mais devagar. Não me arrisquei a seguir o ritmo dos outros carros, afinal eu estava dentro de um fusca com freios a tambor, com limpadores de para-brisas que não davam conta nem de garoa, com apenas uma corrente no pneu e ainda lascado de frio. Shurastey, por sua vez, seguia sempre alerta, com sua cabeça no meu ombro esquerdo, esperando que eu abrisse a janela para entrar mais ar. Porém era impossível. Tudo ali era muito perigoso. O mero instante de olhar para o lado poderia causar um acidente. E eu não abriria aquela janela por nada nesse mundo. Com elas fechadas, já entrava ar frio demais naquele fusca. As botas que eu comprei ajudavam muito, ao menos eu conseguia sentir os pés e mexer os meus dedos.

A descida do *paso* Garibaldi estava por começar, e eu já tinha perdido a conta de quantos caminhões e carros tinham nos ultrapassado nos últimos 20 quilômetros. Eu só esperava que na descida eles tivessem um pouco mais de calma, porque, meu amigo, eles voavam naquela pista cheia de neve, parecia que não tinha nada, e eles voando. Na verdade, eles deviam estar a uns 80 quilômetros por hora, e eu seguia nos meus 20, 30 quilômetros por hora. As descidas e as curvas do *paso* Garibaldi estavam tomadas por neve, não dava pra se ver nada, muita neve mesmo, que caía sem parar. Eu queria parar e tirar umas fotos, mas quase não tinha acostamento para parar, e nos que eu via, havia tanta neve jogada pelas máquinas que limpavam a estrada que era impossível parar. Em determinado trecho, passei num mirante e nele foi possível parar, o que fiz rapidamente, para tirar uma única foto.

Ventava tanto e fazia tanto frio fora do fusca que era quase impossível ficar por muito tempo ao ar livre. Sem contar que eu queria mesmo era chegar o quanto antes em Ushuaia. Sonhava em ver aquele lindo portal de bem-vindo e agradecer por tudo o que passamos para chegar até lá. A *ruta* continuava cada vez mais perigosa, e logo encontramos com outra *guardameria*, no meio da montanha, e novamente fomos parados; dessa vez foi algo muito breve, somente para nos perguntar até onde iríamos. Bom, pelo que eu saiba, só existia Ushuaia naquela direção.

Um pouco mais adiante, um caminhão da YPF, a empresa petrolífera argentina, havia perdido o controle e batido contra a mureta de proteção do lado esquerdo; por sorte do motorista não foi para o lado direito, que era um precipício. O meu maior medo não era perder o controle do fusca, e sim um caminhão bater na nossa traseira e nos jogar lá pra baixo. Eu me gelava todo quando via um caminhão pelo retrovisor, porque ele, com certeza, iria me passar, e me dava um medo muito grande que, nessa ultrapassagem, ele me jogasse para fora da pista. Nevava horrores e eles se arriscavam nas ultrapassagens mais absurdas.

No *paso* Garibaldi, há uma curva em U que é muito fechada, e esse era o meio do trajeto, por assim dizer. Quando nos aproximamos dessa curva, começou a nevar ainda mais, e, pra piorar, um caminhão estava logo atrás da gente. A curva surgiu logo após uma descida bem íngreme e foi virando à direita até completar o U. É uma das curvas mais perigosas da pista e estava coberta de gelo e neve. Por fim, conseguimos contornar sem que o caminhão que nos seguia logo atrás passasse por cima da gente. Óbvio que assim que a curva deu lugar a uma reta ele acelerou e nos ultrapassou.

Eu não aguentava mais aquela estrada, já estava cansado de dirigir tão devagar e nunca chegarmos. Me sentia exausto mesmo. Mas faltava muito pouco e eu não tinha muita escolha a não ser continuar ou ficar ali parado e ser coberto pela neve. Já nos quilômetros finais a neve cessou e a pista começou a melhorar um pouco, e com isso eu pude acelerar um pouco mais.

Chegada em Ushuaia

Desliguei o celular, não estava mais acompanhando pelo GPS para economizar bateria, que estava no fim, e contatar o Javier quando eu chegasse. Quando me dei conta, quase de surpresa após uma curva, lá estava ele: o portal, a entrada para a cidade mais ao sul do mundo. Foi algo indescritível, eu chorei e chorei muito. Estava muito cansado, foram mais de sete horas de viagem pra pouco mais de 220 quilômetros, e chegar a Ushuaia depois de tudo que tínhamos passado, depois de toda a desconfiança, no inverno, de fusca, contra tudo e contra todos, foi demais pra mim. Eu não aguentei, fiquei dentro do fusca por uns dez minutos, só olhando o portal, e um filme foi passando pela minha cabeça, igualzinho está acontecendo agora enquanto escrevo essas linhas. Mais de 7 mil quilômetros percorridos, muitos amigos e coisas fantásticas tinham acontecido, alguns perrengues com o fusca, e quem disse que não chegaríamos no Chuí, no fim do Brasil, teve que nos ver chegando em Ushuaia, no FIN DEL MUNDO!

Eu estava feliz ao nível supremo, nunca tinha sentido tanta felicidade na minha vida, nem quando saí de viagem, que até então era o máximo de alegria que eu havia sentido. Chegar ali, com toda a dificuldade que enfrentamos, foi algo que me levou ao auge do prazer. Quando

minha jornada com Shurastey

desci do fusca, meio chorando e meio rindo, minha primeira reação foi gritar, gritar o mais alto que pude. Foi um berro tão alto, mas tão alto que a *guardameria* veio ver o que estava acontecendo. Eles pensaram que havia acontecido algo ruim. Tive que explicar que era exatamente o contrário: eu não continha a minha alegria por ter chegado até ali. Dei um abraço no guarda argentino e também um adesivo, e continuei ali, observando, admirando, sem coragem de entrar. Era lindo demais, algo simplesmente fantástico de se contemplar. Desci o Shurastey e a primeira reação dele foi se jogar na neve que se acumulava na lateral do acostamento. E eu fiquei ali, apreciando o fusca e o Shurastey, com a satisfação plena de estar realizando mais um sonho.

Era uma emoção sem-fim, eu quase não acreditava em tudo que estava se passando. Nas últimas semanas, as coisas ruins que haviam acontecido tinham somente, no final das contas, temperado mais o sabor dessa conquista. Foi difícil, foi complicado, diversos problemas surgiram, mas no geral toda a viagem estava sendo linda e muito proveitosa.

Até o Shurastey parecia feliz em se afundar na neve. Corria pra lá e pra cá, pulava nela como se estivesse mergulhando numa piscina. Dava pra sentir a alegria dele, e naquele momento pude perceber que a neve e o frio pra ele eram muito melhores do que o calor que ele passava em Balneário Camboriú. Ficamos ali, brincando e aproveitando a neve por quase uma hora, enquanto eu esperava o Javier me responder e passar a localização da sua casa.

Já estava por anoitecer, e nada do Javier mandar mensagem. Entramos no fusca e fomos indo em direção ao centro da cidade. Procurava um posto de gasolina onde pudesse esperar a resposta dele, e do nada começou a nevar, a nevar muito. Nessa mesma hora, o Javier respondeu, e eu havia passado algumas quadras da sua casa. Coloquei no GPS, fiz o retorno e segui até lá. Assim que virei a esquina, já avistei a kombi do Javier do lado de fora da casa. Quer dizer, supus que fosse a kombi dele, já que não deveriam existir muitas delas na cidade, então duas na mesma rua me parecia bastante improvável. Até esse momento, eu não tinha visto uma foto sequer do meu futuro anfitrião, nem no WhatsApp,

Terra do Fogo

nem no Facebook, não tinha ideia de como ele era. Talvez eu ainda estivesse com um pouco de medo pela minha experiência traumática, mas pelos nossos contatos, pelo que disseram o Pepo e o casal que esteve em Ushuaia, logo percebi que o Javier era boa gente.

Passei devagar na frente de sua casa e o vi pela janela. Fiz a volta e estacionei ao lado da kombi. Ele nos viu, saiu de casa e veio abrir o portão pra nós. Javier era um cara alto, forte, para não dizer gordinho, eita, acabei de dizer, com um cavanhaque e um jeitão muito simples. Entramos, eu e Shurastey, até porque na rua estava nevando muito.

Assim que entrei com Shurastey, vi os cachorros do Javier, uma golden retriever de 5 anos chamada Ambar e um outro cachorro sem raça de 17 anos, o Darking. Ambar não quis papo com Shurastey, e Darking, bem, digamos que o Darking não conseguia se mexer muito rapidamente. Javier disse pra deixar o Shurastey solto, então eu o tirei da guia e lá foi ele cheirar a Ambar, e já de cara levou uma invertida. Ambar rosnou e avançou nele. Lógico, ele todo bobão, 1 ano e meio de vida, havia tempos não via uma cadela, foi com tudo para poder brincar. O bom é que ele parou quieto depois disso, mas não por muito tempo.

Começamos a conversar e o Javier me contou a história da kombi que ele comprou no norte da Argentina e trouxe dirigindo até Ushuaia. Disse que estava planejando viajar com ela, mas que o motor deu problemas. Também contou algo que eu já sabia muito bem: as peças eram muito difíceis de se achar na Patagônia ou na Terra do Fogo. Eu estava mais cansado e exausto do que nunca, mas estava feliz. Javier morava numa boa casa, com quatro aquecedores a gás que ficavam ligados o dia todo, então, apesar do frio do lado de fora, dentro era bem quentinho, tanto que tirei todos os casacos que estava usando e fiquei apenas de camiseta.

Javier começou a preparar uma pizza, e eu aproveitei para atualizar o Facebook e o Instagram postando a foto da nossa chegada. Eu tinha passado o dia inteiro sem comer nada, mas estava mais ansioso pra dormir, acordar no dia seguinte e sair pra conhecer a cidade do que pra

153

comer a pizza. Na verdade, eu estava sem fome. Acho que a emoção e a felicidade me alimentaram e me satisfizeram... Engraçado, mas acho que foi isso mesmo.

Durante o jantar da pizza, contei ao Javier todo o perrengue e dificuldade para chegar a Ushuaia, tudo o que se passou antes em Río Gallegos, o problema com o couch naquela cidade – bom, pelo menos assim ele estava mais do que ciente que eu não era gay, então se ele fosse, que não se atrevesse a passar a mão na minha perna durante a noite. Mas ele disse que não era gay, que tinha uma filha, Martina, que, aliás, em dois dias viria passar o dia com ele.

Arrumei um canto pra dormir na sala com um colchão que ele me deu, já que o outro quarto que havia, da filha que estava morando com a mãe, estava entupido de coisas. Tomei banho, e graças a Deus o chuveiro era excelente. Com água quente, relaxei e dei por encerrado o meu primeiro dia em Ushuaia. Quinze de junho iria ficar pra sempre marcado como o dia que eu, com meu fusca e meu cachorro, em pleno inverno, cheguei ao fim do mundo.

Conhecendo a cidade

Acordamos e saímos cedo, junto com Javier, antes da 9h, e ainda estava escuro, começando a clarear. Eu queria visitar, já em nosso primeiro dia, a placa onde estava escrito Ushuaia e ele foi nos acompanhando, a pé, já que o seu emprego (no governo) ficava na mesma direção. Ele disse que era perto e fazia esse trajeto todos os dias caminhando.

As ruas estavam cobertas de gelo, repletas de neve por todos os lados, e no meio do caminho ainda começou a nevar um pouco. Após o Javier entrar no trabalho, comecei a prestar mais atenção na paisagem, a observar melhor as montanhas que rodeavam Ushuaia. Fiquei simplesmente encantado com tudo o que estava vendo. Toda cordilheira coberta de neve, e do outro lado do canal de Beagle dava pra enxergar as montanhas do lado chileno.

Falando em Chile, também do outro lado desse canal existe uma vila, chamada Puerto Williams, que para os chilenos é a verdadeira cidade mais ao sul do mundo. Não é mentira; porém, pelo que fiquei sabendo, ela não tem muita estrutura. Vivem por lá menos de 3 mil habitantes apenas, sendo praticamente um vilarejo militar e de pescadores.

Finalmente chegamos à tão famosa placa de Ushuaia, a placa do *fin del mundo*, e tirar uma foto ali era algo incrível, uma grande conquista. Eu, durante a viagem, quando conseguia acesso à internet e tinha tempo, ficava olhando as imagens dos viajantes nessa placa, e em vários outros lugares lindos e incríveis dessa cidade – eu queria conhecer todos –, mas passar nessa placa e tirar uma foto era a primeira delas.

Com a nossa foto no *fin del mundo* assegurando que de fato passamos por Ushuaia, já poderíamos passear pela cidade. Eu realizava esse sonho que se agigantou durante a viagem, tudo era em função de chegar aqui, e finalmente eu havia alcançado. Seguimos nosso passeio pela orla de Ushuaia, junto ao canal de Beagle, e eu continuava embasbacado. Toda vez que olhava para as montanhas, eu não acreditava que aquilo fosse verdade. Era algo que eu só tinha visto em fotos e filmes, e agora eu estava contemplando com meus próprios olhos.

Andamos o dia inteiro por toda a cidade, fomos até o bairro antigo onde habitavam os primeiros moradores. Aproveitei também para sacar o dinheiro no Western Union, pois finalmente minha tia conseguira fazer o depósito pra mim. A agência ficava dentro de um supermercado. Deixei o Shurastey do lado de fora, preso pela guia, e fui até lá. Foi super-rápido e fácil, em pouco tempo tinha em mãos quase todo o dinheiro que eu possuía no banco. Era meio arriscado, mas eu precisava ter dinheiro vivo pra transferir para o Pepo, comprar comida, por gasolina. Meus miojos haviam terminado, o último que fiz foi em Río Grande e eu queria me abastecer de comida pra ficar na casa de Javier, ele já estava me hospedando e não seria legal eu ainda me alimentar às custas dele.

Assim que saquei o dinheiro fui até o banco depositar ao Pepo, Shurastey novamente esperando do lado de fora. Paguei o que devia e mandei o comprovante a ele. Assim, eu tinha um problema a menos, uma dívida a menos. Pepo logo respondeu agradecendo, mal sabia ele que eu era quem lhe agradecia imensamente pela confiança em me deixar seguir viagem sem pagar o conserto naquele momento.

Nosso primeiro dia em Ushuaia foi incrível, eu e Shurastey brincamos feito crianças na neve, eu fazia as bolinhas e jogava, e ele pulava para ir atrás, deslizava no gelo e rolava na neve. Foi o melhor momento da viagem até então. Voltamos pra casa no final da tarde, quando Javier já estaria lá para nos abrir a porta. Ao chegarmos, logo depois dele perguntar como foi nosso dia, me deu uma cópia da chave da casa, para que eu pudesse entrar e sair a hora que quisesse.

O dia seguinte amanheceu debaixo de muita neve, tanto que eu e o Shurastey não saímos de casa, ficamos esperando até que a neve parasse, o que só aconteceu quando Javier voltou, no final da tarde. Ele disse que Martina viria passar a noite conosco e queria ir ao mercado comprar algumas coisas. Sugeri que fôssemos de fusca.

Nunca vi uma pessoa tão feliz por andar num fusca. Retirei tudo de dentro e, quando liguei o carro e saímos, Javier ficou enlouquecido, ele simplesmente sorria com os olhos e com a boca. Estava muito emocionado por andar em um fusca, o que nunca tinha feito antes. Dizia para mim: *"vamoooo escarabajonauta!"*. Na Argentina, *escarabajo* é como chamam o fusca, e eles têm o termo *kombinauta*, então ele dizia que eu era um *"escarabajonauta"*. Chegamos ao mercado, fizemos as compras, eu o ajudei com um pouco de grana e, na hora que estávamos saindo, voltou a nevar. Em menos de dois minutos, todos os carros estavam cobertos de neve, incluindo o fusca, coitado.

Compramos o necessário para o jantar. Quem cozinhava era o Javier, vez por outra fazia umas gororobas vegetarianas que eu tinha que tacar pimenta para comer. Logo chegou a Martina, uma menina de 13 anos muito simpática, comunicativa e simplesmente apaixonada pelo pai. Javier já havia me contado que ela queria porque queria viajar com ele quando a kombi estivesse pronta. Ao conversar com ela, uma das coisas que mais me dizia era exatamente isso, que o seu sonho era viajar pelo mundo com o pai. Mas obviamente não dependia só dos dois, pois creio que, se fosse apenas por eles, já estariam na estrada rumo ao Alasca. Enquanto eu contava as minhas aventuras e as do Shurastey até chegarmos a Ushuaia, Javier preparava um assado que, com certeza, eu não iria precisar de pimenta para degustar. Jantamos, conversamos e fomos dormir. No outro dia eu iria sair bem cedo para conhecer a famosa geleira do fim do mundo.

Glaciar Martial

Acordei e vi o Shurastey dormindo do lado de Ambar, que mal olhava pra cara dele, desde a primeira vista. Ela realmente não gostou dele. Quando saímos pra rua, o fusca estava coberto de neve. Tive que tirá-la do para-brisas e ainda descongelá-lo por dentro. Seguimos em direção ao famoso glaciar Martial. As ruas não estavam com neve, mas quando chegamos no início da estrada que leva até a geleira, pensei: "Não vai subir". Era uma estrada bem íngreme, cheia de curvas e com muito gelo e neve na pista. Conforme fomos subindo, tudo ficava ainda pior: mais gelo, mais neve, mais curvas e mais íngreme. Mas devagarinho, em primeira marcha, fomos subindo e aos poucos fomos vencendo, surpreendentemente, sem que o fusca patinasse. Por fim, conseguimos chegar ao final da estrada, onde havia a pista de esqui e snowboard e onde começava a trilha até a geleira. Estava na expectativa de vê-la. O Martial não é um glaciar como o Perito Moreno, o mais célebre da Argentina, onde se veem as geleiras gigantes sobre o lago; o de Ushuaia é diferente, fica na encosta de uma montanha, que requer uma subida para observá-lo.

Assim que desci com o Shurastey do fusca, ele saiu correndo pra se jogar na neve, e as pessoas que ali estavam ficaram nitidamente boquiabertas de ver um fusca naquele lugar, ainda mais um fusca brasileiro e com um cachorro tão grande viajando nele. Alguns argentinos vieram falar comigo e pediram para tirar fotos com a gente. Tudo preparado, peguei minha mochila que estava com comida, chá e o pau de selfie, e começamos a subir. Nos primeiros 10 metros já deu pra perceber que a subida não seria nada fácil, a neve estava fofa e a perna afundava até o tornozelo, mas estava apenas no início. Na metade do percurso, minhas paradas começaram a ser mais frequentes, eu usava a desculpa de parar e observar cada lugar, tirar fotos e brincar com o Shurastey, mas a verdade mesmo é que eu estava pra lá de cansado. O Shurastey porém corria, voltava e se enfiava na neve. Eu nunca tinha visto um cachorro tão feliz na minha vida. Estava incansável. Por mais que a neve estivesse fofa, ele pulava e saía correndo quando dava.

Por fim, conseguimos chegar ao topo, quer dizer, até onde as cordas que ali estavam determinavam que era o nosso topo, mas o caminho de fato só pegava outra direção (o que só fui descobrir na segunda vez em que subi o glaciar). Assim que chegamos, deu uma ventania muito intensa acompanhada de neve. Tive que me abaixar pra não cair. Quando cessou um pouco, fui em direção às árvores pra me proteger, e logo em seguida veio um vento ainda mais forte. Demoramos pouco mais de uma hora pra subir, eu já estava morrendo de fome, mas queria chegar ainda mais no alto, pois vi uns cara de snowboard subindo uma montanha à esquerda, então eu pensei: "Se eles estão subindo, eu também posso, e não deve ser tão difícil". Parei ali para lanchar, peguei o chá e um chocolate que comprei no mercado e, no primeiro pedaço que mordi, a obturação do meu dente se prendeu e saiu com tudo. Esse era o único dente que eu tinha problema. Antes de sair do Brasil, senti que a obturação estava um pouco ruim, mas resolvi deixar para tratar quando eu voltasse. Triste resolução. A massa saiu por completo e, pra piorar, o dente se quebrou, o que eu só saberia quando fosse ao dentista, no dia seguinte. A dor que senti quando o dente se quebrou e aquela massa caiu foi punk. Mas decidi seguir adiante, não para o glaciar, e sim para aquela montanha, cuja escalada não parecia ser tão difícil.

Começamos a pegar a trilha que levava ao pé da montanha, um caminho onde a neve era mais fofa e chegava até o joelho, o que tornava mais difícil. Quando chegamos no início da montanha, eu lembro de olhar pra cima e pensar: "em meia hora a gente sobe tranquilo", pois não parecia ser tão grande observando de baixo. Começamos a aventura e na nossa frente havia dois caras subindo, estavam com snowboard para descer com a prancha depois. Shurastey já estava quase alcançando os dois, enquanto eu tinha subido não mais de 50 metros. Era muito íngreme, e conforme subíamos, ficava mais e mais difícil. Quando parei pra olhar pra baixo foi que entendi o grau de inclinação daquela montanha e me perguntei onde eu e Shurastey estávamos nos metendo. Eu achava que estava na metade do caminho, enquanto não tinha subido nem um sexto da montanha. Os caras do snow estavam uns 20 metros à frente e Shurastey estava entre eu e eles. Ele sempre ia na minha frente, seguindo aqueles dois. Era tipo uma trilha na neve, o que facilitava bastante já que a neve sem ser pisada descia quase até a cintura, e como eles já haviam passado, o caminho já estava feito. Os caras, embora estivesse na minha frente, subiam num ritmo mais lento que o meu, pois estavam carregando todo o equipamento de snow, enquanto eu levava apenas a mochila. Nesse momento eu já nem lembrava mais do dente, a adrenalina era tão grande que havia superado a dor.

Começamos a subir o pior trecho, cheio de pedras soltas e muito mais íngreme. Havia pouca neve, o que não era nada bom, pois a gente pisava direto nas pedras soltas, podia resvalar o pé e acabar caindo lá embaixo. O Shurastey mais parecia um gato, ele subia e parava mais acima, e aí ficava me olhando como se dissesse "vamos, pai, vamos!". Por fim, chegamos junto com os caras que estavam antes da gente. Eles entraram num refúgio, uma espécie de gruta, e eu e o Shurastey fizemos o mesmo, precisávamos descansar um pouco. Os dois iriam descer de snow daquele ponto e nós ainda tínhamos mais alguns metros até o cume. Perguntei a eles se faltava muito e eles disseram que a pior parte já havia passado, que mais meia hora eu já estaria lá em cima. Vi um casal subindo de esqui pelo outro lado da montanha, que não era nada íngreme e parecia ser muito mais fácil de subir; porém, eles estavam com esquis e deslizavam sobre a neve, não afundavam até a cintura como eu.

Seguimos subindo, e quando consegui avistar o casal novamente, eles já estavam no topo da montanha. A subida começou a ficar muito

minha jornada com Shurastey

cansativa, cada passo que eu dava afundava a perna inteira, e o Shurastey tinha que saltar para se locomover, toda vez que ele pulava ele sumia debaixo da neve. Por certo, tinha mais de um metro de neve onde estávamos, mas mesmo assim continuamos subindo. Faltava muito pouco para alcançarmos o cume. Olhei no celular, que surpreendentemente tinha sinal lá em cima, e marcava -8°C, mas não dava nem pra sentir, pois estávamos em movimento extremo. As pernas já não aguentavam mais, eu estava exausto e vi que a energia de Shurastey também já não estava mais tão boa assim. Ele já demonstrava cansaço, e subir mais 200 metros daquele jeito poderia tirar nossa força para descer. Parei e fiquei observando tudo o que tínhamos subido e a cidade de Ushuaia lá embaixo, lá de cima eu conseguia ver tudo. A cidade toda em miniatura, o canal de Beagle. Eu e Shurastey já tínhamos subido muito e não valia a pena arriscar mais alguns metros acima só para dizer que chegamos no topo. Eu já estava alto o bastante, talvez o mais alto que alguém sem experiência nenhuma de escalada, e ainda acompanhado de um cachorro, já tenha subido. Decidi que era hora de começar a descer. Após um breve descanso com o Shurastey, que estava coberto de bolas de neve, iniciamos a descida pelo outro lado da montanha, por onde o casal de esqui havia vindo.

A descida com certeza foi a melhor parte e a mais divertida dessa aventura. Eu sentei, estiquei as pernas e comecei a deslizar sobre a neve. O Shurastey, talvez preocupado, começou a correr e a saltar na minha frente, até que nós dois nos embolamos e fomos rolando pela neve. As coisas que estavam na minha mochila voaram por todos os lados, por sorte não se enfiaram muito fundo na neve. Quando terminei de juntar tudo, vi que o Shurastey vinha com a minha garrafa térmica na boca. Guardei tudo e voltei a tentar deslizar, e de novo o Shurastey se metia na minha frente. Então eu o coloquei no meu colo, e foi assim que nós descemos mais da metade da montanha, deslizando.

Mais uns trinta minutos de caminhada entre as árvores e finalmente chegamos à pista de snowboard. Foi incrível toda essa aventura, mas naquele momento eu estava pra lá de cansado, a única coisa que queria era ir pra casa, tomar um banho quente, comer algo e dormir. Já Shurastey o que queria era tirar todas aquelas bolas de neve do seu corpo, e conforme ele ia correndo pela pista, elas iam caindo. Quando chegamos no fusca, o Shurastey parecia uma máquina a vapor. Ele estava literalmente evaporando, o corpo dele estava muito quente e a neve que estava nele produzia vapor. Era muito engraçado vê-lo como se estivesse saindo de uma sauna. Começamos a descer todo aquele trajeto. Se na subida tinha sido difícil subir com o fusca, na descida parecia que estávamos fazendo um rali.

Chegávamos são e salvos na cidade, e no caminho para a casa do Javier fiz uma descoberta espetacular: as *panaderias* argentinas. É sério, se você não quer ter diabetes, não entre nesse lugar. Eu parei o fusca para comprar pão, que planejava comer com ovo, e quando entrei, juro, era uma padaria muito simples, mas a variedade de doces e coisas que só existem na Argentina me deixou louco. Tudo a gente devorava com os olhos, era uma coisa mais gostosa do que outra só de olhar, imagina então comer. Não resisti e pedi à moça uma coisa de cada, e a avisei que não poderia passar de 50 pesos. Ela, no entanto, ia colocando no pacote, e eu pensando: "Tô ferrado. Ela não entendeu certo. Deve ter entendido 500 pesos, só pode...". Quando me informou o preço de tudo foram 47 pesos, eu fiquei doido, e foi aí que começou o meu vício nas *panaderias* argentinas.

Compradas as *facturas*, que é como eles chamam essas massas doces, fomos para casa. Eu fui comendo no caminho mesmo e, antes de chegar, já havia devorado tudo. Após sair do banho, vi uma cena que me surpreendeu: Ambar e Shurastey brincando. Esse filho da mãe, em vez de chegar e descansar, foi incomodá-la até que ela desse trela pra ele, o que ele supreendentemente conseguiu. Javier estava em casa e, antes de me deitar, conversamos um pouco e ele parecia não acreditar no que tínhamos feito naquele dia. Tive que mostrar as fotos e os vídeos para provar que nós subimos aquela montanha em pleno inverno e cheia de neve.

minha jornada com Shurastey

Combo 2 por 1:
laguna Esmeralda + cachoeira do Véu da Noiva

Mal despertamos e já estávamos a caminho da laguna Esmeralda. Passamos pelo portal de Ushuaia novamente e aquele guarda que viera ver por que eu estava gritando quando cheguei parou a gente de novo, agora para perguntar aonde iríamos, pois no *paso* Garibaldi estava nevando muito, e só subia carro 4x4. Como não era nosso destino, seguimos adiante. Havia mais neve na pista do que quando chegamos, ainda bem que a laguna não ficava muito longe, a uns 10 quilômetros da entrada da cidade. Na verdade, essa era a distância para o ponto inicial da trilha, onde eu deixei o fusca e parti para a caminhada, já que o percurso até a laguna propriamente tinha mais uns 5 quilômetros. Estacionei ao lado de outro carro e fiquei procurando o início da trilha, mas não via nada, apenas uma grande placa escrito "LAGUNA ESMERALDA", mas não apontava o caminho.

Fiquei ali procurando junto com Shurastey, até que parou um carro, de onde desceram duas mulheres, que perceberam que eu estava perdido atrás da trilha. Perguntei a elas, que me apontaram para o lado da placa, onde um morro de neve de mais de 1,50 metro escondia o caminho. Elas também estavam indo para lá, e fomos juntos. As duas brincavam com o Shurastey durante todo o trajeto, e por inúmeras vezes ele derrubava uma ou outra, pois ele vinha correndo e sem querer, como a trilha era estreita, acabava encostando nas garotas e tombando uma delas. A cada passo que dava, eu ficava ainda mais encantado com tudo o que eu via, a neve caindo, as árvores cheias de neve, os rios congelados, tudo era incrivelmente lindo. Eu sentia uma paz enorme de estar ali, não escutava nada a não ser o próprio vento.

Depois de uma hora de caminhada chegamos na laguna Esmeralda e, ao subir a colina, eu esperava ver uma lagoa com água, mas me deparei com uma lagoa completamente congelada. Era muito grande, eu não esperava que estivesse assim, as bordas talvez, mas toda ela sob gelo foi uma surpresa. A vista era de tirar o fôlego. Aliás, tudo naquele lugar

162

era fantástico, extraordinário, indescritível – essas palavras ainda vão se repetir muito por aqui. Nossas amigas andarilhas seguiram para um refúgio ao lado das árvores, enquanto eu, feito criança, brincava com o Shurastey, jogava bolinhas de neve pra ele pegar com a boca, fiz até um baita buraco e o enterrei na neve. Estávamos nos divertindo e aproveitando ao máximo. O lugar era realmente lindo e cada vez que olhava as montanhas ao fundo eu não acreditava que estava ali.

Uma simples passagem ida e volta do Brasil a Ushuaia não sai por menos de mil reais, sem contar a hospedagem nos hotéis ou hostels, que são caríssimo – uma das diárias mais baratas era em torno de 800 pesos argentinos –, e ainda há os guias, pois para percorrer essas trilhas muitas pessoas pagam guias (e não tem nada de errado nisso, pois eles, além de conduzirem em segurança, contam várias curiosidades sobre o local). Tudo isso envolve mais dinheiro, e uma simples visita a Ushuaia por uma semana não deve sair por menos de 5 mil reais por pessoa. Tem passeios, traslados, alimentação, hospedagem, voo, e tudo lá é muito caro. Os restaurantes, eu passava do outro lado da rua, pois o preço era absurdamente alto. Talvez, se você for uma pessoa que economize, consiga gastar menos de 5 mil.

Mas eu estava ali e, fora a despesa com o motor, eu tinha gastado em um mês de viagem pouco mais da metade desses 5 mil reais, incluindo gasolina, alimentação, passeios guiados por mim mesmo, hospedagem que acontecia no fusca ou na casa de pessoas desconhecidas. Além de eu não gastar todo esse dinheiro para passar uma única semana, eu estava levando comigo o melhor amigo de todos. E se você quiser levar seu cachorro em um voo para Ushuaia, se prepare, pois vai sair bem mais caro. Esses 5 mil aí vão ser poucos.

Depois de muito aproveitar aquele momento só nosso, sem nada para nos atrapalhar ou coisas ruins para pensar, as duas moças que nos acompanharam vieram perguntar se nós queríamos fazer a trilha da cachoeira do Véu da Noiva, que ficava no caminho de volta para Ushuaia. Disseram que era de fácil acesso e rápida de ser percorrida, mas teríamos que sair logo para que a fizéssemos antes de escurecer. Passava do meio-dia, ainda

minha jornada com Shurastey

tínhamos que voltar, seguir até a entrada da cidade, ir para a outra trilha e voltar, provavelmente já seria noite, pois às 17h já estava escurecendo.

Seguimos então o caminho de volta, e novamente Shurastey derrubava as meninas sempre que podia – eu contei pelo menos três tombos de uma delas. Assim que chegamos no fusca, fiquei quase 15 minutos aquecendo o motor. Pra piorar, a gasolina estava na reserva, e fiquei com medo de que acabasse ali ou no meio do caminho. E foi o que aconteceu. Enquanto eu aquecia o motor, zerou o combustível, mas por sorte eu tinha cinco litros de gasolina num galão e consegui religar o motor e seguir até Ushuaia. Ao chegarmos no início da trilha que levava à cachoeira do Véu da Noiva, estacionei o fusca no acostamento, já as gurias desceram de carro por uma estradinha de gelo. Eu não me arrisquei, pois o fusca já estava sem as correntes enquanto o pequeno Ford ka delas tinha cravos nos pneus.

A trilha começava logo após uma ponte, onde por baixo passa o rio Olivia. Quase não dava para ver o fluxo de água, pois o rio estava quase todo congelado. Dessa vez, coloquei o Shurastey na guia e segui com ele do meu lado, pois, embora a trilha fosse curta, era a subida de uma colina, e se o Shurastey derrubasse uma delas, elas poderiam parar lá embaixo, e não seria uma queda bacana. Em 20 minutos, chegamos à cachoeira, que estava quase toda congelada, caía bem pouca água, e havia uma coluna de gelo que descia até o chão, com a água escorrendo pelo meio desse bloco de gelo. O rio nas margens estava congelado por inteiro, mais para o meio, porém, dava para ver a água correndo. Foi nesse dia que o Shurastey descobriu que andar sobre o rio congelado não era muito legal. Ele deu dois passos a mais do que devia, o gelo cedeu e ele caiu com as patas dianteiras e o focinho dentro do rio. As patas traseiras ainda estavam em cima do gelo, então não havia riscos, pois ele logo subiu e voltou se chacoalhando e molhando todo mundo com aquela água gelada.

Aquele era outro lugar incrível, dava para se aventurar atrás da cachoeira, porém o caminho estava todo congelado, então eu fui subindo sentado para não correr o risco de escorregar e me machucar. Pra voltar,

164

fiz como se estivesse num escorregador. Shurastey subiu lá comigo e na hora de descer ele também desceu escorregando, porém ele não usou o freio e novamente foi parar dentro do rio. Essa trilha, como a anterior, era muito bem sinalizada, possível de ser percorrida sem o auxílio de guias, exceto se você quiser um pouco mais de segurança e dicas sobre o local. Finalizamos o dia, e as meninas ainda compraram dois adesivos por 40 pesos. Eu não lembro o nome delas, mas valeu muito pela parceria.

Por fim, conseguimos chegar até um posto de gasolina antes que aqueles cinco litros acabassem, e, para minha surpresa, a gasolina em Ushuaia era muito barata, a mais barata de toda a Argentina. Não tive dúvidas e completei o tanque. Só não pude encher meu galão reserva, pois não era permitido. Chegamos à casa do Javier, e ele ainda não estava. Aproveitei para tomar um banho, esticar o colchão e dormir. Eu estava exausto, e até o Shurastey dessa vez tinha se cansado, se deitou do lado da Ambar e simplesmente capotou. E eu, igualmente, repousei a cabeça no travesseiro e apaguei, só acordei no outro dia, quando meu anfitrião abriu a porta pra ir ao trabalho. Dormi mais de 12 horas seguidas. Não ouvi o Javier chegar, levantar no outro dia ou preparar o café.

Acampamento a -15°C

Os dois dias seguintes foram de não se fazer absolutamente nada, a não ser dar pequenas voltas pela cidade com o Shurastey ou ir até a *panaderia* comprar algumas *facturas*. As atendentes já nos conheciam e até nos seguiam no Facebook, mesmo porque eu era o único brasileiro a ir com um cachorro e chorar desconto em tudo. Elas já sabiam que eu era pobre e sempre arredondavam o preço para baixo.

À noite, jantava com Javier e conversávamos sobre a sua futura viagem. Ele também me contou sobre os viajantes que já haviam passado pela sua casa e sobre outros que ele tinha conhecido em Ushuaia. Uma das coisas que ele disse e que me marcou foi que muitos vão até Ushuaia como um desafio maior a ser vencido, ou mesmo como ponto de partida de sua aventura – pois nada melhor do que começar uma jornada pelo "fim do mundo". Esses viajantes, 99% deles, segundo ele, independentemente do meio de locomoção – carro, carona, bicicleta –, não vão a Ushuaia no inverno, e sim no verão, na primavera ou no outono. Em pleno inverno, como eu fiz, quando ocorrem as piores nevascas, foram muito poucos, ele disse, se é que não fui um dos únicos a cometer tamanha loucura. De uma coisa ele afirmou que tinha certeza: eu era o primeiro a chegar em um *"escarabajo"* com um cachorro durante o inverno vindo do Brasil.

De fato, percebi que não havia encontrado um mochileiro sequer, fosse nas estradas pedindo carona, fosse viajando em vans ou motorhomes. Nada que se pudesse dizer que eram viajantes do mesmo estilo que eu, ou parecidos, pessoas que viviam na estrada, ninguém, somente eu e o Shurastey dentro de um fusca descendo para Ushuaia em pleno inverno, sem ar quente no carro, os únicos doidos a fazerem isso.

Eu disse ao Javier que eu gostava de aventuras e era meio louco mesmo e que isso tudo era um baita desafio que estava sendo vencido. Chegar a Ushuaia já era uma vitória enorme. Era algo que eu iria lembrar para sempre em minha vida e que não haveria dinheiro no mundo que pagasse tudo o que aprendi nesses 40 e poucos dias de viagem.

Naquela mesma noite comentei com Javier sobre acampar na neve, se era possível, se era muito perigoso e se ele já havia feito. Ele disse que era, sim, possível, e que se quiséssemos poderíamos ir no dia seguinte, na beira da montanha do glaciar e tentar acampar por lá, pois tinha parado de nevar então estaria tranquilo para irmos.

Na manhã daquela sexta-feira, assim que acordamos percebemos o tanto que havia nevado durante a madrugada pelo simples fato de não podermos reconhecer nossos carros. Nevou tanto que o fusca e a kombi pareciam morros de neve em frente à casa do Javier. Para sair de lá, tivemos que pegar uma pá de neve e limpar o caminho até o portão. Devia ter uns 40 centímetros de altura de neve.

Aproveitei que tinha nevado tanto para fazer um boneco de neve. Obviamente eu iria fazer isso em algum momento, e aquela manhã era o momento exato para eu finalmente criar o melhor e mais bonito boneco de neve que eu já havia feito. Até porque era o meu primeiro. Mais de duas horas depois, apanhando pra aprender a moldar uma bola de neve grande e que não se partisse para formar as camadas do boneco, finalmente terminei o corpo. Dividi em três etapas: cabeça, tronco e pés, tudo redondo. Faltavam então alguns detalhes como as mãos, os olhos, um chapéu e o cachecol. Usei também as estalactites que se formaram no telhado da casa do Javier para dar uma enfeitada no bichão. Quando por fim terminei, o Shurastey pareceu não gostar muito do meu boneco; era nítido pela cara com que ele olhava e pelo medo que demonstrava.

Estava noite quando Javier chegou, eu já pensava que ele havia esquecido ou desistido, mesmo porque nevava muito naquela noite. Mas assim que ele entrou na casa, me indagou: *"Estás listo?"*. Ele não só não tinha esquecido como fez questão de me cobrar se eu estava pronto para irmos acampar naquela noite.

Organizamos as coisas rapidamente, pegamos nossas mochilas, com fogareiro, levamos um risoto pré-pronto para comer, pegamos o trenó dele (sim, um trenó), a minha barraca, tudo mais que achávamos que iríamos precisar, e também cerveja, jogamos tudo dentro do fusca e seguimos até a estrada que dá acesso ao glaciar Martial. Dessa vez eu tinha quase certeza de que o fusca não iria subir. Nevava muito, a estrada estava congelada e escorregadia, e ainda havia o Javier dentro do carro, que é um cara grande.

Meio patinando, deslizando e saindo de traseira, esse Dodongo foi subindo sem tomar conhecimento da estrada. Nós paramos antes do topo, onde começava o glaciar, estacionei o fusca do lado da pista, com a plena certeza de que no dia seguinte eu não conseguiria tirá-lo daquele lugar. Mas tudo bem, um problema de cada vez.

Entramos numa trilha no meio da neve e da floresta, tudo muito escuro, quase apavorante. Naquele momento, entre as árvores cobertas de neve, o Javier tentaria me matar. Bateu com a pá de neve na minha cabeça até que esvaeci ensanguentado, cobrindo o relevo branco com o vermelho do meu sangue. Aquele trenó que eu ajudava a puxar era para levar o meu corpo e do Shurastey.

minha jornada com Shurastey

Não, obviamente nada disso aconteceu. Mas naquele cenário sombrio e silencioso passavam cenas de terror de filmes americanos pela minha cabeça. Não pude evitar de pensar isso.

Seguimos pela trilha, que ficava mais difícil a cada passo que dávamos. A neve estava mais fofa do que na montanha que subi anteriormente. A temperatura marcava -10°C, e o único que parecia bem era o Shurastey, que pela neve abria o caminho à nossa frente. O trenó carregava as nossas coisas, as mochilas, a pá de neve, a barraca e tudo mais, então eu e o Javier puxávamos aquele trenó com uns 50 quilos de peso que se afundava na neve.

Logo adiante, surgiu uma subida que parecia ter uns 50 metros, quando na verdade tinha apenas cinco. Nós estávamos a passos lentos, eram dez passos e dez minutos para descanso. O que complicava tudo era aquele trenó, que era muito difícil de puxar naquele terreno, com aquele clima. Se já tínhamos que fazer o esforço para caminhar em meio à neve fofa, ainda muito pior era puxar o trenó com toda carga sobre ele.

Um pouco mais à frente, havia uma descida, e logo em seguida outra subida. Por mim, poderia haver mais de 300 metros de descida, para poder embalar e subir. Descemos correndo para pegar impulso e subir o morro, e nessa hora eu caí, o Javier caiu e o Shurastey caiu, todos tropeçando um no outro, e o trenó passou por cima da gente. Eu, por mim, já ficaria ali, dormiria ali mesmo, sem barraca, sem nada, eu estava exausto e nem iria sentir se morresse congelado. Mas tínhamos que seguir, não estávamos nem na metade do trajeto, segundo Javier, e eu já queria morrer. Quando conseguimos subir a pequena colina, depois do tombo que levamos, chegamos na parte da trilha que passava por dentro de um centro de treinamento de esqui, que não era aquele em que eles desciam as montanhas, e sim uma modalidade onde fazem meio que uma maratona de esqui, por pistas retas, com poucas subidas e descidas. Ali era a metade do caminho, tínhamos que atravessar toda a pista e subir montanha acima.

Assim que conseguimos atravessar a pista, a neve que já caía muito forte ficou ainda pior, sem contar o vento intenso, o que sentíamos

168

muito, já que estávamos em campo aberto, longe das árvores naquele trecho. A neve ali nos cobria até a cintura, e nem eu, nem o Javier conseguíamos mais andar e puxar o trenó. O Shurastey, eu não sabia onde estava, pois ele já andava por debaixo da neve. Como não conseguíamos mais ir pra frente e o vento e a neve estavam muito fortes, voltamos até próximo de onde caímos, e decidimos que iríamos montar a barraca por ali, onde havia certo refúgio contra o vento. Começamos então a abrir um caminho com a pá de neve até o local onde iríamos montar a barraca, e assim que chegamos no ponto desejado, começamos a retirar a neve, como se estivéssemos cavando uma cova. Até chegar em solo, tiramos mais de 50 centímetros de neve daquele lugar. Ficamos quase uma hora para limpar a área e conseguir abrir espaço suficiente para armar a barraca.

Enquanto eu montava a nossa tenda, Shurastey corria pela trilha que nós havíamos aberto e Javier preparava o risoto para comermos e colocou a cerveja para gelar, ou seja, a enterrou na neve. Aquela experiência, aquele momento todo, aquela loucura e cansaço eram algo que eu estava precisando, uma experiência que eu precisava viver. Conhecer a neve, chegar a Ushuaia e viver todas as experiências foi incrível, mas ser louco o suficiente para sair e acampar com uma temperatura que batia os -15°C na última vez que olhei antes dormir, com certeza, era algo ainda mais único do que todo o resto. Assim que a barraca ficou pronta, estendi o isolante, a coberta e tudo o que tínhamos para nos proteger do frio.

Com o risoto pronto e a cerveja gelada, entramos na barraca para o jantar. Estávamos parados havia quase duas horas, o que fez a nossa temperatura corporal baixar muito. Quando estávamos puxando o trenó não sentíamos frio, já que fazíamos muito esforço físico, mas ali, parados, somente montando a barraca e cozinhando, nossa temperatura baixou rapidamente. Pouco antes de pararmos para comer, eu sugeri a Javier que saíssemos correndo para nos esquentar, e foi o que eu fiz: corri pela neve até o final da pista e voltei, depois foi o Javier, e fizemos isso algumas vezes, o que nos manteve um pouco mais aquecidos.

minha jornada com Shurastey

Terminamos de comer, fechamos a barraca, nos enfiamos cada um dentro do seu saco de dormir, o meu estava com mais uma manta por dentro, e nos preparamos para passar a noite mais fria da viagem até então. Shurastey como sempre me salvava, eu o coloquei praticamente dentro do saco de dormir, pois apesar dele estar um pouco molhado pela neve, ele estava muito quentinho e me ajudou naquela madrugada.

Acordei algumas vezes durante a madrugada, e numa dessas eu vi a temperatura de -15°C. Eu não queria nem imaginar a sensação térmica se marcavam 15 graus negativos. Fazia muito frio mesmo. Assim que amanheceu e estava um pouco mais quente, a vontade de levantar era igual a zero, ou menos que isso. Mas Shurastey já não parava mais quieto, provavelmente queria sair para mijar. Eram quase 9h e o sol não havia nascido por completo. Então levantei primeiro para soltar o Shurastey e me alongar depois da melhor noite mal dormida da minha vida. Foi muito frio, pra mais de metro, mas acordar e sentir que estava vivo para contar essa experiência valeu cada gota de suor congelado que caiu do meu rosto.

O dia começava a raiar e esquiadores já treinavam nas pistas, onde uma máquina removia o excesso de neve que havia sobre elas. E o que o Shurastey aprontava? Foi correr junto com pessoal dos esquis. O problema de tudo isso é que nós estávamos dentro de uma propriedade particular e não deu outra: em menos de 5 minutos o dono ou gerente chegou com seu esqui e mandou que saíssemos dali o quanto antes, pois, se ele desse mais uma volta e nós ainda estivéssemos por ali, ele iria chamar a polícia. Falou desse jeito mesmo, porém em espanhol, é claro. Javier, que já havia se levantado, pediu desculpas e logo em seguida começamos a desmontar nosso acampamento.

Assim que terminamos de guardar as coisas, decidimos levar tudo nas costas preso nas mochilas, e meu Deus do céu, como foi mais fácil fazer essa trilha desse jeito. A trilha que demoramos duas horas pra percorrer, fizemos em 20 minutos com as coisas nas costas. O trenó levamos sozinho, sem nada de carga. E bem, o caminho já estava traçado, então facilitou um pouco também, mas o fato de não estar puxando um trenó pesadão já ajudava muito.

170

Chegamos por fim na estrada, o Javier ficou me esperando no início da trilha enquanto eu ia buscar o fusca, que estava estacionado bem em frente à entrada da pista de esqui, onde ficava o restaurante e a sala para os equipamentos. Como ele era conhecido do pessoal, não queria que o vissem por ali para não dar problemas. Fui então sozinho, e como eu havia imaginado, o fusca não saía do lugar. O motor ligou, esperei esquentar e estava tudo certo, porém o carro estava preso em meio à neve que havia caído, e conforme eu acelerava, o fusca, que tem tração traseira, derrapava e não saía do lugar. Comecei então a remover toda a neve ao redor, e peguei o cabo da pá e o coloquei encostado no pneu para poder tracionar e ao menos sair daquele buraco que eu havia feito com a roda. Por sorte, deu certo, as horas que eu passava vendo *Rutas Mortais* no Discovery Channel serviram para algo. Conseguimos sair daquele sufoco, então só faltava buscar o Javier e voltarmos para casa.

Óbvio que foi complicado, que passamos frio e foi muito difícil, mas toda a experiência foi única, a coragem, a loucura de fazer aquilo, tudo foi demais. Eu poderia dizer que acampei em Ushuaia no inverno, porque não bastava chegar a Ushuaia de fusca no inverno, eu tinha que fazer umas loucuras a mais. Mas depois de tudo o que vivenciamos, eu só queria um banho quente, deitar no meu colchão e dormir de verdade.

Brasileiros e mais brasileiros

Um dia inteiro se recuperando dentro de casa sem sair pra nada, assim passamos eu e o Shurastey; no máximo, apenas o soltei no pátio. Estava me preparando para as próximas aventuras. No dia seguinte, encontrei com um brasileiro que também era de Balneário Camboriú e também percorria a Patagônia, porém ele viajava sempre de carona. Nós já havíamos conversado algumas vezes por mensagens e combinamos de nos encontrar para subir o glaciar Martial juntos. Nesse mesmo dia, apareceu também uma mochileira argentina que seguia a nossa página e quis subir o glaciar conosco. Com os dois dentro do fusca, Shurastey estava mais do que espremido no banco de trás.

Começamos a subida, encarando os ventos fortes. No decorrer do caminho, já notava o desconforto deles, principalmente pela inadequação das vestimentas. Guilherme, que estava apenas com uma bota e sem luvas, disse que estava com as mãos congeladas, e Giulia, a argentina, também estava meio desprotegida. Eu, já experiente, estava com mais roupa do que o normal, frio era algo que eu não iria passar. Eles pararam pelo meio do caminho, e eu e Shurastey continuamos a subir, até o objetivo. Faltavam menos de 30 metros até onde eu tinha estipulado subir, e eles resolveram descer, pois já estavam ficando congelados.

Por fim, eu e Shurastey conseguimos chegar ao topo, e lá em cima parecia uma tormenta sem-fim, o vento vinha de todas as direções. Tivemos até que nos abrigar atrás de uma rocha. Não havia nada de especial, a vista era quase zero por causa das nuvens e do mal tempo. Mas pelo menos dessa vez alcançamos o objetivo. Para descer, o bom é que nós já sabíamos a melhor forma, então peguei Shurastey no colo e desci escorregando o máximo que pude.

Foi um dia muito bacana, e pra fechar com chave de ouro, quando cheguei na casa do Javier havia uma mensagem no Instagram do produtor do programa Encontro. Exatamente, o programa da Fátima Bernardes. Ele queria que a gente fosse lá para contar um pouco da nossa história. Mas obviamente eu não iria sair de Ushuaia naquele momento só pra ir a um programa de televisão no Brasil. Respondi que, quando eu voltasse, entraria em contato para ver se eles ainda tinham interesse.[2]

Para melhorar ainda mais, rolou um hambúrguer artesanal feito pelo uruguaio Alvaro, do blog Olla Itinerante. Foi ele quem me passou o contato do Andreas, em Río Grande, para que eu pudesse pegar as

---

2 **Nota do Editor** – Sim, eles ainda teriam interesse. No dia 1º de setembro de 2017, pouco depois de sua volta, Jesse, acompanhado do Shurastey, é claro, participou do programa Encontro, na TV Globo, sendo entrevistado por Fátima Bernardes. Com uma grande audiência em rede nacional, o programa turbinou ainda mais o número de seguidores de Jesse e Shurastey.

Terra do Fogo

correntes para os pneus. Ele e sua esposa, que é brasileira, a Thay, costumam viajar em sua kombi azul vendendo brownies para financiar a viagem. Ele já foi chefe de cozinha, então entende das coisas. Foi uma noite muito bacana, cheia de histórias e de um hambúrguer artesanal simplesmente fantástico. Thay era a segunda brasileira que eu encontrava em Ushuaia, e naquela noite mesmo eu iria descobrir que ela não seria a última.

Depois que lanchamos e todos foram embora, eu vi uma mensagem no Instagram de um brasileiro, Leonis, que acompanhava a nossa viagem. Ele estava em Ushuaia e combinamos de andar de snowboard em um dia e no outro ir de snowmobile. O snowboard já estava nos meus planos, eu já havia andado de snow numa pista em Gramado, então eu tinha um pouco de experiência, e como eu estava no fim do mundo, onde havia muita neve e pista grátis, eu só precisava do equipamento. No outro dia fui até uma loja e aluguei todo o equipamento, todo não, né, somente a bota e a prancha. Eles queriam que eu alugasse tudo, luva, calça, toca. Então eu disse que só tinha 400 pesos e, se fizessem tudo isso por 400 pesos, eu levaria. Para ter uma ideia, só o aluguel do equipamento era mais de 500 pesos, e eu já estava chorando desconto quando o cara começou a me oferecer um monte de coisas. Por fim, além de não me convencerem a levar tudo, ainda tiveram que baixar o preço e fechar em 400 pesos o aluguel.

Leonis se encontrou comigo, ajeitamos tudo dentro do fusca e subimos mais uma vez a estrada que leva ao glaciar Martial, dessa vez, porém, o caminho estava mais tranquilo, sem muita neve nem gelo. Depois, foi a vez de subir aquele morro. A pista estava ali meio que abandonada pela prefeitura, o teleférico que levava até a parte de cima estava desativado, então todo mundo que quisesse descer de snow tinha que subir a pé. E lá fomos nós, com aquelas botas superpesadas e nada flexíveis, carregando as pranchas. Demoramos muito até chegar ao topo, mas o pior, ou o melhor, ainda estava por vir.

Eu já tinha uma certa prática e sabia andar de boa, sabia os macetes, não que eu não tivesse caído, mas eu conseguia andar ao menos 10 me-

173

minha jornada com Shurastey

tros sem cair; em contrapartida, o Leonis não conseguia nem ao menos ficar em pé na prancha. Cada vez que ele começava a deslizar era um tombo diferente, e eu rachando o bico. Tentei ensinar, dar umas aulas, mas não adiantou muito. Eu fui descendo e o Leonis, caindo.

Foi uma experiência muito legal, pois a pista era bem grande, então dava para descer e ir treinando como frear. Quando andei em Gramado, era uma pista pequena, *indoor*, dentro de um galpão, mas ali em Ushuaia a pista era enorme, e nem era das melhores, mas a experiência era incrível. Caí algumas vezes enquanto eu estava filmando com o celular, mas numa das minhas descidas eu consegui percorrer a pista inteira sem cair, exceto quando cheguei lá embaixo, e na filmagem apareço dizendo: "Uhuuu, desci a pista inteira sem cair... Ploooft", o celular saiu voando, e quase que eu o perco enterrado na neve. Enquanto eu já havia descido algumas vezes, o Leonis continuava a cair, acho que por fim ele desistiu e só foi até a base. Eu já estava cansado também e resolvemos ir embora.

No dia seguinte, fomos andar de snowmobile, dessa vez cortesia do nosso seguidor, pois era muito caro e eu não sentia tanta vontade de fazer, mas, sendo um convite, óbvio que aceitei. São espécies de motos de neve e até que foi bacana, porém havia um guia que ia na frente e não deixava a gente acelerar. Era um circuito fechado, cheio de regrinhas. Achei legal a experiência, mas, se eu tivesse pago para andar daquele jeito, teria me arrependido, principalmente pelo circuito ser muito curto, durou menos de 40 minutos. Perguntei ao Leonis se já havia ido na laguna Esmeralda, ele respondeu que sim, e então mencionei a cachoeira do Véu da Noiva, e essa ele não conhecia.

Então aí comecei o meu curso para ser guia em Ushuaia, e fomos percorrer a trilha da cachoeira. Nesses dois dias em que andamos de snowboard e snowmobile, deixei o Shurastey na casa do Javier, pois ele poderia se machucar enquanto eu andava de snow, e no snowmobile ele não podia ir, obviamente. Fizemos a trilha tranquilamente e, quando chegamos no Véu da Noiva, a cachoeira não existia mais, estava totalmente congelada, pouquíssima água descia por ela, e os pilares de estalactites estavam ainda maiores. Decidimos então aprontar e quebrar aquelas colunas de gelo. Comecei tacando pedras até que uma grande coluna se quebrou, coisa bem de criança, mas foi legal.

Só pelo fato de falar português nesses últimos dias, já estava sendo show de bola, primeiro com o Guilherme, depois a Thay e naquele momento com o Leonis, um pessoal gente boa demais e que me fez não esquecer como é a língua portuguesa. E os brasileiros em Ushuaia estavam longe de acabar. Assim que terminamos a trilha, cheguei em casa e recebi mais uma mensagem pelo Instagram, agora de uma menina lá do Pará, que estava chegando a Ushuaia com os pais no dia seguinte e queria muito conhecer o Shurastey. Foi aí que tive uma noção do tamanho da minha página, que naquele momento estava com 6 mil seguidores de todo o Brasil. Combinamos de nos encontrar na placa principal de Ushuaia por volta das 13h. Foi uma sucessão incrível de brasileiros, um atrás do outro, e agora seria com um pessoal lá do Pará ainda por cima. Era algo inacreditável.

Nesse mesmo dia, outra coisa surpreendente começaria a acontecer. Eu estava navegando pela internet na casa do Javier, quando vi a foto de uma barraca automotiva em cima de um fusca. Já tinha visto essas barracas e sabia o quão caras eram, e imaginava que elas só poderiam ser instaladas em caminhonetes e carros novos, mas quando vi em cima de um fusca, me entusiasmei e resolvi compartilhar na minha página do Facebook. Brinquei usando aquela famosa frase "Me patrocina. Nunca te pedi nada, Bluecamping", citando a empresa que vendia a barraca. Era uma brincadeira, e eu já havia feito outras similares antes da viagem no meu perfil pessoal, pedindo patrocínio pra Adidas, pra moto, até pra cerveja, enfim, pra diversas coisas, e obviamente isso nunca acontecia, pois era apenas um perfil pessoal zoando uma marca que tinha milhões de seguidores em suas redes sociais, e devia haver muita gente pedindo a mesma coisa o tempo todo. Sem contar que, para uma empresa dessas patrocinar, eles têm que ganhar uma grande visibilidade.

Porém, com a Bluecamping foi diferente, já que eu havia compartilhado na minha página, onde já tinha um grupo de seguidores muito forte que nos acompanhava e, nessa brincadeira, esse pessoal levou a sério e começou a comentar, a marcar e a mandar mensagens para a Bluecamping pedindo a eles que nos dessem a barraca. Foram muitos pedidos, muitos comentários, que, já tarde da noite, eu não dava conta de responder e agradecer todo mundo.

Quando acordei no dia seguinte, recebi a mensagem do Nathan da Bluecamping perguntando como eles poderiam nos ajudar. Eu nunca acreditei que isso iria acontecer, e tão rapidamente, em menos de um dia eles já haviam entrado em contato. Fiquei bastante surpreso com a mensagem deles e já comecei a imaginar mil coisas. Nas conversas com o Nathan, acabamos acordando que eles nos dariam 50% de desconto na compra da barraca, porém ainda faltava muita grana para bancar os outros 50%, algo em torno de 2.500 reais na época, um dinheiro que eu não tinha no momento, e certamente não teria quando chegasse no Brasil.

Fiz outro post avisando os meus seguidores que havíamos conseguido um baita desconto graças aos comentários deles, mas que ainda faltavam os outros 50%. Algumas pessoas ficaram bravas com a Bluecamping, outras várias me mandaram mensagens dizendo para eu criar uma vaquinha on-line, para que o pessoal ajudasse. Não era o que eu queria, receber dinheiro daquela forma; mais uma vez eu dizia para comprarem os adesivos, que assim iriam nos ajudar muito.

Deixei as redes sociais de lado e fui me encontrar com os brasileiros vindos do Pará, Kelem, que entrou em contato comigo, sua mãe, Elielma, e o pai, Geraldo. Eu ainda estava surpreso por pessoas que moravam em pontos mais distantes, como o Norte do Brasil, nos seguirem e ainda quererem nos encontrar em pleno fim do mundo. Marcamos na placa de boas-vindas de Ushuaia, onde eu os aguardava sob o sol que minimizava aquele frio de rachar. Após as apresentações iniciais, a menina, empolgada, já estava brincando com o Shurastey, enquanto eu conversava com o pai dela dando dicas de passeios e de onde ir sem gastar muito e sem precisar de guias.

Eles já tinham alguns passeios agendados, mas não a laguna Esmeralda, para aonde me ofereci a levá-los, dentro do fusca se não se importassem (eles estavam sem carro, chegaram a Ushuaia de avião), e ainda ser guia pela trilha. Eles toparam e combinamos então de nos encontrarmos na sexta-feira. Eu só queria saber como é que iriam caber todos ali dentro, já que era três pessoas mais o Shurastey. E como eu me sairia novamente como guia, agora de uma família.

Logo que cheguei em casa, Javier me disse que conseguiu uma entrevista numa rádio local e que seria muito legal se eu quisesse ir lá para contar um pouco da minha história. Nos aprontamos e fomos até a rádio por volta das 21h. Fiz uma participação e respondi tudo no meu espanhol meio torto e atravessado, mas respondi. O bate-papo foi bem bacana, um pessoal animado e bebendo cerveja. Tentei fazer uma transmissão ao vivo pelo Facebook, que acabou não dando muito certo, deu erro na câmera, que ficou fora de ângulo. Mas enfim, era uma entrevista de rádio, então escutar a minha voz e a dos locutores já estava ótimo. Eu não tinha experiência com essas transmissões e fiz o que pude.

Ao término da entrevista, eu e Javier entramos no fusca e fomos até um bar irlandês beber algumas cervejas. Fazia tempo que eu não bebia ou saía para um bar, desde que eu estava em Balneário. Era um lugar bem bacana, mas ficamos pouco tempo, pois Javier tinha que trabalhar no outro dia e já passava da meia-noite. Eu fiquei com gostinho de quero mais, decidido a voltar lá antes de ir embora, para encher a cara e dar umas risadas bêbado. Naquele pouco tempo que ficamos ali, vi e ouvi um monte de brasileiros, por todos os lados. Eu não tinha visto tantos reunidos assim desde que saí do Brasil. Aquele bar provavelmente era o point da galera brasileira que estava em Ushuaia (mas não somente, havia pessoas de todas as partes, deu pra ouvir conversas em inglês também).

Na sexta-feira, conforme combinamos, busquei a família do Pará para nos aventurarmos pela trilha da laguna Esmeralda. Ao nos encontrarmos, começou a função para entrar todos dentro do fusca, mas com jeitinho coube todo mundo, incluindo as mochilas e mais o Shurastey, que foi meio espremido com o pessoal no banco atrás. Mais uma vez fomos parados pela polícia argentina na saída de Ushuaia, era regra, eles paravam todos os carros que saíam da cidade. Mas os policiais já meio que me conheciam e, como não estava nevando e a pista estava limpa de gelo e neve, não perguntaram nada.

Começamos a trilha pouco antes do meio-dia, e como eles não tinham muita prática em caminhadas na neve, ou mesmo em trilhas normais, fomos a passos lentos, mesmo porque eles queriam tirar fotos de todos os lugares, tudo era novo, se pareciam comigo na primeira vez que fui. Dona Elielma sempre usava a desculpa de que ali seria uma foto boa para poder descansar um pouco; seu Geraldo, por sua vez, sempre tentava apressar o passo para não chegarmos de noite, ao retornar para o fusca, e Kelem ia brincando com o Shurastey e me jogando bolinhas de neve, o que eu sempre revidava.

Chegamos a uma parte da trilha onde eu tinha apenas seguido as meninas e não prestara muito a atenção, porém indicações nas árvores mostravam o caminho. Eu, no entanto, passei reto, pois lembrava que era por ali que eu seguia elas. Como o Geraldo estava esperto, viu a marcação e me chamou a atenção. "Não é por aqui?", questionou. Retruquei dizendo que eu tinha ido por ali e que iríamos sair na trilha logo mais à frente, mas acabamos por seguir as marcações nas árvores e deu certo.

Mais de três horas de trilha e estávamos quase chegando. Faltava a pior parte, onde havia um banhado e a camada de gelo estava bem fina. Quem pisasse no lugar errado enfiaria o pé na lama. Eu não precisei alugar botas nem calças, a bota eu já tinha e como não fazia muito frio, fui de jeans; eles, para aquela trilha, alugaram tudo, botas, luvas, jaquetas e calças. É um gasto extra, mas, se estivesse fazendo muito frio e nevando, seria muito necessário. Eu, quando ia fazer esses passeios, vestia uma calça de chuva de motoqueiro que eu tinha trazido. Não a levei pensando nessa possibilidade, mas serviu direitinho para essa finalidade.

Por fim, chegamos na laguna, que mais uma vez seguia congelada e dessa vez parecia ainda mais coberta de gelo. O clima oscilava entre nuvens e sol, e vez por outra dava para enxergar o céu azul, o que tornava a laguna ainda mais bonita. Após uma sessão de fotos com o pessoal do Brasil, sentamos no refúgio para conversar, lanchar e descansar.

Dava para perceber o cansaço deles. A trilha para mim era fácil, estava acostumado a fazer esse tipo de coisa, mas para eles que não estavam habituados, andar 5 quilômetros numa trilha com neve, subidas e descidas era algo novo e cansativo, mas acredito que foi muito proveitoso e único na vida deles.

Comentei sobre a cachoeira do Véu da Noiva, mas esta eles não conseguiriam fazer o retorno rápido o suficiente, sem falar no pique para percorrer a trilha. Começamos a nos preparar para voltar, e eu me despedi da laguna Esmeralda, pois não voltaria mais pra lá naquele inverno. Me propus como futuro objetivo retornar no verão e mergulhar nas águas, ainda que frias, daquela laguna.

Na volta, todos já meio cansados, menos o Shurastey que corria pra lá e pra cá, novamente derrubando o pessoal; a Kelem, o Geraldo e a Elielma, todos caíram com o Shurastey, e não só por causa dele, pois, na volta, a maior parte era descida e com as pernas fracas, o tombo era certo. Conforme eles iam caindo, eu ia dando risada, até que o Shurastey, sem que eu percebesse, passou correndo por trás e me derrubou também. Foi um passeio muito divertido. Me reunir com brasileiros nesses últimos dias foi muito bacana, bom também pra parar de enrolar a língua tentando falar espanhol. Além de tudo, eles nos ajudaram: Geraldo completou o tanque do fusca; na noite seguinte, prepararam uma pizza na casa onde estavam hospedados e nos convidaram; por fim, compraram alguns adesivos, em moeda brasileira, o que depois eu fiz o câmbio. E assim, de certo modo, encerrava nossa cota de brasileiros em Ushuaia. E para eles, eu disse que um dia iria de fusca até o Pará, e eles seriam os guias para mim e para o Shurastey naquelas terras longínquas.

A melhor despedida

Javier nos acolheu na sua casa em Ushuaia por 20 dias, foi uma das pessoas mais incríveis que eu conheci em toda minha jornada, sempre de alto astral, sonhando com a sua viagem na kombi. De todas as pes-

minha jornada com Shurastey

soas que eu havia conhecido até então, ele era quem eu mais queria ver viajando. Era nítida no seu rosto a expressão de felicidade cada vez que ele tocava no assunto. Quando ele entrava dentro do fusca para sairmos pela cidade, ele dizia *"Vamooo, escarabajonautaaa"* e eu espero que em breve eu possa dizer a ele *"Vamooo, kombinauta*, rumo ao Alasca". Combinamos que, se eu chegasse primeiro ao Alasca, eu deixaria algo enterrado e escondido para ele buscar, e depois ele iria deixar algo para outro viajante, e assim iríamos criar uma rede de viajantes que trocariam presentes somente quando chegassem ao Alasca.

Aquele domingo seria o meu último dia na sua casa. Na segunda pela manhã eu iria embora de Ushuaia, me despediria da mais incrível cidade que eu já havia conhecido. Resolvemos, como despedida, fazer um encontro de kombis e fuscas, ainda que eu fosse o único fusca do encontro e que não haveria muitas kombis, mas seria algo para tentar reunir quem por ali estivesse e compartilhar experiências.

Ajeitamos tudo ainda no sábado e no domingo fomos até a praça onde Javier já havia feito um encontro de *air colled* antes. Confirmaram presença cerca de dez pessoas, ou seja, dez kombis diferentes mais o meu fusca. Javier, que além de trabalhar no governo também fazia churrasqueiras com tonéis (o que na Argentina é chamado de *chulengo*), preparou uma para o evento, e nós a colocamos em cima do fusca, sem rack, apenas com uma manta em cima para não escorregar e não estragar a pintura, que já não estava muito boa. Passamos cordas por dentro das janelas e por cima do *chulengo* e assim prendemos tudo.

Quando eu imaginava que dentro do fusca nada mais poderia me surpreender, entraram Javier, Martina, Ambar e Shurastey, mais todas as coisas que iríamos usar para preparar a carne assada na praça. Não sobrava espaço para um único alfinete, e nós, que já atraíamos todos os olhares em Ushuaia por rodarmos com um fusca, agora então, com todo aquele povo ali dentro mais uma churrasqueira presa sobre o capô, era tudo o que precisávamos para chamar ainda mais a atenção.

Ao chegarmos com certo atraso, já havia alguns *kombinautas* nos esperando, os organizadores do evento. Outros estavam vindo, e cada

180

um levava alguma coisa para contribuir, uns com carne, outros com refrigerante, pão e assim fazíamos o nosso encontro. Foi uma tarde cheia de risadas, conversas e histórias muito doidas, todos meio impressionados com o fusca, mas as Kombis que ali estavam não ficavam atrás, cada uma tinha o seu charme, e todos os seus donos tinham histórias legais. Um deles era o Christian Alfaro, que viajava de kombi com sua família, e conversando com ele eu contei meus planos de ir a Punta Arenas, no Chile, e que não conhecia ninguém por lá, e ele prontamente me passou o contato de um cara que morava lá, o Patto, a quem logo eu escreveria. Como as coisas eram incríveis, eu provavelmente não conseguiria o contato desse chileno se não tivesse a ideia de fazer o encontro de VW em Ushuaia!

Até Shurastey se divertiu bastante, brincando com Ambar na lama; havia nevado muito antes, e naquele momento sem neve, o local, que tinha muita terra e pedras, virou um barral. Os cachorros já não estavam mais dourados, pareciam labradores marrons. Terminamos de comer, compartilhamos muitas histórias e risadas, e, por fim, o pessoal começou a ir embora, até que restaram apenas duas kombis, e todo mundo que ainda estava ali foi para dentro de uma delas, que contava com ar quente. Sentados nas três fileiras de assentos, ficamos por mais algumas horas, eu passava boa parte do tempo ouvindo eles conversarem, lembrando que aquele era o meu último dia na cidade e que no dia seguinte eu iria embora e deixaria aquele lugar que tanto me fascinou.

A minha partida para novas experiências, entretanto, seria adiada em um dia, pois naquela noite aconteceria uma das coisas mais malucas da viagem. Quando chegamos em casa, Javier me ajudou a descer o *chulengo* do capô e foi dormir, eu tomei um banho e decidi voltar no bar irlandês, tomar uma cervejada antes de ir embora. Fui sozinho mesmo, estacionei o fusca numa vaga fácil de sair, pois naquela noite eu iria beber.

Entrei no bar, que estava bem cheio, peguei uma cerveja e fiquei encostado por ali, esperando vagar uma mesa ou algum lugar para sentar. Uma, duas, três cervejas e, quando eu pegava a quarta, uma moça

minha jornada com Shurastey

esbarrou em mim e derrubou toda minha cerveja. Fiquei chateado, pois eu não tinha tomado nem um único gole daquele quarto copo, que se quebrou por inteiro ao cair no chão. A jovem que o derrubou ficou sem saber o que dizer, mesmo porque ela não falava uma só palavra em português ou espanhol, já que, logo saberia, ela era da Nova Zelândia. De imediato, entendi que ela queria me pagar outra cerveja, mas não compreendi o que ela dizia, eu apenas sorria chacoalhando a cabeça com o sinal de negativo. A estrangeira então me puxou pelo braço e me levou até a mesa onde estava com uma amiga, que pra minha surpresa era brasileira, chamada Bruna.

Bonita, olhos verdes, um rosto angelical incrível, Bruna tinha seus 25 anos e estava fazendo intercâmbio na Nova Zelândia, veio com a Chloe para Ushuaia porque a amiga insistiu e pagou tudo. Ela era sem dúvida a mulher mais bonita que eu havia visto desde que saí do Brasil e com certeza tinha que ser brasileira.

A partir dali, a noite foi mais do que divertida na companhia das duas. Chloe falava em inglês e a Bruna traduzia para mim, eu falava em português e a Bruna traduzia para Chloe, e assim ficamos conversando. Contei minhas histórias, o que eu estava fazendo em Ushuaia, como eu tinha ido parar lá, e elas não acreditavam em nada do que eu dizia. Tive que mostrar pelo celular as fotos do Shurastey, do fusca e de toda a viagem para elas verem que eu não estava inventando histórias. Depois de tudo isso, a Bruna já estava cansada de ser tradutora e sugeriu tomarmos uma tequila, e eu prontamente aceitei. Aquele era o dia da bebedeira, e provavelmente eu voltaria para a casa do Javier, se voltasse, a pé.

O garçom trouxe a primeira dose, a segunda, a terceira, tão rapidamente que quando me dei conta nada mais fazia sentido e nós já estávamos na sexta. Chloe não bebia tequila, se mantinha na cerveja, já eu e Bruna estávamos enchendo a cara, rindo e conversando, enquanto a Chloe ficava boiando. Ela estava ali, conhecendo Ushuaia com a amiga, que morava na Nova Zelândia, por causa do fim de um relacionamento, ou seja, ainda estava chorando as mágoas pelo término do casamento. Olha como são as coisas, no Brasil acaba o

182

Terra do Fogo

casamento o povo vai pro bar da esquina; na Nova Zelândia; eles vem para Ushuaia encher a cara...

Àquela altura da noite, umas 4h da manhã, eu e Bruna já estávamos trocando olhares, mesmo porque não conseguíamos olhar para um único ponto fixo de tão tontos que estávamos. A Chloe, que por sua vez não estava tão bêbada, resolveu voltar para o hotel sozinha, já que sua amiga queria continuar por ali bebendo mais. Foi só a neozelandesa virar as costas que eu e Bruna já estávamos nos beijando. Pra finalizar, pedimos mais uma dose de tequila acompanhada de um *fernet* argentino, que ela nunca tinha bebido.

Saímos do bar trançando as pernas, um se segurando no outro, e felizmente estacionei o fusca num lugar fácil de sair. Dirigir um fusca por Ushuaia em pleno inverno com ruas congeladas já era difícil, mas eu gostava de arriscar, e também arrisquei dirigindo bêbado. Algo não aconselhável, admito. Entramos no fusca e fomos pela costaneira, até próximo ao portal de Ushuaia, e depois seguimos por uma estrada secundária. Ainda bem que o Dodongo não fala, pois paramos no final dessa estrada, que eu já havia visitado alguns dias antes e sabia que não passaria ninguém por ali. Aquele final de noite estava congelante, mas dentro do fusca, apesar de não ter calefação, não deu para percebermos o frio que fazia lá fora.

Foi uma das noites mais loucas da minha vida. Isso porque, pouco antes de irmos embora, já deitados, meio que atravessados no banco traseiro, apenas com uma manta nos cobrindo, eis que vi uma luz vindo em nossa direção. Pra piorar era do carro da polícia. Quando vi o giroflex fiquei paralisado, minha reação foi de entrar debaixo das cobertas e mandar a Bruna fazer o mesmo, ficar em silêncio e torcer para que não pedissem que nós descêssemos do fusca. Embora fossem umas 7h da manhã, ainda estava escuro. A polícia veio e estacionou na nossa frente, com os faróis apontados em nossa direção. Dois policiais desceram e deram uma volta ao redor do nosso carro. Eu estava com plena certeza de que a notícia que iria viralizar não era a respeito da minha viagem e sim "Brasileiros são presos em Ushuaia por estarem nus dentro de fusca".

minha jornada com Shurastey

Eu e Bruna estávamos com tanto medo que mal respirávamos. Sussurrei a ela para ficarmos bem quietos, pois eles iriam achar que eu estava viajando e que talvez tivesse escolhido aquele lugar para poder dormir; por fim, os policiais voltaram para a viatura, fizeram a volta bem devagar e foram embora. Assim que a luz do giroflex sumiu de nossas vistas, rachamos de tanto rir.

Foi a noite mais louca, tensa e engraçada da minha vida. Era para fechar com chave de ouro os últimos momentos em Ushuaia. Por sorte, não fechou com chave de cadeia. Deixei a Bruna no seu hotel e me despedi, sem ao menos trocarmos números de telefone ou qualquer tipo de contato. Além de estarmos meio bêbados ainda, isso que já eram quase 9h da manhã, estávamos em estado de choque e de risos por causa da polícia. Então tanto eu quanto ela não nos lembramos de trocar números ou nos seguir no Instagram ou Facebook. Voltei para a casa do Javier, porém, depois daquela noite, eu teria que adiar minha partida e esticar a estadia por mais um dia.

Até mais, Ushuaia

Um dia inteiro para colocar tudo para dentro do fusca novamente, organizar e ajustar as coisas, aproveitar para lavar toda a roupa e botá-la para secar em frente ao ar quente. E na segunda-feira à noite, agora sim, me despedi do Javier, agradecendo-o imensamente por tudo o que ele, ao nos hospedar, me proporcionou fazer. Por acolher tão bem a mim e ao Shurastey, que deitava ao lado de Ambar, como se soubesse que aquele seria o último momento deles lado a lado. Depois que Shurastey conseguiu vencer a rejeição de Ambar, os dois passaram bons momentos juntos, ficaram muito mais do que amigos, e felizmente que Shurastey não pode ter filhos e que Ambar não estava no cio, senão eu teria que pagar pensão aos filhotinhos do Shurastey.

Jantamos, conversamos sobre os planos futuros, sobre a barraca e como eu iria pagar os outros 50%. Contei ao Javier que muitos segui-

184

dores nos sugeriram a fazer a vaquinha, mas que eu não estava muito à vontade com a ideia. Mas o argentino me abriu a cabeça e eu entendi que, se as pessoas que acompanhavam a nossa viagem queriam nos ajudar, eu não podia negar essa ajuda. Naquele dia então resolvi criar a vaquinha, explicar qual era o propósito e deixar o link na descrição do perfil, sem muito alarde. Já nas primeiras horas, tínhamos mais de 500 reais em doações, o que me deixou simplesmente paralisado com o tamanho do amor desse povo por nós. Sem nem nos conhecer, somente acompanhando pelo Insta e Face, eles estavam tão conectados com a gente que nos presenteavam com doações para podermos dormir melhor nas nossas próximas aventuras.

Na manhã de terça-feira, a única tarefa a fazer era esquentar o fusca para que pudéssemos seguir nosso destino. Me despedi do Javier com um abraço e um até logo, pois quero muito vê-lo na estrada com sua kombi e com a Ambar, já que ele também irá viajar com sua cachorra. Eu e Shurastey, por fim, entramos no fusca e partimos.

A cada metro que nos distanciávamos da casa do Javier, a saudade ia aumentando. Quando chegamos ao portal, foi que me dei conta de que realmente estava deixando aquele lugar. Uma emoção incrível batia. Eu estava feliz e triste ao mesmo tempo, feliz por ter conseguido chegar, mas triste por deixar aquela cidade que nos acolheu e foi tão perfeita para nós. Tudo foi mágico, todas as pessoas, tudo o que fizemos marcou e muito a minha primeira vez em Ushuaia. Por alguns breves minutos, fiquei apenas olhando para a entrada da cidade, desejando voltar. E da mesma forma que cheguei em Ushuaia comemorando e gritando, eu me despedia. Dei um berro ainda mais alto do que o da primeira vez e assim me libertei e consegui seguir em frente.

Nesse momento, eu já nem lembrava mais das pessoas que duvidaram da minha jornada. Eu me sentia completamente realizado. Tinha a plena certeza de que tudo daria certo, de que nada poderia me parar. Independentemente dos problemas, eu e Shurastey iríamos conseguir voltar ao Brasil, pegar nossa barraca e continuar a nossa viagem.

Seguimos para o *paso* Garibaldi e, no caminho, agora sem neve e sem nuvens, deu para perceber a real beleza daquele lugar, as grandes montanhas cobertas de neve, os grandes lagos. A estrada era incrível e a cada curva eu admirava uma paisagem diferente. A viagem que na ida levou mais de sete horas, na volta durou pouco mais de duas horas. Quando vi, já havíamos chegado em Río Grande. Retornamos à casa de Oscar, onde passaríamos a noite e, no dia seguinte, seguiríamos rumo a Punta Arenas, no Chile.

Oscar nos recebeu novamente na sua casa, sempre com muita simpatia e dedicação. Uma pena Río Grande não ter muito o que fazer, pois eu poderia facilmente passar dias ali, só pela hospitalidade do Oscar. Esse foi o nosso último dia completo na Terra do Fogo, pois no dia seguinte pela manhã iríamos sair da ilha rumo ao continente. Tudo o que vivemos naquela pedaço de terra foi simplesmente incrível, os piores trechos de estrada e as melhores experiências da minha vida. Tudo concentrado em uma ilha de instigante nome Terra do Fogo.

PARTE 3
A JORNADA DO REGRESSO

CAPÍTULO 9

CHILE

La casa de la buena onda

Saímos da Argentina e entramos em solo chileno, dessa vez sem nenhum problema na fronteira. Não revistaram o carro nem fizeram muitas perguntas. Por sorte, durante a volta não estava nevando nem fazia tanto frio, havia apenas bastante barro na pista. Assim que atravessamos a fronteira, perguntei ao policial qual era o melhor percurso até a balsa, e ele me indicou outra estrada, onde o trajeto sem asfalto era bem menor, cerca de 30 quilômetros. Por onde nós viemos, o trecho sem asfalto, era de mais de 100 quilômetros. Depois de realmente sair do arquipélago da Terra do Fogo, atravessando novamente de balsa para o continente, tínhamos duas opções: à esquerda nos levaria a Río Gallegos, à direita, a Punta Arenas, a primeira cidade chilena do nosso roteiro. Río Gallegos foi de longe o pior lugar que passamos, e eu já estava mais do que decidido a não ir para lá novamente tão cedo. Sem pestanejar, viramos à direita.

O trecho sem asfalto era curto, mas mesmo assim perdemos muito tempo sobre ele, já que as condições da estrada eram horríveis. Quando chegamos na parte continental, já passava do meio-dia, não restava muito tempo para chegar em Punta Arenas antes do sol se pôr, e aí sim ficaria muito frio. Shurastey, como sempre, muito bem comportado dentro do fusca, frequentemente dormia de barriga pra cima, e eu por vezes cantando minhas músicas. Só lembrava que ele estava ali quando eu parava para esticar as pernas e ele descia junto.

Chegamos na hora do pôr do sol, muito bonito por sinal. Circular pela primeira cidade chilena foi mais um choque cultural. Estávamos havia quase 50 dias na Argentina e, quando entramos no centro de Punta Arenas, a primeira coisa que notei de diferente foram os carros: todos importados, carrões mesmo, grandes caminhonetes e carros esportivos aos montes. Quase não vi veículos populares naquela noite.

Outra grande surpresa foram os postos de gasolina de autoatendimento. Parei em um onde só havia uma pessoa para auxiliar e em caso de emergência. Você paga e você abastece o carro. Além disso, não dispunham de loja de conveniência, o que me deixou um pouco preocupado, pois eu precisava de wi-fi para conversar com Patto e passar minha localização, ou que ele enviasse a dele para que eu pudesse chegar na sua casa. O chip da Argentina que eu tinha no meu celular não funcionava ali. Resolvi olhar se havia alguma rede de wi-fi próxima e, para minha surpresa, tinha uma rede aberta. A cidade oferecia wi-fi.

Enviei diversas mensagens ao Patto, mas não davam como recebidas. Escurecia e esfriava muito e, apesar do frio que seria difícil de suportar, eu já começava a me preparar psicologicamente para dormir dentro do fusca depois de tanto tempo. Dentro do carro, liguei o fogareiro para poder esquentar um pouco.

Sentado no banco, quase dormindo, vi pelo retrovisor um homem vindo em direção ao fusca. Deduzi que fosse o Patto. Então desci e vi um cara parecido com o Jack Chan. Era ele mesmo, que tão logo chegou me cumprimentou e começou a conversar. Nesse momento, fui perceber que além da diferença das cidades e dos postos de gasolina, o modo como os chilenos falam é completamente diferente dos argentinos. Patto falava muito mais rápido e com algumas gírias que até hoje não sei o que significam. No final daquela conversa, entendi apenas que era para segui-lo até sua casa, e isso bastava.

minha jornada com Shurastey

Patto morava na periferia de Punta Arenas, e assim que chegamos vi uma kombi safári branca e um fusca azul. O fusca era do Patto, e a kombi, do Marcos, um brasileiro que estava viajando com a esposa e a filha. Entrei na casa e todos estavam esperando por nós, e como foi bom ver uma família brasileira viajando também! Como de costume, a primeira noite foi de contar as histórias e nos conhecer. Patto era casado e tinha três filhos, Julio, que era o mais novo e o mais terrível, Joaquin, um pouco maior e mais tranquilo, e Matilda, que tinha um quarto todo rosa. Patto estava montando sua kombi para viajar até a Califórnia, onde vivia, com sua ex-esposa, outro filho seu. Shurastey estava na garagem junto com a cadela da família, ou seja, em pouco tempo já estava namorando novamente. O safado já tinha se esquecido da Ambar.

Ficamos conversando a noite inteira e em determinado momento soltei que estava com problema num dos meus dentes, pois desde que havia quebrado em Ushuaia ele doía muito. Patto então disse que iria me levar ao dentista público pela manhã. Eu mal havia chegado e eles já estavam querendo me levar para o hospital. Bom, como eles disseram que não iria ter que pagar nada, aceitei. Estava doendo demais e eu já não conseguia comer direito.

Naquela noite, eu me acomodei e dormi na sala, num colchão de ar. Acordei cedo, pois tinha que ir ao dentista, embora a minha real vontade era de dormir até tarde, como eu fazia em Ushuaia. Mas eu realmente precisava tratar daquele dente ou iria acabar com uma infecção e sem conseguir mastigar.

Patto e Noe me levaram ao hospital, mas quando saímos de casa e percebi o frio que fazia, juro que eu suportaria a dor que sentia pra não encarar aquela friaca. Parecia mais frio do que em Ushuaia. Chegamos ao hospital, preenchemos uma ficha, por eu ser estrangeiro, e rapidamente fui atendido. A dentista constatou que precisava extrair o meu dente, pois estava fraturado em várias partes. Nesse momento tive um certo pavor, e a única coisa que perguntei foi: "Tem anestesia?". A doutora que me atendeu deu risada e disse que não, que no Chile eles arrancam dentes com martelos e alicates.

192

A JORNADA DA PARTIDA | Santa Catarina

Fuscas reunidos no posto de gasolina, antes de ir a Pomerode

Primeira noite no fusca, em Florianópolis

Shurastey em Garopaba

Atravessando a ponte de Laguna durante o nascer do sol

Subindo a Serra do Rio do Rastro

Acampando no meio da mata, Shurastey assustado pelo cavalo

Mirante no topo da Serra do Rio do Rastro

Preparando o primeiro miojo de muitos, no acostamento da Serra do Rio do Rastro

A JORNADA DA PARTIDA | Rio Grande do Sul

Shurastey num sono profundo

Entrando no RS a caminho do Itaimbezinho, fusca atravessando riacho na estrada esburacada

No Parque Estadual do Caracol

Em Pelotas, no museu da Baronesa

Praia do Laranjal, na Lagoa dos Patos, e camping de Pelotas, assando pinhão na fogueira

Em Porto Alegre, na frente dos estádios do Grêmio e do Inter

A JORNADA DOS DESAFIOS | Uruguai

Placa com adesivos na entrada do Uruguai

Punta del Este

Punta del Este, vendendo adesivos, em frente a La Mano

Cozinhando miojo dentro do fusca, em Punta del Este

Dormindo no fusca, em Montevidéu

Congresso Nacional, em Montevidéu

Com Alejandra e a filha Maya, e com o pessoal do Subway, em Montevidéu

Entardecer em Colônia do Sacramento

A JORNADA DOS DESAFIOS | Argentina, o início

Fusca com arames como secadora

Nascer do sol em Puerto Madryn

Dormindo no fusca

Leões marinhos em Mar del Plata

Parrillada com Guilhermo, em Bahia Blanca

Com Maria, em Las Grutas

Com Julio, em Puerto Madryn

Pinguins na saída de Puerto Madryn

A JORNADA DOS DESAFIOS | Patagônia

Numa estrada secundária, pela *Ruta* 3

Motor na oficina do Pepo, em Río Gallegos

Oficina do Pepo, Río Gallegos

Com Pepo, na sua oficina, após conserto do fusca, em Río Gallegos

Com Mauro em Comodoro Rivadavia

Paisagem na *Ruta* 3, parando só pela foto

Shurastey e o osso de baleia na península Valdés

Shurastey na oficina do Pepo, em Río Gallegos

A JORNADA DOS DESAFIOS | Terra do Fogo

Com Shurastey, bem preocupado, na estrada com gelo e neve a caminho de Río Grande

Estrada na Terra do Fogo tomada de gelo

Oscar e Roserito em Río Grande

Estrada a caminho de Ushuaia

Estrada a caminho de Ushuaia

No acostamento em curva da estrada

Caminhão tombado a caminho de Ushuaia

Carros e caminhões aguardando pela balsa para atravessar o estreito de Magalhães

A JORNADA DOS DESAFIOS | Ushuaia

Portal de Ushuaia, marco na viagem

Grito de alegria ao entrar pelo portal de Ushuaia

Pizza na casa do Javier, em Ushuaia

Boneco de neve, Shurastey desconfiado, Ushuaia

Placa do *fin del mundo*, em Ushuaia

Shurastey subindo o Glaciar Martial

Glaciar Martial

Laguna Esmeralda, Ushuaia

A JORNADA DO REGRESSO | *Ruta* 40

A caminho de El Calafate

Com Shurastey, perto do Glaciar Perito Moreno

A caminho de El Chaltén

Com Lucas e Rita, em Esquel

Adeus Lucas, quase em Bariloche

Lago Nahuel Huapi, Bariloche

Cerro Campanário, Bariloche

Entrando no Paraguai

Chile

Recebi duas doses de anestesia e começaram a arrancar o meu dente, e a cada tentativa de extrair saía um pedaço diferente. O dente realmente estava bem fraturado. Demorou uns 30 minutos para que conseguissem tirar a raiz. A parte da coroa saiu toda em pedaços bem pequenos. A única coisa que me surpreendeu foi a ausência de pontos. Saí andando e fui até o setor onde eles fornecem medicamentos gratuitos.

Nós, brasileiros, também temos saúde pública, mas acho que, se isso tivesse ocorrido no Brasil, eu ainda estaria na fila para uma consulta, enquanto lá fui atendido com prioridade por ser estrangeiro. Pegamos os medicamentos e anti-inflamatórios e fomos para casa do Patto, onde eu fui direto pra cama, pois minha boca estava muito inchada e comecei a ter dor de cabeça. Eles arrumaram e me ofereceram o quarto de Matilda, um quarto pra lá de peculiar. Tudo era rosa, até a televisão, mas para mim pouco importava, eu só queria dormir.

Acordei tarde, todos estavam sentados na mesa. Parecia uma reunião do que iriam fazer comigo, se iriam me matar ou me extraditar para o Brasil. Mas obviamente só estavam tomando café e conversando. Estavam preocupados comigo, pois eu havia dormido durante o dia todo, mas eu estava bem, não doía mais nada, nem a cabeça nem mesmo o local da extração. Tomei um chá, meio morno, e comi um pão com ovo que eles haviam preparado.

Comecei a conversar com o Marcos a respeito do fusca e que eu tinha algumas ideias de fazer do Dodongo um minifusca home. Ele então disse: "Vamos fazer". Eram várias ideias que eu tinha tido durante a viagem, coisas que poderiam facilitar a minha vida e a do Shurastey durante os meses seguintes de viagem. Combinamos de acordar cedo e ir até a zona franca para ver o preço da GoPro que eu queria comprar e também de alguns materiais para começar o nosso pequeno projeto. A zona franca em Punta Arenas é uma área que, teoricamente, seria de livre comércio, ou seja, sem impostos por importação. O Chile tem acordos com os Estados Unidos, e quase tudo no país é importado.

Isso ajuda muito, e as coisas em Punta Arenas de fato eram muito mais baratas comparadas ao Brasil; por causa da não taxação de impos-

minha jornada com Shurastey

tos, eletrônicos, peças, ferramentas, tudo era muito mais em conta. Eu queria uma GoPro com preço baixo e encontrei por 340 dólares, um valor até barato, mas que era muito pra mim. Não queria gastar mais que 200 ou 250 dólares. Então eu e Marcos voltamos aos itens que eu iria usar durante a viagem, como um galão de combustível extra. Esse sim estava extremamente barato, paguei cerca de 80 reais, enquanto no Brasil eu não achei por menos de 290 reais.

Nos dias em que fiquei em Punta Arenas, a única cidade chilena que conheci, estive focado no projeto fusca home, aproveitando os conhecimentos de marcenaria automobilística do Marcos. No fim, criamos um baú acoplado ao piso do fusca, no espaço onde seria o banco do copiloto, que ficou bem interessante. Já uma verdadeira casa-carro, o que pede mais investimentos de tempo e dinheiro, vai ficar para uma outra oportunidade.

A convite da Noe, fizemos um passeio bem diferente: visitamos uma escola de crianças especiais, onde a mulher do Patto trabalhava. Claro que o Shurastey fez o maior sucesso, foi muito legal ver a interação dele com a meninada. E assim se passaram nossos dias no Chile, até partirmos, no sétimo dia, rumo à Argentina, desta vez para subir este país por uma lendária estrada ladeada pela cordilheira dos Andes.

CAPÍTULO 10

RUTA 40

A noite mais fria da vida

Assim que entramos novamente em solo argentino, a famosa *ruta* 40 estava a poucos quilômetros de distância, e logo quando terminamos de fazer os trâmites migratórios e eu já estava entrando no fusca, avistei um carro vindo numa velocidade um pouco elevada para uma pista coberta de gelo e neve. Não deu outra: o cara passou reto na curva e foi parar num gramado, fora da pista, por sorte não se machucou nem estragou o carro. Isso me serviu de alerta para seguir com cautela por aquela estrada.

Ao sair da via secundária para entrar na *ruta* 40, foi a minha vez de levar susto: o fusca perdeu o controle e eu dei duas voltas na pista. Fiquei girando enquanto tentava estabilizar o carro, mas de nada adiantava. Parecia que eu tinha entrado numa pista de patinação. A estrada, afinal, estava naquele ponto com uma espessa camada de gelo sobre o asfalto. Ainda bem que não vinha nenhum carro e muito menos algum caminhão. Assim que o fusca parou, só vi o Shurastey com os olhos esbugalhados depois dessas voltas todas. Ele ficou perdidinho e um pouco assustado.

minha jornada com Shurastey

Seguimos nosso caminho até a cidade 28 de Noviembre. Ao chegarmos lá, como a pista até então se encontrava muito escorregadia, resolvi parar no posto de gasolina e perguntar como estava a estrada adiante, e me disseram que estava ainda pior, que tinha mais neve e mais gelo e que as máquinas por ali não haviam passado. Isso me deixou bem preocupado e com medo de prosseguir naquele final de tarde, pois faltavam mais 300 quilômetros para alcançarmos El Calafate. Decidi passar a noite no posto e dormir no fusca. Fazia muito tempo que não dormíamos no Dodongo e eu já estava até com saudades.

Após deixar tudo pronto para a noite de sono, desci do carro para brincar de bolinha com o Shurastey e darmos uma volta pela cidade. Não havia simplesmente nada nem ninguém nas ruas. Não vi um único hostel ou hotel aberto, e tudo o que eu esperava era que eu não morresse de frio dormindo no fusca. O sinal de internet da Claro lá era horrível, pegava muito de vez em quando, provavelmente porque a cidade era muito pequena.

Já estava quase anoitecendo quando voltamos para o posto, entramos de vez no fusca, preparei um miojo e deixei o chá pronto na térmica para tomar de noite, caso precisasse me esquentar. Comi, deitei com todas as cobertas que eu tinha, mais o saco de dormir, mais o Shurastey. Em um breve momento em que a internet funcionou, nós já deitados para dormir, constatei que o termômetro local marcava -7°C, e eram apenas 18h.

Essa foi a noite mais fria da minha vida. Ainda que quando acampamos em Ushuaia tivemos enfrentado -15 °C, não tinha sentido tanto frio assim. Eu quase não consegui dormir de frio. Meus pés pareciam completamente congelados, Shurastey estava enrolado com o focinho para dentro das cobertas (e ele nunca ficava com o focinho para dentro) e eu, todo encolhido, tentando usar o máximo possível do calor do Shurastey para me esquentar.

Por volta das 4h, quando peguei o celular pra ver se tinha internet e conferir quantos graus negativos faziam, percebi que o fusca estava todo congelado por dentro. Os vidros estavam tomados por cristais de

196

gelo, e no teto, talvez devido ao ar quente liberado pela nossa respiração, seguido da condensação do ar, se formaram gotinhas de água que estavam congeladas como se fossem estalactites de gelo, tudo isso dentro do fusca. Aquilo não era mais um carro e sim uma geladeira. O metal do veículo deixava tudo mais frio e não protegia de nada. Com a formação de gelo dentro do fusca, nós não conseguíamos manter a nossa temperatura corporal. A cada minuto parecia ficar mais e mais frio. Se no final da tarde marcavam 7 graus negativos, naquele horário a temperatura deveria ser muito mais baixa, e a sensação térmica dentro do fusca ainda bem menor. Eu só torcia para que as horas passassem mais rapidamente. Creio que essa foi a única vez na viagem que desejei isso. O frio estava realmente insuportável, até pensei em ligar o fogão dentro do carro para esquentar, mas eu teria que me descobrir por inteiro, e ainda correria o risco de botar fogo no fusca e morrermos carbonizados se eu acabasse dormindo. Preferi aguentar mais algumas horas de um frio quase insuportável e sair vivo para contar a história.

Uma coisa engraçada e que demonstra o quanto de frio nós passamos naquela noite foi o pote de água do Shurastey: eu enchi e o deixei para fora, e quando acordamos ele estava completamente congelado, mais de 2 litros de água congelados da noite para o dia naquela temperatura, e não era apenas uma fina camada de gelinho na superfície, era gelo mesmo, tudo estava congelado, formou um bloco sólido que demorou uns dez minutos pra eu derreter com a água quente do banheiro do posto.

Como eu ainda estava com receio de que a pista no sentido a El Calafate estivesse completamente congelada, decidi, antes de seguir viagem, colocar as correntes nos pneus novamente. Eu as usei nos 50 quilômetros seguintes, onde a pista ainda estava com muito gelo e neve, e depois disso as retirei. Já nesse trajeto, percebi que o movimento pela *ruta* 40 era quase zero. Encontrei apenas um carro no sentido contrário e bem quando eu estava parado pensando se eu tirava as correntes ou não. Nesse momento, fiz um sinal para que o motorista parasse e assim perguntar como estava a estrada nos quilômetros seguintes. Ele parou e me deu boas notícias, disse que estava tudo certo, sem maiores problemas, sem neve nem gelo na pista. O cara viajava com a namorada, eles ficaram impressionados com o fusca e mais ainda quando viram o Shurastey lá dentro. Antes de partirem, me ajudaram comprando adesivos.

Seguimos adiante ao longo do dia, e poucos quilômetros antes de chegar na cidade, já no meio da tarde, nos deparamos com um pôr do sol de cima da colina, sobre o vale onde El Calafate fica, que fui obrigado a parar o fusca para melhor observar. Faltava muito pouco para chegarmos na cidade, e se eu não tivesse sofrido tanto com o frio na noite passada, eu teria dormido por ali mesmo, só para contemplar o nascer do sol de cima da cordilheira. No entanto, tínhamos que seguir para não morrer de frio e quem sabe arrumar algum couchsurfing ou um lugar bacana para passar a noite e no outro dia conhecer a cidade e o glaciar Perito Moreno, a principal atração local.

El Calafate

O escuro da noite nos recebeu em El Calafate, e quem nos salvou de dormir novamente dentro do fusca num posto de gasolina foi Beda. Eu mandei mensagem nos grupos de viajantes, busquei couchsurfing, mas não tive resposta em nenhum deles, até que o Beda apareceu com o contato de um cara que tinha um hostel e que talvez pudesse nos dar apoio por uns dias.

Enviei uma mensagem a ele, que logo me respondeu passando o endereço do seu hostel, situado nos arredores da cidade. Quando podia, ele dava suporte a motociclistas, mas como sua casa era um hostel, na maioria das vezes, ele cobrava pela hospedagem. Eu estava pensando que ele iria nos cobrar para ficarmos lá, já estava separando cerca de 300 pesos e avisaria que era só o que tínhamos.

Quando chegamos, para minha surpresa havia no hostel uma brasileira, se não me falha a memória da Bahia. Fomos bem-recebidos, mas como o dono do hostel tinha uma cadela da raça bernese, Shurastey não pôde entrar na casa. Teve que ficar do lado de fora. O dono do hostel, que não lembro o nome, disse que poderíamos ficar ali duas noites, depois ele iria viajar e fecharia o hostel.

E as surpresas não pararam por ali. Naquele dia a brasileira estava preparando feijoada. Havia quanto tempo que eu não comia feijão! E estava delicioso, comi tudo o que pude. O nosso próximo objetivo era El Chaltén, que ficava a poucos quilômetros de El Calafate, e como eu não poderia ficar ali muito tempo, já comecei minha busca por couchsurfing no destino seguinte. Por sorte, já no primeiro dia eu consegui, porém ele só poderia nos receber dentro de três dias. Como não teríamos hostel em Calafate nessa terceira noite, já comecei a me preparar psicologicamente para dormir dentro do fusca.

Durante a nossa conversa na mesa à noite, contei do ocorrido na última madrugada e o dono do hostel me deu várias dicas, uma delas era deixar velas acesas dentro do carro. Elas não iriam esquentar o fusca, mas não deixariam o ar condensar, formando água e depois congelando. Apesar de toda a hospitalidade, me sentia um pouco intruso por ali. Não senti tanto interesse da parte deles em saber da minha viagem e da minha história, mas ao menos estávamos bem abrigados, e como era um conhecido do Beda, eu estava mais tranquilo. Shurastey teve que dormir dentro do fusca, desta vez sozinho, mas agora não fazia tanto frio ali, não tinha neve em lugar nenhum, e o carro estava bem abrigado do vento. Deixei uma coberta para ele e, quando fui ver, pouco antes de dormir, se estava com frio, ele estava de barriga pra cima, nem aí com a vida.

No dia seguinte, acordei supercedo, queria visitar o glaciar Perito Moreno, e a previsão era de um dia lindo, com muito sol e nenhuma nuvem. Quando fui até o fusca, encontrei o Shurastey sentado, me olhando pela janela com uma cara emburrada de quem dizia "Bonito, né? Tu dorme lá dentro e eu durmo aqui sozinho...". Ou talvez fosse só vontade de fazer xixi mesmo, porque assim que eu abri a porta, ele já virou um saci correndo pra lá e pra cá no quintal do hostel.

Seguimos até a entrada do parque do Perito Moreno, eu meio que esperando que talvez não pudesse entrar por causa do Shurastey – e

minha jornada com Shurastey

foi bem o que aconteceu. Ainda tentei convencer os guardas, mas não adiantou. Mais de 40 quilômetros até a entrada do parque para ouvir um "*no*" bem dado e não entrar no parque. No caminho, porém, eu tinha visto lindas paisagens e algumas entradas para beiradas de rios congelados, e assim decidi voltar e conhecer cada canto daquela estrada, parando e tirando fotos. Uma hora deixei o Shurastey pra trás e parti com o fusca, ele veio correndo atrás e, após uma dessas canseiras que dei no Shurastey, eu gravei um dos vídeos mais incríveis de toda viagem, o vídeo mais acessado da nossa página.

Estávamos dentro do fusca nos escondendo do vento, e eu olhava as fotos que tinha acabado de bater, e aí reparei que o Shurastey observava fixamente o celular, como se também estivesse olhando as fotos que eu poderia postar. Então apareceu uma foto bem engraçada em que dei uma risada e na hora percebi que ele também "riu" – colocou a língua pra fora, ofegante. Comecei a brincar com ele, mostrando fotos e alternando entre ficar sério e sorrir, e ele meio que ficou me imitando. A minha conexão com o Shurastey extrapolava o que eu podia imaginar. Liguei a câmera frontal e chamei ele, e então eu fiquei sério, e ele copiou minha expressão, fechando a boca; eu sorri e ele colocou a língua para fora e isso se repetiu umas quatro vezes, até eu não me aguentar mais e cair na risada, pois estava muito engraçado o que ele estava fazendo.

Através de uma estradinha de terra de difícil acesso, seguimos em direção a um rio que estava todo congelado. Chegando na margem, ficamos ali um bom tempo, brincando de bolinha e tacando pedras no rio congelado, tentando que elas quebrassem o gelo. Bem na beirada, nada quebrava, mas, mais para o meio, uma pedra de tamanho médio conseguiu. Quando taquei uma pedra bem no meio do rio e que não quebrou o gelo, o Shurastey foi lá pra buscar. Nós estávamos em cima do rio, e ele foi correndo sobre o gelo, como na laguna Esmeralda, porém, dessa vez, ocorreu exatamente o que havia acontecido na cachoeira do Véu da Noiva: ele chegou no meio do rio e o gelo quebrou com o peso dele, e ele foi pra dentro da água. Esse rio, diferentemente do outro, era de extensão média, uns 10 metros de uma ponta a outra e, embora o Shurastey tenha caído com tudo para baixo, nem deu tempo de ficar preocupado, pois na mesma velocidade com que caiu ele já voltou para superfície. Quando eu o vi todo encharcado e com uma cara de bobão, eu não pude evitar de rachar de rir.

Esse Shurastey me proporcionava cada risada sozinho que se alguém me visse acharia que eu era louco. Tivemos que ficar algum tempinho por ali até que ele se secasse e não entrasse todo molhado no fusca. Fazia um dia bem bonito e, apesar do frio, o sol intenso ali já conseguia esquentar o corpo.

Dirigi para o centro da cidade. Minha tia havia feito outra transferência pela Western Union, pois eu já estava sem grana para o combustível. A essa altura, eu meio que tinha aberto a mão de tentar vender os adesivos, pois percebi que por ali isso não estava dando tanto resultado. As pessoas certas nos ajudavam nos momentos certos, e nossos adesivos não eram algo que o pessoal desse importância. Se eu tivesse capital para fazer postais com as fotos que tirávamos, com certeza teríamos mais retorno. Após zanzar pelo centro sem ter muito o que ver, voltamos ao hostel no final da tarde. El Calafate, como disse, tem como principal atração o glaciar Perito Moreno, depois disso há pouco o que fazer por ali. Como não conhecíamos ninguém que pudesse nos dar dicas de trilhas e lugares para visitar sem ser o glaciar, fiquei um tanto desencantado com a cidade.

Essa seria nossa última noite naquele hostel em El Calafate, pois o dono viajaria na manhã do dia seguinte e teríamos que sair. Durante a noite, aproveitei o wi-fi e postei o vídeo do Shurastey me imitando. Na manhã do dia seguinte, levantei cedo, tomei banho, guardei a mochila e nos despedimos. Como tínhamos mais um dia na cidade, resolvi tentar explorar um pouco mais e vi que algumas pessoas patinavam num lago próximo, para onde resolvi ir com o Shurastey a fim de brincarmos um pouco. Para isso, tivemos que enfrentar uma estradinha cheia de pedra e areia, e conforme íamos entrando, o fusca ia atolando no meio daquelas pedras soltas. Quando chegamos, soltei o Shurastey, que saiu correndo

minha jornada com Shurastey

pelo gelo como se não houvesse amanhã. Vários patinavam por ali, e o Shurastey fez o favor de derrubar uns três. Eu só queria entrar e me esconder dentro do fusca enquanto ele bagunçava na pista. Eu estava morrendo de vergonha, mas por sorte todos eram muito amigáveis e não se importaram de serem tombados por um cão atrapalhado. Uma das crianças que o Shurastey derrubou caiu apenas com o abano do rabo dele. Esse cachorro é uma tragédia...

Me distanciei um pouco da área de patinação para não ter problemas, e então eu jogava a bolinha no lago congelado, e foi uma das cenas mais engraçadas que eu já tinha presenciado com o Shurastey. Ele saía correndo e as patas iam deslizando, mas quando ele pegava velocidade e conseguia alcançar a bolinha, os freios faltavam e ele deslizava mais uns 10 metros até parar. Quando estava voltando, o mesmo acontecia, pois ele queria frear bem em cima e acabava deslizando na minha direção, quase me derrubando.

Ficamos à tarde toda por ali, até eu receber uma mensagem do Marcos dizendo que Rolland estava indo a El Calafate e me passou o seu contato. Rolland ficou na casa do Patto assim como eu, então eu o chamei para conversar, vai que ele tivesse algum lugar para nos hospedar e assim eu e o Shurastey não precisaríamos dormir no fusca.

Conversando com Rolland, que é suíço e fala espanhol, mas pior do que eu, combinamos de nos encontrar no centro da cidade, próximo ao supermercado. Ele sequer tinha saído de Puerto Natales quando começamos a conversar, e teria alguns quilômetros a rodar até chegar em Calafate. Por volta das 17h, eu já estava dentro do fusca, próximo ao supermercado onde eu havia comprado carne moída para, com arroz, preparar uma bela refeição dentro do carro. Assim que terminei de comer, Rolland apareceu, um senhor de uns 65 anos, que vivia na Suíça e viajava numa caminhonete com uma casa em cima da carroceria. Ele era baixinho e conseguiu adaptar na sua casa móvel um colchão para dormir, algumas mobílias, mesa e outras coisas. Ele só tinha um problema: não gostava de cachorros. Pelo que percebi, era algum trauma por causa de um ataque de cão que deve ter sofrido.

202

Conversamos e logo ele me perguntou onde eu estava hospedado, respondi que naquela noite eu iria dormir no fusca e na seguinte eu seguiria para El Chaltén, onde eu me hospedaria num couchsurfing. Ele disse que também dormia dentro do carro e que só precisava de uma tomada para ligar o aquecedor. Fomos até o posto de gasolina e falamos com o gerente, que nos autorizou a dormir atrás do posto com acesso a uma tomada.

Escurecia, estacionei por ali e comecei a ajeitar as coisas pra dormir no fusca. Eu havia comprado no mercado um pacote com oito velas para acender dentro do carro enquanto dormíamos, segundo a dica do dono do hostel onde eu estava na noite anterior. Até que funcionou bem, ao menos não congelou o fusca por dentro (e a temperatura menos fria, por volta dos 2°C, também ajudou). Rolland tinha seu aquecedor portátil e me sugeriu comprar um para não precisar mais de velas. Ele, que ainda iria ficar em Calafate mais alguns dias para depois ir a Chaltén, viajava fazendo vídeos e fotos para depois editar e publicar na Suíça.

Enquanto me aprontava para dormir e seguir viagem no outro dia, concluí que El Calafate não nos proporcionou grandes emoções e que eu ainda precisaria voltar para conhecer o glaciar Perito Moreno. Na manhã seguinte, a única coisa que fiz antes de seguir viagem foi entrar numa loja e comprar um aquecedor elétrico portátil, aproveitando a dica do suíço. Depois do frio que passamos naquele povoado de 28 de Noviembre, eu tive que investir em algo que nos esquentasse, caso eu fosse dormir novamente dentro do fusca numa fria noite invernal da Patagônia.

A caminho de El Chaltén

El Chaltén era uma das cidades que eu mais ouvia falar, tanto dos viajantes que encontrei como dos anfitriões onde me hospedei. Todos falavam superbem desse lugar, diziam que era incrível, que tinha uma paz fora do comum. Não hesitei, portanto, em colocá-la no meu mapa, já que no pré-roteiro ela não constava, e como era próxima de El Calafate,

minha jornada com Shurastey

cerca de 200 quilômetros, resolvi arriscar. Saímos bem cedo. Eu queria chegar em Chaltén e ainda aproveitar o dia por lá. Não nos despedimos de Rolland, pois ele ainda estava dormindo, além do que poderíamos encontrá-lo em Chaltén, já que também era o destino seguinte dele.

De volta à estrada, a *ruta* 40 nos presenteava com visuais incríveis. Finalmente eu entendia o porquê de tantos viajantes elegerem a *ruta* 40 como uma das mais lindas estradas a se percorrer. Eu já havia notado isso quando saí do Chile. A diferença em comparação com a monótona *ruta* 3 era gritante, mas logo após El Calafate as paisagens tornavam-se ainda mais impressionantes. Entre as duas cidades, creio que parei mais de dez vezes para tirar fotos. Contemplava as cordilheiras de um lado, com as montanhas cobertas de gelo, e um vasto campo do outro. Na *ruta* 3 era campo de um lado e campo do outro.

Quase não passavam carros por ali, principalmente nessa época do ano. Fazia muito tempo que eu não avistava um caminhão, a estrada seguia linda e pacata e a cada nova curva, uma nova paisagem me surpreendia. Nesse momento, lembro de tudo estar muito tranquilo, como se o que eu estivesse fazendo fosse a coisa mais normal do mundo. Alcançar El Chaltén era só questão de horas, eu quase não sentia mais medo de não conseguir chegar, mas a felicidade de cair na estrada era sempre constante.

Éramos só eu, o Shurastey e o fusca rodando naquela estrada, munidos de toda paz do mundo. Shurastey repousava a cabeça no meu ombro, e nós escutávamos qualquer música aleatória que tocava na minha eclética playlist. Assim que chegamos no trecho que dá acesso a El Chaltén, distante uns 80 quilômetros da *ruta* 40, cheguei a cogitar em não ir, por ter que rodar 160 quilômetros entre ida e volta, mas lembrei das fotos que vi das trilhas e pensei em tudo o que poderíamos explorar por ali, além do Claudio, nosso couchsurfing, que também tinha um golden, imaginando que poderíamos percorrer as trilhas com os cachorros sem maiores problemas.

Nos primeiros quilômetros da estrada que levava a El Chaltén me deparei com um vento soprando no sentido contrário que quase para-

204

va o fusca. Rodamos cerca de 10 quilômetros e depois de uma curva o vento começou a soprar muito forte. Quase não tínhamos força em quarta marcha para seguir em frente. Tive que baixar para a terceira, numa constante de força e velocidade. Aquele ventania tão forte era algo que eu ainda não tinha encontrado na viagem, eu só esperava que se mantivesse forte assim quando eu estivesse indo embora, pois aí iria compensar a gasolina extra gasta.

Como fizemos muitas paradas para tirar fotos, só chegamos em El Chaltén no início da tarde, e aí que fui entender o tamanho daquele lugar. Pouco antes da entrada da cidade havia um contêiner que era o posto de gasolina, o único que havia, isso já me assustou bastante. Quando entramos de fato, fui olhando para as casas, seguindo a estrada numa curva ora à direita, ora à esquerda. E pronto, a cidade havia acabado. Eu só pensava onde eu tinha vindo parar... Precisava mais do que nunca contatar o Claudio, pois, se ele desse pra trás, não haveria nem mesmo posto de gasolina para dormirmos.

Nesse trajeto, que deu menos de 1 quilômetro dentro da cidade, eu não vi uma única pessoa na rua. Parecia aquelas cidades cenográficas em que até as casas aparentavam ser de mentira, com poucos carros estacionados na rua e um silêncio fora do comum. Estacionei próximo ao centro de informações turísticas e tentei me conectar à internet para chamar Claudio pelo Whats, mas obviamente numa cidade daquele tamanho, situada num pequeno vale escondido no meio das montanhas, o sinal da Claro não chegaria. E foi só entrar nesse vale que o vento simplesmente sumiu, parou por completo.

Como meu 4G não funcionou, entrei no centro de informações turísticas e pedi o wi-fi, o que normalmente eu faria no posto de gasolina. Para a minha surpresa, eles disseram que não tinham acesso à senha ou não poderiam passá-la a visitantes. Eu falei que só precisava contatar um amigo que iria me hospedar, pois eu não tinha nenhuma outra forma de me comunicar com ele. Então o atendente me fez uma pergunta que achei, naquele momento, simplesmente descabida: "Qual é o nome do seu amigo?". Na minha cabeça, pensei: "Cara, pra que você quer saber

205

o nome, deve haver uns 30 Claudios aqui", imaginando que a cidade poderia ser grande para outros lados. Mas apenas respondi "Claudio", e ele complementou: "o bombeiro". Pronto, no mesmo instante ele ligou no quartel dos bombeiros e chamou o Claudio, que orientou irmos até a entrada da cidade encontrar com ele.

Do nada, percebi um golden um pouco mais claro que Shurastey correndo pela calçada atrás de um carro branco. Com certeza era o Claudio e seu golden Gabbo. Ele nem parou o carro, simplesmente deu a volta e pediu para eu segui-lo. Chegando lá, estacionei o fusca em frente, descemos e, enquanto os dois cachorros ficavam se cheirando, Claudio me abriu a porta de casa, que estava destrancada, toda aberta. Isso logo de cara me chamou a atenção, assim como uma bicicleta do lado de fora, encostada na varanda. A casa onde ele morava só tinha grade na frente, dos lados não havia nada, ou seja, entrava e saía quem quisesse sem o menor problema.

Logo percebi que roubo não era uma realidade daquele vilarejo, pelo menos não no inverno. Claudio preparou um mate e ficamos naquele papo inicial, enquanto Shurastey e Gabbo ficaram lá fora se conhecendo. Conversamos brevemente, pois ele tinha que voltar ao quartel de bombeiros, já que trabalhava naquele dia. Me contou que sua escala era 24 por 48, ou seja, trabalhava um dia inteiro e folgava dois. Terminamos o mate e tivemos que sair para separar os dois encrencas, pois já no primeiro dia se estranharam; dois machos no mesmo espaço, sendo que o Gabbo era o dominante do lugar, provavelmente não iriam dar certo. Mas foi só uma briga momentânea, logo estavam tranquilos novamente. Claudio então me deixou na sua casa e voltou ao trabalho.

Já de início ele me pareceu uma pessoa muito boa, super-receptivo, bem atencioso e numa paz e tranquilidade quanto ao Shurastey dormir dentro de casa. Me senti tão à vontade como se eu estivesse em casa. Assim que ele saiu, aproveitei o fogão e fiz uma sopa, depois saí para comprar pão e mais algumas *facturas*, que fazia tempo que não comia. Ele só voltou pelas 21h, e quando chegou eu já estava quase pronto para dormir. Foi aí que percebi que esse cara era louco. Ele disse: "Vamos dar uma volta pra eu te mostrar a cidade". Era noite, fazia um frio lascado lá fora e ele querendo dar uma volta. Bem, como eu era visita, aceitei o convite.

O passeio por toda cidade durou menos de 30 minutos. Passamos pela frente do corpo de bombeiros e da polícia, que ficam no mesmo quarteirão, pela entrada da trilha para o monte Fitz Roy e pela entrada da cidade e fim, já tinha acabado. No caminho, ele foi me contando um pouco de como era a vida em El Chaltén. Basicamente nada acontecia, tudo era igual sempre, vez por outra ocorria algum incidente com alguém fazendo trilhas ou com pequenos focos de incêndio no verão, mas na maior parte do ano não se fazia nada. Em seu trabalho, que mais parecia uma sala de encontro entre amigos, nada acontecia além de conversas, disse ele.

Durante a nossa volta, Claudio me contou que estava planejando uma viagem no estilo mochilão em setembro, quando entraria de férias. Queria visitar a Colômbia, o Equador e o Peru, e por isso começou a usar o couchsurfing para receber viajantes, para aprender, compartilhar e ter essa experiência. E, claro, contar com um currículo na plataforma para facilitar seus pedidos por hospedagem, pois cada um que ficasse em sua casa escreveria uma referência e isso ajudaria muito na hora de pedir couch.

Voltamos pra casa e a conversa continuou por lá; relatei minhas andanças e os problemas que tive em Río Gallegos, e ele me disse que era natural de lá. Contei também sobre o infortúnio com o couch policial, e ele ficou bem assustado com isso. Aí lembrei os casos que o Hernan havia me falado de couchs que não liam os perfis e acabavam entrando em enrascadas, como um casal de viajantes que aceitou ficar na casa de um cara na Colômbia, onde no perfil dele constava que, durante a noite, ele gostava de se deitar no meio dos casais e abraçar o homem. E isso, pelo que disse o Hernan, aconteceu de verdade com um casal de amigos dele. Eles estavam dormindo quando o cara veio, se deitou no meio deles e abraçou o seu amigo, que deu um pulo e queria sair no soco. O dono da casa então mostrou o perfil dizendo que isso estava escrito e era normal para ele. O casal obviamente saiu daquela casa no meio da madrugada. O policial de Gallegos não foi tão cara de pau assim, mas a minha vontade foi de matá-lo.

Amenizando o papo, contei das trilhas que percorremos em Ushuaia, e ele disse que El Chaltén era a capital nacional do trekking na Argentina e se eu quisesse ele poderia me acompanhar nas trilhas no dia seguinte. Topei na hora, mas ele logo me disse algo que me deixou bem chateado: nem Shurastey, nem Gabbo poderiam nos acompanhar, pois El Chaltén inteira ficava dentro de um parque nacional, onde animais domésticos eram proibidos de circular, exceto na área urbana da cidade. Se algum cão fosse visto nas trilhas, o dono pagaria multa, o que já acontecera com ele por causa do Gabbo. Isso não era o que eu queria. Eu gostava da companhia do Shurastey em tudo; em Ushuaia nós fizemos tudo juntos e eu tinha a expectativa de levá-lo nas trilhas de El Chaltén também. Infelizmente, isso não seria possível ali e Shurastey teria que ficar em casa na manhã seguinte.

Combinamos de sair logo cedo em direção à primeira trilha, que era o cerro Torre. Claudio abriu o sofá-cama que havia na sala e eu e Shurastey dormimos ali. Sim, o Shurastey dormiu comigo em cima do sofá-cama, bem no meio das minhas pernas, acho que como em El Calafate ele dormiu dois dias dentro do fusca sozinho, ele não queria mais ficar longe de mim nem pra dormir.

Cerro Torre

Acordei supercedo, e o Claudio só levantou por volta das 9h, mas em dez minutos nós dois já estávamos prontos para partir rumo à trilha. Shurastey ficou dentro de casa e Gabbo, preso do lado de fora, para que os dois não se encrencassem e acabassem se matando sem nenhum de nós por perto. Me doeu o coração deixar o Shurastey por lá, sem poder levá-lo comigo na trilha. Ele amava fazer isso. Mas eu queria conhecer aquela cidade e aqueles lugares, e como eu tinha onde deixá-lo em segurança, deveria aproveitar.

Antes de sairmos de casa, Claudio disse que o caminho era de 9 quilômetros, bem tranquilo. Quando ele falou 9 quilômetros, logo pensei que seriam no total, incluindo a volta, mas quando chegamos na placa indicativa descobri que essa distância era do percurso de ida, ou seja, 18 quilômetros no total. Começamos a caminhada, percorrendo os primeiros 5 quilômetros num ritmo bem acelerado. O argentino estava mais do que acostumado a fazer essas trilhas e, segundo ele, ao menos uma vez por semana ele as percorria, o que tornava o preparo físico dele para essas atividades muito superior ao meu. Me senti como aquela família brasileira para quem fui guia em Ushuaia. Confesso que estava morrendo e comecei a usar como desculpa as fotos que eu queria tirar ao longo do caminho para dar umas paradas.

O clima estava bem feio, coberto de nuvens e chuviscando; não nevava, mas fazia muito frio. A trilha era linda, repleta de árvores grandes e com as montanhas gigantes dos dois lados, situada num vale que seguia o curso de um rio formado pelo degelo dos glaciares. Nosso objetivo era ver o cerro Torre e de quebra contemplar uma parte do glaciar Viedma, que é um dos maiores da região.

Infelizmente, quando chegamos no início da laguna de onde já daria para ver o cerro Torre e o glaciar, o tempo estava completamente nublado e só o que conseguíamos observar foi um pedaço da geleira e um iceberg, bem às margens do lago. Não era um grande iceberg, mas dava para contar como um. Foi o maior que já escalei, até porque eu nunca havia escalado outro iceberg antes, claro. Ele não estava boiando, mesmo porque o lago estava parcialmente congelado, onde se notavam várias camadas de gelo sobrepostas umas às outras. Caminhar mais para o meio era muito arriscado, pois nós poderíamos pisar numa dessas placas de gelo e rompê-las. Cair numa água gelada daquelas com certeza não seria nada agradável.

Após todo esse sacrifício, perguntei ao Claudio se tinha como chegar mais próximo do glaciar, pois de onde estávamos não dava para ver muito bem e parecia relativamente perto. Porém, para nos aproximarmos teríamos que atravessar o rio. Havia uma corda para que fosse utilizada como tirolesa por lá, fixa dos dois lados, mas luvas e equipamentos cada um tinha que trazer o seu, o que não tínhamos. Claudio disse que poderíamos atravessar pela corda, que daria certo, embora ele mesmo nunca tivesse ido para o outro lado. Chegava a uns 8 metros de altura, sobre um rio cheio de pedras e com o desnível que não estava favorável para nós, ou seja, a parte mais baixa estava do nosso lado. Enquanto comíamos os lanches que eu havia preparado, basicamente pão com presunto, analisávamos outras formas de passar para a outra margem. Buscamos algumas pedras em sequência para que pudéssemos atravessar sem molhar os pés, mas ao longo da margem não conseguimos ver nenhum ponto de passagem seguro, sem que corrêssemos o risco de cair na água. Então decidimos seguir pela corda da tirolesa mesmo.

Eu fui primeiro. Me segurei na corda com as mãos e os pés, e fui atravessando, mão a mão, e ia vencendo, até chegar na metade, quando as coisas começaram a ficar ruins. A força nos braços já não era mais a mesma, a corda estava mais tensionada, com um ângulo mais alto, e, conforme eu ia avançando, exigia mais força dos meus braços. Quando consegui atravessar a parte do rio, notei que, se eu caísse, cairia no solo, de uma altura de uns 3 metros, e sobre umas grandes pedras. Iria me machucar bastante. Fiz um último esforço para me mover mais um metro para a frente, embora meus braços já não aguentassem mais segurar o meu peso e me locomover para a frente. Aí que veio um dos momentos mais tensos da minha vida. Com os braços enfraquecidos, fui soltar minhas pernas para poder baixar mais a corda e assim ficar mais próximo ao solo. O problema era que eu tinha usado meu cinto da calça para prender as pernas, então não consegui me remover dali. Eu já estava entrando em desespero, imaginando que meus braços não iriam aguentar, que eu teria que soltar e ficaria preso de cabeça pra baixo pelo cinto que prendia minhas pernas. Consegui soltar uma das pernas e o desespero aumentou ainda mais, pois a força para baixo era maior e eu não estava conseguindo tirar a outra. Agora se meus braços não aguentassem, eu iria cair com tudo de cabeça nas pedras. Mas por sorte consegui me libertar do cinto e soltei minha outra perna, ficando pendurando só pelas mãos, a uns 2 metros do chão. Eu tive que soltar, correndo o risco de cair em cima das pedras e acabar escorregando e torcendo o pé ou mesmo caindo no rio, pois eu ainda estava bem próximo da margem, mas felizmente caí em segurança. Tudo isso se passou em menos de um minuto, todo esse desespero que fez com que eu tivesse ainda mais amor à vida aconteceu muito rápido, mas pra mim pareceram dias ali tentando me salvar, evitando que eu caísse de costas ou de cara nas pedras.

Consegui sair ileso dessa aventura, mas creio que, quando o Claudio me viu passando por esse sufoco, ele meio que desistiu da ideia de tentar atravessar por ali. Ele até tentou, mas não andou nem 2 metros e disse que não dava. Realmente era muito arriscado. Ele preferiu voltar por onde existia uma chance de passar pulando sobre as pedras. Havia apenas um pulo que era arriscado, justamente o primeiro. Eu fui o acompanhando pelo outro lado da margem: ele jogou a mochila para o meu lado e saltou. Por sorte não caiu, mas ainda tinha outra parte onde ele teria que pisar numa pedra que a água passava por cima. Seria inevitável molhar o pé, mesmo que ele não estivesse usando calçado impermeável. Então eu tive a ideia de jogar minhas botas para ele, que eram impermeáveis, ele as colocou e conseguiu atravessar sem grandes problemas. Aquela era com certeza a melhor opção para atravessar o rio.

Depois de tanta dificuldade e esforço, ainda tínhamos uma trilha que o Claudio não conhecia, nunca tinha feito e não sabia até onde iria. Começamos esse caminho de difícil acesso, com muitas subidas e descidas, e quanto mais andávamos e subíamos, mais parecia que nos afastávamos do glaciar e das grandes geleiras. Passamos por lugares que precisamos escalar de verdade para poder continuar, os tombos nas descidas foram inevitáveis. E o que parecia perto, olhando da margem, foram mais de 5 quilômetros entre subidas e descidas, passando por áreas de deslizamentos e por um rio que descia a montanha e formava uma verdadeira cratera, pois quando chovia a força daquela água descendo por ali devia ser muito forte.

minha jornada com Shurastey

Chegamos enfim ao final da trilha, onde havia apenas grandes pedras, e o glaciar logo abaixo, muito próximo e ao mesmo tempo muito distante, de um azul simplesmente indescritível. Alcançamos aquele lugar após mais de 15 quilômetros e a única coisa que escutávamos era o barulho do gelo se rompendo e caindo na lagoa. Foi difícil chegarmos ali, e por isso ficamos quase duas horas parados, descansando, contemplando. Aquela paisagem era de tirar o fôlego! Foi quase uma compensação por não conseguir ver o glaciar Perito Moreno.

Tudo foi muito lindo, espetacular, mas o caminho de volta nos esperava e seria pesado por demais de se fazer, e nós já estávamos muito cansados, eu ainda mais depois de todo esforço que fiz para atravessar a corda da tirolesa. Começamos a volta e a cada passo parecia que minhas pernas iriam quebrar. Quando chegamos no rio, com as pernas tremendo de medo e de dor, para atravessar, dessa vez não teve jeito, o Claudio acabou por molhar os pés. Minha bota tinha entrado na água, pois pisei em falso e quase caí no rio, e ainda tínhamos mais alguns quilômetros pela frente até chegar em casa. Foi tudo muito, mas muito cansativo.

Quando chegamos, eu ainda tive que encarar o Shurastey, que estava bravo comigo por tê-lo deixado em casa sozinho. Juro, ele não queria nem ficar perto de mim. Eu o chamava, ele me olhava e não vinha, tive que pegá-lo à força. Ele ficou bem sentido por ter ficado em casa. Coitado, ele não entendia que infelizmente não podia fazer as trilhas com a gente. Depois de tentar me desculpar com ele, eu só esquentei a sopa que havia preparado no dia anterior, tomei um banho e me joguei na cama. Mal sabia o que viria no dia seguinte...

O dia de cão

Comecei a manhã tomando susto com o Dodongo. Assim que saímos da casa do Claudio rumo ao lago Desierto, nosso programa do dia, situado após o término do parque e onde se encerrava a *ruta*, entramos em uma estrada de *ripio* e, na primeira curva o fusca desligou, simplesmente

212

apagou e não ligou mais. Um pesadelo momentâneo se passou pela minha cabeça, eu já imaginei tendo que fazer todo o motor novamente. Ou talvez pudesse ser algo relacionado à falta de óleo, que eu deixei acontecer. Desci do carro e conferi o motor, que ainda estava frio e não aparentava nada referente a óleo, já que o nível estava OK, não tinha vazamentos nem manchas de óleo. Fiquei ali analisando e ao mesmo tempo rezando, até por estar numa cidade em que não havia qualquer mecânico, muito menos de fuscas.

Por sorte, era apenas um fio da parte elétrica na bobina que havia se soltado. Assim que reparei e coloquei no lugar, o fusca ligou. Ufa! Seguimos pela *ruta*, que era repleta de paisagens incríveis, e como o clima estava um pouco melhor, às vezes dava até pra ver o monte Fitz Roy. Em um desses mirantes, parei para tirar algumas fotos e desci com o Shurastey, o que de certa forma era proibido, pois ainda estávamos dentro do parque nacional. Mas como não passava ninguém por ali, brincamos um pouco com a bolinha e tiramos algumas fotos. Voltamos para dentro do Dodongo, que seguia firme e forte pela estrada, que era bem ruinzinha. Não rodamos muito e logo à frente havia um lamaçal, com canaletas dos carros 4x4 marcadas na lama e na água. Eu sabia que se passasse devagar e o fusca atolasse, iria dar trabalho para retirá-lo, sem contar que eu poderia levar uma multa por estar com um cachorro fora do carro. Fui então até o início do lamaçal, desci do fusca e analisei por onde deveria passar. Dei a ré e fui no embalo, o mais rápido que pude. Esse trecho de lama e atoleiro tinha uns 20 metros, então eu precisava atravessá-lo numa velocidade considerável e continuar acelerando, pois caso não tivesse tração nas rodas ao menos ainda teria a lei da inércia a nosso favor, e o carro poderia deslizar alguns metros até adquirir tração novamente.

Assim, dei a ré, fiz a volta por uns 300 metros e vim chutado na maior velocidade que consegui pôr nessa fusca, rodando sobre as canaletas feitas pelas caminhonetes 4x4. Senti a lama batendo no assoalho do fusca e vi mais lama ainda voando sobre o para-brisa. Também senti as rodas patinarem. Nesse momento, pensei que não iríamos conseguir,

minha jornada com Shurastey

mas isso foi uma fração de segundo, pois logo depois já estávamos em estrada firme novamente. Ao menos na ida, escapamos.

Essa curta estrada a cada curva nos reservava uma paisagem diferente. Logo após atravessar esse lamaçal, pouco menos de uns 5 quilômetros adiante, pudemos avistar o monte Fitz Roy e observá-lo por completo. Novamente tive que parar para tirar algumas fotos. Desci com o Shurastey, e ele sempre que descia comigo ficava próximo do fusca, cheirando e mijando ao redor de todas as coisas. Eu sempre ficava perto dele ou no máximo ficava procurando o tripé para posicionar o celular. Porém, nesse momento, o azeite que eu levava para cozinhar tinha caído dentro da prateleira e havia melecado tudo, então fiquei ali dentro do carro secando o máximo possível daquele óleo para não escorrer no baú onde eu guardava minhas roupas. Isso tudo não demorou nem dois minutos. Quando saí do fusca, o início do pânico: cadê o Shurastey?

Comecei a chamá-lo, uma vez, duas, três... e nada. Assobiei, uma vez, duas, três, e nada. Ele não estava por perto, e a única coisa que eu escutava era o eco dos meus gritos chamando por ele. Começava o longo momento que, sem dúvida, foi o mais assustador e apavorante de toda a viagem. Eu o chamei e assobiei mais de 20 vezes e não tinha nem sinal dele. Olhei para o chão na busca por pegadas e havia marcas das patas dele somente próximas ao fusca e depois não mais. Comecei a chamar mais alto e mais alto, e nada. O desespero começou a tomar conta. Milhões de coisas se passaram pela minha cabeça.

Fui até próximo ao rio, caso ele tivesse entrado e não conseguido vencer a correnteza, mas não vi pegadas e o rio estava raso e sem correnteza forte; além disso, o Shurastey sabia nadar muito bem. Voltei com o coração a mil para o fusca, eu não fazia ideia se ele tinha ido para a frente ou para trás na estrada, não sabia se eu deveria esperar por ali ou ir atrás dele, e se fosse, em qual direção ir. Tudo isso passava pela minha cabeça; pra piorar, lembrei que aquela área era um parque nacional com incidência de pumas. Quando imaginei que o Shurastey poderia ter sido pego por um puma, meu coração quase saiu pela boca,

214

meus olhos se encheram de lágrimas. Liguei o fusca e no meu total desespero fiz a volta, mas deixei minha mochila onde havíamos parado, caso ele voltasse talvez ficasse por ali por causa do cheiro.

Voltei com o fusca a milhão. Eu não estava berrando com medo de desorientar o Shurastey por causa dos ecos. Retornei uns 2 quilômetros até a entrada de uma propriedade, e nada dele, então fiz a volta e decidi ir adiante na pista, torcendo para que ele já tivesse voltado e cheirando minha mochila. Nessa volta que fiz, dei quase um cavalo de pau com o fusca, que foi derrapando nas pedras e parou beijando um monte delas acumuladas ao lado da pista. Até hoje, em função disso, a placa do carro e parte da lataria estão amassadas. Voltei novamente voando, creio que esse fusca nunca rodou tão rápido na sua história, parecia que eu estava fazendo o rali dos sertões. Quando cheguei no ponto onde havíamos parado, olhei mais atentamente para o chão e percebi que a direção das pegadas ia no sentido contrário, de quem voltou para trás, além do que não havia pedras esparramadas como se ele tivesse ido pra frente. Shurastey provavelmente tinha voltado ou ao menos entrado na mata naquela direção.

Esse não foi apenas um dos piores momentos da viagem, mas de toda minha vida. Nunca estive tão em dúvida do que fazer. Eu não sabia se tentava ir pra frente ou se eu voltava mais, se eu ia de fusca gritando por ele ou ia em silêncio para não desorientá-lo com o eco, se dirigia rápido ou devagar, se ele estava na mata ou na estrada, se tinha ido atrás de um bicho ou mesmo corrido de um. Se eu fosse rápido demais eu podia passar por ele e não vê-lo, se eu fosse devagar demais um puma poderia estar devorando ele por completo. Tudo isso em frações de segundos passava pela minha cabeça.

Decidi voltar o mais rápido que pude, pois, se eu não o encontrasse, iria até a cidade, no quartel dos bombeiros onde o Claudio estava cobrindo uma folga e iria recrutar todos aqueles homens para fazerem buscas, até encontrarmos o Shurastey. Acelerei o fusca o máximo que pude, na maior velocidade que esse Dodongo podia rodar naquela pista, eu fazia as curvas jogando pedras para os lados. Quando passei do ponto onde eu havia feito a volta anteriormente, avistei uma caminhonete no sentido contrário e fiz um sinal para que parassem. Desci do fusca rapidamente e perguntei a eles se tinham visto um cachorro pelo caminho, um golden. Eles responderam que sim, perto do lamaçal.

"Gracias..." Nem esperei eles terminarem de falar, somente balbuciei um agradecimento e saí correndo para dentro do Dodongo, acelerando ainda mais aquele fusca pelos próximos 2 quilômetros. O meu pensamento era: "Se eu encontrar esse cachorro vivo, vou matá-lo!", e lembrei da minha mãe, dizendo essas palavras para mim quando eu era pequeno e aprontava das minhas, como quando eu sumia a tarde inteira sem dizer onde estava, só voltando no início da noite. Ela dizia "Eu vou te matar" e obviamente era de preocupação.

Eu, naquele momento, me senti envolvido com esse ser chamado Shurastey, da mesma forma que um pai se envolve com um filho. Eu já tinha amor por aquele cão, já tinha a certeza de que ele era muito importante na minha vida, mas ele ter sumido por breves momentos, sem eu ter a noção de onde ele estava, fez essa certeza aumentar em 1.000%.

Ao virar uma curva, todo aquele desespero se encerraria. Finalmente o avistei correndo, vindo em direção ao fusca, com a língua do tamanho do meu braço, correndo desesperado como se não houvesse amanhã. Eu então parei o fusca e fiquei esperando que ele chegasse até mim. Eu me vi sendo minha mãe nesse momento, eu percebi o tamanho das preocupações que eu dava quando eu sumia a tarde inteira, quando eu andava pelos parques de bicicleta ou até mesmo de ônibus enquanto minha mãe trabalhava, eu percebi o tamanho da preocupação que eu dava quando ela chegava e eu ainda não estava em casa. Ali eu entendi que "Eu vou te matar" também significava "Eu te amo".

Enquanto o Shurastey se aproximava, se eu queria matá-lo, também queria abraçá-lo e nunca mais soltar, queria amarrar aquele ser canino no fusca e nunca mais deixá-lo sair. Queria ao menos que ele entendesse o tamanho da minha preocupação naqueles longos 15 minutos. Mas acho que a única coisa que ele entendeu é que não dava pra passar pelo lamaçal sem o fusca.

Shurastey tem alguns hábitos estranhos, pode ser por causa de instinto ou sei lá o quê. Sempre que ele buscava a bolinha, trazia até mim e voltava até onde ela tinha ido para cheirar, então desconfio que, naquele dia, o que ele fez foi tentar voltar ao ponto onde nós paramos pela primeira vez para tirar fotos e brincar com a bolinha. Se não foi isso, não consigo imaginar qualquer outra explicação para ele sumir tendo corrido mais de 5 quilômetros para trás.

Por fim, dei um abraço, apertei, xinguei, xinguei muito e o coloquei para dentro do Dodongo. Tudo aquilo me deixou perdidinho, eu já não sabia se seguia a *ruta* ou se voltava para Chaltén. Decidi voltar para tirar a foto que eu planejava quando parei, e depois seguir até o lago Desierto, que ficava no final da *ruta* 23. Após todo esse sufoco, ao menos a foto rendeu, e rendeu o que deve ser a capa deste livro.[3]

Depois da foto e de todos esses sustos, primeiro com o fusca, depois o lamaçal e, por último e principalmente, o sumiço do Shurastey, seguimos até o lago Desierto. A cada quilômetro a estrada ficava mais estreita e o clima, mais frio, pois estávamos entrando no meio das montanhas, em alguns trechos até gelo tinha sobre o cascalho. Por fim, chegamos ao final da *ruta* 23 e ao lago Desierto, onde Shurastey saiu correndo e se jogou no lago. Eu não tenho nem ideia do quão gelada estava aquela água, e ele ali nadando na boa. Da margem, dava para ver o fundo do lago, que parecia ter 4 ou 5 metros de profundidade. A água era muito transparente, e se o dia fosse de sol, ao invés de nublado, a transparência seria ainda maior. Mas Shurastey não estava nem aí pra isso, ele só queria nadar e não saía da água de jeito nenhum. Tive que pegar um graveto e jogar no lago pra ele buscar e me trazer pra sair de lá.

Não havia nada nem ninguém, eu só escutava o barulho da água, do vento batendo nas árvores e dos poucos pássaros que viviam por ali. Uma tranquilidade absurda. Por mim eu viveria naquele local, na mar-

---

[3] **Nota do Editor:** A foto é realmente ótima e tentou-se utilizá-la para a capa do livro, entretanto a definição de imagem não estava boa. Assim, a solução foi usá-la, em tamanho menor, na contracapa, o que você pode conferir no verso da capa.

gem daquele lago, com aquela paz e sossego, fazendo minhas trilhas e usufruindo uma vida mais leve.

Momentos como esse, em que eu refletia sobre tudo o que estava vivendo e o que ainda viveria, em que eu parava para pensar em todos os 10 mil quilômetros que eu havia percorrido, as pessoas que havia conhecido, todas as que me ajudaram sem eu pedir ou me hospedaram, eu tive a certeza de que todo mundo um dia deveria fazer algo assim. Em vez de sair da escola, ir para a faculdade, casar, deveríamos partir para um ano de viagens, sem muita grana, sem roteiro, apenas viver e aprender a agradecer por cada pequena conquista, pelo pão e a cama que se tem, pelo chuveiro, pelos amigos. Isso deveria ser mais obrigatório do que o alistamento militar.

Fitz Roy

Conversei com o Claudio sobre a possibilidade de ficarmos mais um dia para podermos conhecer o Fitz Roy, e como para ele não tinha problema, combinamos para o dia seguinte a caminhada para o morro mais famoso da região. Nesse meio-tempo, ele recebeu mais pedidos de couchsurfing, de um argentino mochileiro e de outros dois amigos que estavam vindo de El Calafate. Rolland também estava vindo de lá para El Chaltén, e foi aí que eu pedi a ele que comprasse um roteador, pois na casa do Claudio havia internet, mas sem roteador para o wi-fi, e como Chaltén não possuía esse tipo de comércio, pedi a ele que comprasse por lá.

Acordamos cedo para o Fitz Roy. Já recuperados do cerro Torre, estávamos preparados para mais 10 quilômetros de trilhas, com trechos de montanha acima. E mais uma vez Shurastey e Gabbo tiveram que ficar em casa. Como a anterior, a trilha tinha um começo fácil, saímos por trás da casa de Claudio e já estávamos no início do caminho praticamente. E novamente os primeiros 5 quilômetros foram tranquilos, eu conseguia acompanhar o ritmo do Claudio. Nós íamos conversando numa boa, mas da metade pra frente as pernas começaram a falhar. O que me dava força era a paisagem estonteante. Que lugar incrível! Cada detalhe, o cerro Fitz Roy gigantesco aparecendo aos poucos nos trechos onde não havia árvores, os lagos congelados, onde Claudio dizia que fazia remo ali no verão e as pessoas se banhavam, apesar da água gelada.

O último quilômetro, uma subida coberta de gelo e neve, foi o pior, além de ser o mais cansativo, até por já termos percorrido 9 quilômetros. O gelo deixava tudo muito escorregadio, nos obrigando a seguir a passos lentos. Parávamos sempre que havia possibilidade, e nessas paradas aproveitávamos para encher as garrafas com a água que descia da montanha, aparentemente potável.

O trecho final concluí de língua pra fora. Os últimos metros até a subida ao topo, ou de onde poderíamos alcançar, foram os mais difíceis, mas a vista daquele lugar compensava todo esforço. O dia lindo que fazia, praticamente sem nuvens, também ajudava muito na visibilidade. As poucas nuvens que pairavam no ar eram justamente sobre o monte Fitz Roy, que está a mais de 3 mil metros acima do nível do mar. Muitos escaladores já morreram tentando escalá-lo. O Claudio até me contou que, poucos meses antes, dois amigos franceses haviam despencado de mais de 1.000 metros, enrolados nas cordas, e o que restou dos corpos, que haviam ficado em pedaços, foram enterrados no campo de gelo, pois era quase impossível retirá-los.

Chegamos ao final da trilha. A laguna que eu via nas fotos estava completamente congelada e coberta de neve, o monte estava envolto de nuvens. Retiramos as mochilas e nos sentamos para descansar e apreciar a bela vista do Fitz Roy e do vale pelo qual caminhamos. Linda a paisagem: a cordilheira ao fundo, as grandes montanhas cobertas de gelo, o vale onde Shurastey havia desaparecido no dia anterior e até mesmo o lago Desierto, tudo podia ser contemplado de onde estávamos.

Claudio, além de ser um dos melhores couchs com quem eu havia me hospedado, era um excelente guia e ainda ganhava pontos por ser bombeiro, pois, se algo acontecesse comigo, ao menos os primeiros socorros eu teria. O cara era bastante humilde, mais um amigo que a viagem me trouxe, algo que eu não esperava que fosse acontecer com tanta frequência. Se algumas pessoas com quem encontrei se sobressaíam, o Claudio era uma delas.

Havíamos vencido e chegado até a laguna, e olhando dali, o cerro ainda parecia imenso. Estávamos tão perto, mas mesmo assim parecíamos muito distantes, eu ficava imaginando o pessoal escalando até o topo, pois é uma escalada árdua, de mais de três dias. Se o clima colaborar, do topo do cerro se enxerga o lado argentino, o lado chileno, a cordilheira e toda cadeia de montanhas. Eu ficava só imaginando tudo o que se poderia ver, a emoção de chegar ao pico de um dos cerros, por causa de sua inclinação, mais difíceis de serem escalados.

Onde estávamos fazia bastante frio e ventava muito, ficamos mais de uma hora ali, apenas contemplando. Mas com os corpos parados, sem movimento, o frio só aumentava. Sinal de que precisávamos começar o processo de descida, o que foi ainda mais difícil no início por causa do gelo. Tanto eu quanto o Claudio caímos algumas vezes, mas felizmente quedas leves. Assim que terminamos a parte íngreme e onde havia mais gelo, em vez de seguirmos caminhando começamos a correr montanha abaixo, o que de certa forma cansava menos do que ir travando as pernas na descida. Ganhamos muito tempo na volta e estávamos num ritmo bem bom. E não estávamos cansados, muito pelo contrário, essa corrida montanha abaixo nos poupou energia.

Prosseguimos então caminhando, até bem próximo à entrada, onde voltamos a correr e onde Claudio deu o maior salto de peito de sua história. Eu estava correndo um pouco à frente dele, descendo outra parte da trilha onde havia algumas raízes soltas e altas pelo chão. Numa dessas, quando pulei por cima, Claudio enroscou o pé e saiu de peito quase que me ultrapassando, pois ele voou uns 2 metros pra frente, se embolando no chão. Por sorte, não foi nada grave e a única coisa que fizemos foi rir desse enorme tombo. E o Claudio, para mostrar sua vitalidade, assim que chegamos na cidade ainda foi correr com uma amiga. Eu obviamente fui pra casa ver Shurastey e descansar. Percorrer mais de 20 quilômetros de trilha já era mais do que o suficiente para um único dia.

Novos visitantes

O dia prometia ser agitado. Naquele mesmo dia chegaram o Lucas, o mochileiro argentino que havia combinado estadia com o Claudio assim que eu fosse embora, e logo depois o Rolland, que ficava na sua caminhonete e a única coisa que ele precisava era de eletricidade; o suíço trazia um roteador wi-fi. Eu estava sem acesso à internet no celular havia três dias. Tinha apenas entrado no Facebook pelo computador do Claudio.

Lucas era do norte da Argentina e mochilava desde fevereiro. Vindo de El Calafate, naquele momento seguia no rumo de casa. Ele já havia passado por alguns países e trabalhava nas cidades em troca de hospedagem e comida. Ficamos os três conversando, já Rolland ficou em sua caminhonete. Creio que o fato de terem dois cachorros dentro de casa não o agradou muito. Naquela mesma noite, Claudio recebeu mais uma solicitação de hospedagem, e para quem nunca tinha recebido ninguém na sua casa, aquela semana estava sendo mais do que agitada. Ele até perguntou pra mim e pro Lucas se haveria problema de vir mais duas pessoas na manhã seguinte. Respondi que por mim estaria tudo bem, a questão era onde esse povo todo iria dormir, já que só havia um sofá-cama. Lucas, que já tinha acordado em dormir no chão, reforçou meu ponto. Mas enfim, a casa era do Claudio e era ele quem decidiria.

A questão toda é que eu deveria partir logo pela manhã, mas com a chegada do roteador e consequentemente da internet, fui ter conhecimento de algumas coisas que então eu desconhecia, e uma delas era a forte tempestade de neve que atingia Bariloche, com temperaturas marcando -25°C. Bariloche era exatamente meu próximo destino depois de El Chaltén, apesar de serem mais de 1.200 quilômetros de distância. Além disso, no meio do caminho não havia nada, pelo menos nada que eu tivesse escutado falar e que valesse uma parada.

Outra coisa também que descobri foi o sucesso do vídeo que eu e Shurastey fizemos, em que ele imita as minhas expressões faciais. Estourou na internet, se tornando viral, e somente nos últimos três dias já estava com mais de 300 mil visualizações no meu perfil do Facebook! Eu já tinha recebido mais de 520 mensagens de empresas interessadas na reprodução do vídeo em seus canais de entretenimento, muitas em inglês, e conforme eu fui conseguindo ler e traduzir, numa das mensagens uma página na internet me oferecia 50% do lucro obtido com o vídeo. Fiquei sem entender nada. "Que lucro, como assim, um simples vídeo, do que vocês estão falando?", pensei. E como aquele texto era em inglês, fiquei com medo de assinar qualquer coisa e acabar me comprometendo. Eis que numa outra mensagem apareceu uma brasileira que trabalhava numa empresa de vídeos virais dos Estados Unidos e me fez uma proposta de 70% dos direitos do vídeo, e como adiantamento ela me daria 100 dólares, a depositar na minha conta-corrente. Eu sem entender muito o que estava acontecendo, achei que 100 dólares de adiantamento era algo a ser considerado tendo em vista que 1 dólar dava mais de 18 pesos naquela época, ou mais de 3,40 reais. Acabei por aceitar a proposta dessa empresa e esperar pelos pagamentos que ela havia me dito que seriam possíveis. Realmente esse vídeo, que fiz dentro do carro com meu cachorro, que gravei e postei sem maiores pretensões, me rendeu uma grana que propiciou muita coisa.[4]

Com tudo isso acontecendo, eu precisava resolver essas questões, passar mais tempo na internet, e assim pedi ao Claudio para ficar mais alguns dias, e ele havia dito que não tinha problema. Quanto aos outros dois viajantes que precisavam de hospedagem, sugerimos para ele somente avisar que já havia duas pessoas na casa, uma dormia no sofá e a outra dormia no chão, e eles também teriam que dormir no chão se quisessem ficar ali. E assim, na manhã seguinte chegavam mais dois ocupantes para a casa do Claudio.

---

[4] **Nota do Editor:** Este vídeo de fato viralizou mundo afora, Jesse provavelmente até perdeu o controle disso, embora tenha ganhado dinheiro com ele. Em algumas páginas da internet, chegou a ter mais de 8 milhões de visualizações, podendo ter ultrapassado dez vezes este número. O vídeo chegou até a ser exibido no Domingão do Faustão, na TV Globo. Você, leitor, pode assisti-lo no Instagram do Jesse, @shurastey_.

Além da chegada desses dois mochileiros e da neve que começava a cair, o dia começou com uma das melhores notícias da viagem. A vaquinha que havíamos feito, quando fui olhar, já estava com o valor alcançado. Em menos de três semanas havíamos conseguido o necessário para a compra da barraca! Teríamos assim que voltar ao Brasil para pegar a barraca e continuar nossa aventura pela América do Sul, que, com a barraca, tudo seria mais fácil. Dormir não seria mais um problema. Poderíamos passar a noite confortavelmente em qualquer lugar. Com o fusca eu podia estacionar e dormir dentro carro, mas não era a coisa mais confortável do mundo. Então aquele momento em que percebi que teríamos esse luxo, por assim dizer, foi muito bacana, eu me senti muito feliz e agradecido a todos que puderam me ajudar naquele momento.

Assim que os outros hóspedes chegaram, um argentino e o outro brasileiro, nós conversamos um pouco, mas nada muito além. Eles viajavam em outra *vibe*, deu pra perceber isso logo de cara. Estavam de certa forma mochilando, mas tinham grana pra isso. Eles haviam se conhecido em Ushuaia e tinham subido até El Calafate e agora El Chaltén, e o argentino já tinha cruzado com o Lucas em outras oportunidades. Por fim, eles ficaram apenas uma noite e logo na manhã seguinte já foram embora. Pegaram um ônibus de volta a Calafate e de lá seguiriam para Ushuaia, de onde eles tinham voo reservado. Não recordo o nome dos dois, pois, como não conversavam muito e ficaram pouco tempo, não cheguei a memorizar, nem mesmo o brasileiro era de falar muito. Ao contrário do Lucas.

Lucas não calava a boca um só minuto, falava e repetia e dava risada sozinho, era um cara muito divertido. Ele mais do que se ofereceu para seguir viagem conosco dentro do fusca. E eu, por mais de dez vezes, disse que não tínhamos banco dianteiro, que o único espaço disponível era no banco traseiro, junto com Shurastey. Mas ou ele não entendia ou não tinha visto o fusca, que por sinal dormia estacionado em frente à casa do Claudio.

Passamos mais um dia na casa do nosso anfitrião em El Chaltén sem muito o que fazer. Rolland, que já tinha partido para outra casa,

minha jornada com Shurastey

veio nos ver duas vezes, mas não porque gostava da nossa companhia, e sim para buscar o dinheiro do roteador que Claudio ainda não havia lhe dado. Mas todas as vezes que ele aparecia, Claudio não estava, ou tinha ido ao quartel ou estava passeando com Gabbo. Já eu, fazia dois dias que mal saía de casa, só me organizava pra viajar com o fusca novamente. Lucas tampouco fazia alguma coisa, nem mesmo comida, ele esperava eu fazer para comer. O cara estava mais quebrado e duro do que eu e o Shurastey juntos.

De sábado para domingo Claudio foi trabalhar, já sabendo que partiríamos domingo pela manhã. Segundo as últimas informações, as tempestades de neve para os lados de Bariloche já tinham passado e como eu ainda demoraria uns quatro dias até chegar naquelas bandas, acreditava que o gelo nas pistas já teria derretido, caso não nevasse nos próximos dias.

Foi no final da tarde de sábado que Lucas me perguntou sobre o fusca e pediu pra ver o Dodongo e o espaço que havia. Eu jurava que aquele louco não iria conosco, não tinha como ele querer se enfiar junto com Shurastey no banco de trás. Além disso, eu não tinha onde enfiar a mochila dele, que era duas vezes maior que o Shurastey. Mas assim que ele entrou no fusca e se acomodou, disse no seu sotaque castelhano *"tranquilo"*, e aí eu tive certeza de que iria levar um doido com a gente.

Eu não estava nem um pouco preocupado com o fusca, com o peso extra, estava preocupado com a falta de conforto que esse maluco iria passar, espremido junto com o Shurastey. Mas ele precisava daquela carona, pois não tinha quase nada de dinheiro, e seria bem difícil conseguir com outro carro em El Chaltén, já que naquela época do ano não entrava nem saía ninguém. Por tudo isso, ele se agarrou em nós.

Deixamos tudo pronto para que no dia seguinte pela manhã fosse só entrar no fusca, passar no quartel, se despedir do Claudio e agradecer pela hospitalidade e por ter sido guia por El Chaltén. E depois pegar a estrada rumo a Gobernador Gregores, povoado que ficava a uns 300 quilômetros de Chaltén e seria, em princípio, nossa próxima parada. Se chegássemos muito cedo, poderíamos esticar até a cidade de Perito Mo-

224

reno, mais uns 300 quilômetros, ou seja, em torno de 600 quilômetros num único dia de fusca e levando uma carona. Mas isso tudo dependia de como seria a estrada e de quão cedo nós iríamos sair e chegar lá, além de outros fatores.

Acordamos bem cedo, tomamos um chá, nos acomodamos dentro do fusca e fomos até o quartel dos bombeiros nos despedir do Claudio. Assim que entramos o encontrei com mais cara de sono do que o normal. Eu em especial o agradeci muito por todo apoio e a dedicação naqueles dias, principalmente por ter nos deixado ficar uns dias a mais do que o combinado. Não demoramos muito, pois considerava chegar em Perito Moreno naquele mesmo dia. Eu sabia que sempre que eu precisasse de um amigo naquela cidade eu poderia contar com ele, e o convidei para vir ao Brasil quando, claro, eu estivesse por lá e tivesse uma casa novamente.

Um maluco no pedaço

Lucas se acomodou como pôde, se encostou na lateral do carro, apoiou a cabeça na janela, esticou as pernas sobre todo o banco. Shurastey se ajeitou no meio de suas pernas, que era o único lugar que restava pra ele. A grande mochila do argentino ficou do meu lado, na frente, era o único espaço interno disponível, ou ela iria parar em cima do teto do fusca, amarrada com cordas. E assim partimos.

Tão logo saímos de El Chaltén, eu já sentia, novamente, saudade de algo que eu acabara de viver: a paz e a tranquilidade de uma cidade de 800 habitantes. Com certeza, uma semana era pouco para conhecer tudo o que Chaltén oferecia. Sem grandes prédios, somente a natureza por todos os lados, trilhas e mais trilhas que te levam, como ponto final, a um diferenciado sentimento de paz. Estar ali era como entrar num ambiente mágico onde nada pudesse te incomodar. Não tem como olhar para o Fitz Roy e ficar estressado, reclamar da vida. Tudo naquele lugar emanava uma energia positiva.

minha jornada com Shurastey

Entramos na *ruta* 23 e graças a Deus o vento soprava, dessa vez, a nosso favor, compensando o que havíamos sofrido para chegar em El Chaltén, quando a ventania jogava contra. Assim, aqueles 80 quilômetros passaram voando, literalmente. Lucas, que em menos de 30 quilômetros já estava dormindo com Shurastey entre as suas pernas, só acordou quando tive que parar para abastecer, no final da *ruta* 23, no ponto onde voltamos à *ruta* 40.

Dar carona a um *pelotudo* argentino não era apenas ajudar um mochileiro. Pra mim era o único jeito de agradecer por toda positividade que eu estava recebendo nessa viagem. Foram tantas pessoas boas que cruzaram meu caminho, que eu de alguma forma queria devolver a energia positiva que eu vinha recebendo. Eu não podia deixar aquele maluco parado em El Chaltén, sem apoio e sei lá por quantos dias, e como ele se propôs a ir com Shurastey no banco de trás, a única coisa que eu podia fazer era levá-lo até Bariloche.

Lucas era um cara muito engraçado. Quando não estava dormindo, não parava de falar sobre as brasileiras, queria saber como conquistar uma mulher brasileira. Eu, no meu espanhol capenga, disse a ele: *"Hermano, yo no sie, yo viajo com un perro e no com una mujer!"*. E não é? Se eu soubesse, eu não estaria viajando só com um cachorro, e sim acompanhado também de uma mulher... Ele se partiu de rir.

Assim foram os 600 quilômetros seguintes, somente risadas entre nós dois. Ele me perguntava como se dizia *"estoy enamorado"*, eu traduzia e mandava ele falar "estou apaixonado" e a cada vez que ele repetia, nos rachávamos de rir, principalmente porque ele esquecia rapidamente e então ficava repetindo, e do nada já se esquecia e me perguntava de novo. Então ele disse: *"Eo estou apaixounadoo por você, garotinea"*. Sim, essa foi mais ou menos a pronúncia dele. Eu tive que corrigi-lo e ensinar que no Brasil não se podia dizer "garotinha", pois seria como se fosse uma *"niña"*, uma criança, que ele então usasse "mulher" ou "mina". E quando eu disse "mina", ele se partiu de rir, pois imaginou uma mina de minérios. Demos muitas gargalhadas.

226

Logo após Chaltén, nos deparamos com um pedaço da *ruta* 40 que era completamente inóspito, puro *ripio*, uns 80 quilômetros aproximadamente de cascalho, onde não passava uma vivalma, tampouco havia casas ou algum tipo de fazenda. Mas vencemos e, antes das 14h, chegávamos a Gobernador Gregores, que à primeira vista nos pareceu feia e muito pequena. Paramos no posto de gasolina para abastecer, esticar as pernas e comer alguma coisa. Esquentei ali uma sopa que fiz na casa do Claudio e depois guardei dentro da panela numa caixa térmica (se bem que não faria muita diferença, pois mesmo com sol fazia um frio de lascar naquela região).

Meia hora para descansar e decidimos seguir viagem até Perito Moreno. Seriam mais uns 300 quilômetros até essa cidade, que tem o mesmo nome do glaciar, mas que não tem nada a ver com a famosa geleira. Teríamos cerca de quatro horas antes do sol se pôr por completo e morrermos de frio dentro do fusca. Shurastey já estava começando a estranhar a presença do Lucas, meio que se negando a subir dentro do carro, pois sabia que teria que dividir espaço com ele.

Seguíamos nosso caminho quando, para minha surpresa, fomos ultrapassados por um carro cuja placa era do Brasil. Até que não fazia muito tempo que eu havia encontrado com brasileiros, mas um carro com placas do Brasil, a última vez que vi fora em Colônia do Sacramento, no Uruguai. Ao nos ultrapassaram, eles buzinaram, também perceberam que éramos brasileiros.

Anoitecia quando chegamos em Perito Moreno. Fazia muito frio e não tínhamos ideia de onde dormiríamos naquela noite. Ou melhor, eu tinha onde dormir, o problema era o Lucas. Assim que chegamos na avenida principal, encontrei com os brasileiros da estrada entrando num hotel, enquanto nós seguimos para o posto de gasolina mais próximo. Primeiro de tudo era desligar o fusca, descer, esticar as canelas e soltar o Shurastey para ele se alongar também, já que fizemos mais de 300 quilômetros sem parar. Dei água e comida a ele e deixei que corresse um pouco, mas logo o coloquei para dentro do carro novamente e entrei na loja de conveniência do posto. Queria acessar o wi-fi e tentar encontrar

minha jornada com Shurastey

algum couchsurfing por ali. Ficamos quase uma hora na busca e nada de alguém responder, sem contar que já havíamos pedido em Chaltén.

De repente, vimos uma mulher se levantar de uma mesa com uma mochila ainda maior que a do Lucas. Eu e Lucas nos olhamos e eu disse: "Vamos ver se ela precisa de ajuda, quem sabe prendemos as mochilas em cima do fusca e dou carona a vocês dois". E saímos correndo atrás dela, mas diminuímos o passo para ela não pensar que iríamos assaltá-la ou fazer algo errado, pois dois caras correndo atrás de uma mulher mochileira às 21h era meio complicado. Quando a alcançamos, aí que fomos entender o tamanho da loucura das pessoas, e o que eu estava fazendo não era nada perto do que aquela menina fazia.

A andarilha

Lucy era australiana e estava havia mais de 6 meses caminhando. Sim, caminhando. Ela saiu do extremo sul do continente, Puerto Williams, e visava chegar no extremo norte, o Alasca, a pé, somente. Ela não usava bicicleta ou pegava caronas, quando tinha algum lago ou rio onde já sabia que teria que atravessar, o suporte dela, no caso os patrocinadores, levavam até ela um caiaque. Foi assim que ela passou pelo canal de Beagle e por outros pontos de água. Ela não falava quase nada em espanhol. Nossa comunicação se deu pelo Google tradutor basicamente, e tanto eu quanto o Lucas ficamos surpresos e enlouquecidos com o que ela fazia.

O projeto de Lucy demoraria mais de 4 anos para ser finalizado. Ela levava na mochila mais de 50 quilos de equipamentos, incluindo itens para sua sobrevivência, já que na maioria das vezes ela não andava por estradas, e sim pelas montanhas, acampava na neve, fazia sua própria comida, quase sempre em lugares inóspitos. Ela caminhava com um marcapasso, o que a controlaria no caso de pegar uma carona. Conversamos brevemente ali e perguntamos onde ela passaria a noite, e ela disse que estava indo a um camping onde estava um amigo que prestava suporte a ela.

228

ruta 40

Nos despedimos dessa doida e voltamos ao fusca, pois Shurastey estava lá sozinho e nós ainda tínhamos que arrumar um lugar para passar aquela noite. Trocamos ali as redes sociais para que pudéssemos acompanhar as aventuras uns dos outros. Quando chegamos no posto de gasolina, já estava por fechar, então tivemos que buscar outro, que se mantivesse aberto 24 horas, o que era um pouco difícil naquela cidade. Fomos a outro, que iria fechar à meia-noite. Então o pessoal do posto nos sugeriu o camping municipal, onde talvez eles nos deixassem ficar sem pagar pela estadia.

Demoramos um pouco pra achar esse camping e, depois de um papo com o caseiro, que cuidava do local, conseguimos convencê-lo a nos deixar dormir ali dentro. Eu e Shurastey dormiríamos dentro do fusca, enquanto Lucas ficaria no salão comunitário, onde o pessoal preparava as refeições. Ao menos ele não ficaria com frio ou sem dormir, se esticando naquele cantinho onde passou a noite. Eu liguei o aquecedor que comprei em El Calafate, e o fusca ficou mais quente do que se estivéssemos na Bahia. Era um aquecedor pequeno, mas deu conta de esquentar todo o carro. Tive até que abrir a janela para entrar um ar fresco (isso porque não estava com a força 2 ligada).

Passamos a noite ali, por sorte num lugar seguro, sem passar frio e sem ter que pagar também, o que era uma das coisas mais importantes, já que o dinheiro estava escasso, até para a gasolina. Foi uma das melhores noites dormidas dentro do carro, graças àquele pequeno aquecedor, que deixou o fusca um forno, deu até para dormir sem cobertas e com a janela aberta.

Durante a noite, comecei a conversar por WhatsApp com a australiana, que nos convidou para ir ao camping onde ela estava, disse que lá teria comida e lugar para dormirmos, caso ficássemos mais um dia em Perito Moreno. Sempre usando o Google tradutor com ela, combinamos de nos encontrar no camping do Raul, o dono.

Acordamos e saímos bem cedo do camping municipal. Lucas havia dormido melhor do que eu, segundo disse, pois onde estava era a

229

minha jornada com Shurastey

cozinha do camping. Pôde se esticar bem e não passou frio. Contei a ele que Lucy nos convidou para o camping e que nós poderíamos ficar mais um dia, comer e descansar por lá, e no outro dia seguir viagem até Esquel ou mesmo Bariloche. Ele disse que não estava muito a fim, que achava melhor seguirmos viagem. Mas como quem dirigia o fusca e tomava as decisões ali era eu, ficamos mais um dia – e não porque eu queria mostrar que decidia, mas por querer conhecer um pouco mais a história daquela louca.

Chegamos ao camping e de imediato deu para notar que era um lugar muito estranho, com uma casa meio velha, quintal malcuidado, pintura suja. Ao entrar, fomos recebidos por Raul, o dono do camping, um senhor de uns 65 anos pra mais, que praticamente estampava uma loucura na cara. Em menos de dez minutos que estávamos sentados na mesa, já percebemos que ele era completamente fora da casinha. Oferecia a Lucy comida a todo momento, ela olhava para nós e não aguentava mais, estava mais do que farta, mas ele praticamente a obrigava a comer. Conosco ele pouco falou, pois ele mais repetia as coisas que dizia do que soltava frases novas. Em um momento, vi em cima de uma prateleira uma cápsula, do que aparentava ser de um míssil, e então eu fiz a fatídica pergunta que levou todos ao riso, menos Raul, que continuou a repetir a mesma resposta por quase meia hora. Perguntei se aquilo era uma cápsula, e ele respondeu: *"Es um recuerdo... recuerdo, recuerdo, recuerdo..."*. Supus que ele fosse um militar que lutara na Guerra das Malvinas e estava completamente transtornado, enlouquecido. Foi a única justificativa que conseguimos pensar.

Passamos a manhã com Lucy, conversando e contando nossas histórias e já estava acertado que iríamos passar aquela noite ali e seguirmos viagem no dia seguinte. O velho havia saído e nós fomos ao bunker onde a australiana estava dormindo. Sinceramente, até hoje eu não sei como ela ainda está viva. Aquele bunker onde ela passou a noite era uma estrutura de metal com portas que fechavam por fora, e muito me lembrou os filmes de terror norte-americanos.

ruta 40

Começamos a descer nossas coisas para nos ajeitar dentro do bunker à noite. Eu estava preparando uma sopa para comermos, isso por volta das 15h, e fui para fora descascar umas batatas, quando Raul voltou. Ele me viu ali e nesse momento endoidou. Começou a gritar e a repetir inúmeras vezes que nós já deveríamos ter ido embora, que não poderíamos permanecer ali, que somente Lucy estava autorizada a ficar, que seu esposo viria em breve e que não teria lugar para nós. Sem chance de tentar argumentar, ele realmente estava fora de si, não escutava uma só palavra do que dizíamos. Por mais que Lucy tentasse falar, ele não a escutava, só repetia que não poderíamos ficar ali. Mas enquanto Lucy debatia com ele, voltei para dentro do bunker e fiquei tranquilamente fazendo nossa sopa, pois sabia que de nada adiantava se estressar, então iríamos comer, sair e pegar a estrada até onde desse.

Aquilo só serviu para aprendermos que não se deve confiar em ex--combatentes argentinos. Lucy ficou toda sem graça de ter nos convidado para o camping e Raul simplesmente ter surtado e nos expulsado, pois ela já havia conversado com ele sobre nós e aparentemente estava tudo certo. A andarilha ainda ficaria mais uns dias ali, até que seu noivo chegasse de El Chaltén, onde se encontrava. Ela viajava sozinha, mas o noivo a acompanhava de longe. E, para minha surpresa, ele estava vindo de carona com Rolland, o suíço. Foi aí que comecei a perceber que o mundo não é só pequeno, é na verdade do tamanho de uma rua, principalmente para quem viaja e conta com a boa ação dos outros. Sempre se acaba esbarrando nas mesmas pessoas.

Saímos de Perito Moreno por volta das 17h, e o objetivo era chegar e dormir numa cidadezinha a uns 130 quilômetros de distância: Río Mayo. Buscamos couchsurfing por lá, havia apenas um em toda a cidade, que não nos respondia. Lucas estava com cara de quem queria dizer "eu avisei", e eu, extremamente chateado com o que havia acontecido. E Shurastey, como sempre, seguia dentro do fusca dormindo entre as pernas do Lucas, sem se importar com nada do que se passava.

231

minha jornada com Shurastey

A odisseia de dois viajantes e um cachorro para encontrar um lugar para dormir

Chegamos em Río Mayo ao anoitecer. A cidade mal tinha um posto de gasolina, o que havia era muito precário. Paramos por ali. Já estava bem frio, tornando inviável seguir adiante, mesmo porque a próxima cidade se encontrava a muitos quilômetros de distância. Durante o caminho, tínhamos visto uma van parada na estrada, eu, na minha cabeça, por um breve momento, pensei em parar e perguntar se precisavam de ajuda, mas como estávamos numa corrida contra o tempo para chegar em Río Mayo e arrumar um lugar para dormir, segui em frente. Pois enquanto estávamos no posto conversando com os frentistas, a van chegou rebocada por outro carro. Conversamos um pouco, eles ficaram sem gasolina por causa de uma mangueira rompida. Me senti culpado por não ter parado para ajudar. Eu tinha um galão com 20 litros de gasolina extra, e eles poderiam ter chegado na cidade e me pagado essa gasolina, sem ter que ficar esperando pelo reboque. Enfim, são coisas que acontecem.

Enquanto Lucas tentava falar com o couchsurfing da cidade, eu tentava convencer os frentistas a nos autorizar que passássemos a noite ali, com o aquecedor ligado. Nós dois, sem sucesso. Nossa luta para achar um lugar para dormir sem que morrêssemos de frio continuava. Resolvemos pedir abrigo no posto de bombeiros, e lá fomos atendidos por uma mulher que nos indicou o ginásio municipal, onde havia um albergue público que talvez pudesse nos abrigar sem custos. Caso contrário, ela disse que poderíamos voltar ao quartel que nos cederia um espaço para montarmos a barraca e uma tomada para ligar o aquecedor.

Quando chegamos ao ginásio, tivemos de esperar quase duas horas até que a responsável chegasse. O pessoal estava jogando bola, ao menos esperamos lá dentro. Shurastey ficou brincando com algumas crianças enquanto conversávamos com os locais. Quando a responsável chegou, foi superatenciosa com a gente, perguntou se tínhamos como pagar alguma quantia, mas se não desse, não teria problema. Pegou nossos nomes e preencheu num caderno, para controle de hóspedes. E então fez um comentário que me deixou meio intrigado. Disse que os últimos a terem passado por ali fora um casal do Uruguai, que viajava de bicicleta. Eram os mesmos que tinham se hospedado nas casas de couch onde eu fiquei. Parecia que eu estava seguindo os rastros deles. Fazia menos de um mês que eles haviam passado por ali, fiquei na expectativa de talvez encontrá-los simplesmente para conversar e contar que fui recebido nas mesmas casas que eles.

Estadia acordada, fomos ver onde ficavam os dormitórios. Que contradição, disse o Lucas. Pois no dia anterior não tínhamos onde dormir, e nesse tínhamos mais de 20 camas disponíveis, todas limpas, com lençóis e travesseiros. Até mesmo o Shurastey se acomodou numa das camas, a que ficava mais perto da janela, que estava entreaberta. Dentro do alojamento, devido ao aquecimento ligado a noite inteira, fazia muito calor.

Eu e Lucas nos ajeitamos e esquentamos o resto da sopa que cozinhamos no camping do louco do Raul. Assim que deitei a cabeça no travesseiro, comecei a refletir sobre como certas coisas acontecem no momento certo e na hora certa, como era possível. Pois se não tivéssemos parado no camping do Raul e ele não tivesse nos expulsado, nós estaríamos dormindo no chão, sem aquecedor e num frio de lascar dentro daquele bunker. Eu brevemente agradecia todas as noites por tudo de maravilhoso que estava acontecendo comigo, independentemente do quão difícil tinha sido o dia. Ao dormir, eu sempre agradecia por não ser só mais um sobrevivente do sistema, agradecia por eu estar vivendo a vida.

Acordamos cedo, Lucas havia tomado banho antes de dormir e eu preferi tomar banho pela manhã. Aprontamos tudo, deixamos a chave debaixo do travesseiro e saímos pela porta dos fundos, onde o fusca estava estacionado. Shurastey se acomodou novamente com Lucas no banco de trás, tínhamos como objetivo chegar em Esquel, a uns 400 quilômetros de distância.

minha jornada com Shurastey

Esse trecho da Patagônia foi de longas horas de estrada com uma paisagem que não agradou muito. Lucas e eu seguíamos rindo e discutindo sobre como conquistar garotas. Cantávamos músicas latinas e eu ensinava algumas canções brasileiras pra ele, como as dos Mamonas Assassinas, simplesmente a melhor banda de músicas sem sentido desse nosso Brasil. Se pra nós, brasileiros, já é difícil de entender e compreender o que as letras dizem, imagina para um argentino.

Chegamos em Esquel, que por sinal era linda. Cravada no meio das montanhas, muito me lembrou Ushuaia, graças às paisagens e às montanhas cobertas de neve que cercavam a cidade. Nossa luta para encontrar um lugar para dormir, porém, recomeçava. Não tínhamos conseguido couch por lá e a primeira parada, como sempre, foi num posto de gasolina. Havíamos rodado por mais de cinco horas, praticamente sem parar. Uma das poucas paradas foi quando eu vi uma placa da *ruta* 40, e eu precisava registrar que estávamos passando por ali.

Parados no posto em Esquel, Lucas conversava com os frentistas tentando descolar hospedagem, enquanto eu fazia novamente uma sopa. O argentino, mais quebrado do que eu e o Shurastey, não tinha dinheiro nem pra comprar pão, então além de eu dar carona, também estava alimentando o bichão.

Naquele posto não fomos autorizados a dormir, então Lucas teve a ideia de ir até a igreja da cidade e falar com o padre para tentarmos passar a noite lá. Assim que chegamos na casa do religioso e ele nos recebeu, percebi pelo seu olhar que ele não iria nos ajudar e ainda daria uma desculpa bem esfarrapada. Fiquei do lado de fora com o Shurastey e quando vi o Lucas vindo cabisbaixo, concluí que eu estava certo. Perguntei o que o padre havia dito, e ele me respondeu que eles não podiam receber pessoas. Nesse momento eu queria argumentar com o padre, pois a igreja não era do padre, a igreja segundo a Bíblia era para ser a casa do Senhor, e o senhor Deus não é do padre. A casa do Senhor deveria estar aberta para receber todos os fiéis. Mas, para aquele padre, nos receber ou nos dar um cantinho dentro da igreja para dormir e escapar do frio que fazia não era algo da sua natureza. Ajudar o próximo

234

e ter compaixão não foi lhe ensinado. Eu saí dali indignado, com uma vontade de falar boas verdades àquele padre, pois eu havia sido recebido em muitas casas, por muitas pessoas que nem me conheciam, que nem perguntavam se eu era da mesma religião que elas, mas na igreja, nada...

Voltamos a focar nos postos de gasolina. Resolvemos fazer uma varredura em todos os postos, e por incrível que pareça nenhum deles nos autorizou a dormir e ligar o aquecedor para que não morrêssemos de frio. No fim da tarde, já fazia 0°C e nós só estávamos imaginando o quão frio seria durante a madrugada. Fomos a todos os postos, todos. Por fim, ficamos sabendo de um albergue municipal, o que nos deixou bastante animados, pois, se fosse parecido com o de Río Mayo, seria mais que perfeito. Chegamos lá, e o ginásio, que funcionava como albergue, estava rodeado de carros, com muitas famílias em volta, e de cara suspeitamos que teríamos que pagar para ficar ali. Dito e feito. Queriam nos cobrar 150 pesos de cada um. Basicamente era a gasolina para irmos até Bariloche. Sem muita conversa da responsável com a gente, ou pagávamos ou íamos embora. Nós não pedimos nem um quarto, pedimos apenas para dormir no ginásio, e mesmo assim sem chance.

Voltamos então para o centro da cidade, onde numa esquina eu tinha visto a estrutura de um posto de gasolina onde ainda não havíamos ido. Não era um posto ativo, em vez da loja de conveniência e de bombas de gasolina, existiam lojinhas, farmácia e um *kiosko*, como eles chamam uma distribuidora de bebidas. Estacionei o fusca debaixo da estrutura e vi uma tomada bem na minha frente na parede. Peguei a extensão, liguei e trouxe até o fusca, liguei o aquecedor e, por sorte, aquela tomada estava funcionando.

Lucas disse que iria ficar dentro da loja de conveniência do posto no centro da cidade, que ficava aberto 24 horas, e eu iria dormir ali, pois precisava descansar para dirigir no dia seguinte. Eu estava começando a arrumar o fusca para eu e Shurastey dormirmos, quando decidi ir até o *kiosko* comprar uma água. E aí veio uma das coisas mais doidas que já aconteceu. Eu não tinha dinheiro sobrando pra comprar uma garrafa de água e ainda levava um galão com 20 litros de água dentro do fusca – era só encher o copo e tomar. Mas algo me fez ir até esse *kiosko* para comprar uma água, algo me disse para eu ir até lá e comprar a tal água. Então entrei e fui até a geladeira, peguei a água e paguei 20 pesos, e enquanto eu estava pagando, a atendente perguntou o que eu estava fazendo ali, com aquele carro. Contei a ela brevemente sobre a minha viagem, sobre o Shurastey e disse que não tinha conseguido um posto para dormir e que iria passar a noite ali. Foi então que, mais uma vez, aconteceu algo que acho inexplicável. Ela simplesmente ofereceu um colchão no chão para que eu e o Shurastey pudéssemos dormir. Eu fiquei sem reação. Disse que não havia necessidade, mas ela insistiu. Acabei aceitando. Mas antes de realmente aceitar, terminei de contar nossa história, falei que havia o argentino conosco e perguntei se ele também poderia ir à sua casa, e ela prontamente confirmou.

Foi então uma caçada atrás do Lucas, que não me respondia no Whats nem estava no posto onde disse que estaria. Eram quase 20h30, o horário de saída da moça, que até esse momento eu não sabia nem nome, e nada do Lucas. Até que então ele apareceu, com um sorriso de orelha a orelha, feliz por eu ter conseguido um lugar para dormirmos. Contei a ele o que havia acontecido, e ele ficou mais surpreso do que eu, também não entendeu a lógica de eu ter ido comprar água, sendo que tínhamos um galão com 20 litros dentro do fusca.

No término do expediente da moça, fomos à sua casa, a poucas quadras de onde estávamos, Lucas a pé com ela, eu de fusca com o Shurastey. Estacionei bem em frente ao seu portão, entramos por um corredor, onde no final havia um monte de casinhas conjugadas, a dela era a primeira. Entramos e o lugar me lembrou muito do meu apê em Balneário Camboriú, pequeno porém muito aconchegante.

Shurastey assim que entrou na casa deu um corridão no gato da menina, de modo que o bichano sumiu o resto da noite, e aí ele tomou conta da casa, só pra ele. Finalmente nos sentamos e começamos a conversar mais tranquilamente, nos apresentando de verdade, e foi aí que soube o nome da moça, Rita. Uma jovem de 19 anos que abrigava pessoas totalmente desconhecidas dentro de seu apartamento. Por que eu ainda me espantava? Não era tanto por ela nos receber, mas pela forma como isso aconteceu, como as coisas conspiraram de tal maneira para que isso acontecesse, isso sim me deixava sempre muito, muito intrigado.

Passamos a noite rindo bastante. Rita contou que sentia uma vontade imensa de sair, viajar e que achava as pessoas que tinham essa coragem uma inspiração para que um dia ela também fizesse isso. Ela aproveitou que estávamos mortos de fome, e já meio enjoados da minha sopa, e preparou uma torta. Bem, era uma torta de verduras e legumes, mas no final até que estava boa.

Logo depois que Rita foi dormir, aproveitei a casa segura, longe do frio e com acesso à internet para buscar couchsurfing em Bariloche, só pra mim e Shurastey. Lucas iria nos deixar, e eu queria conhecer a cidade. Buscava um lugar onde eu pudesse passar dois ou três dias. Nos acomodamos em colchões no chão da sala e o Shurastey dentro do banheiro, onde era mais fresco. Como a casa dela era bem pequena, um simples aquecedor deixava tudo bem quente.

Despertamos cedo, e no que acordamos constatei que eu havia conseguido um couch em Bariloche, para três dias. Saímos antes mesmo da Rita acordar, infelizmente não conseguimos nos despedir e agradecer novamente, mas mantivemos contato pelo Instagram.

Bariloche não era muito distante de Esquel, e em poucos quilômetros eu e Shurastey iríamos nos despedir da nossa pedra no sapato. Brincadeira, Lucas era humilde demais, um mochileiro de verdade que estava fora de casa fazia muito mais tempo do que eu e que iria voltar apenas por uns meses.

Durante o caminho encontramos neve na estrada, mas era muito pouco. O percurso até chegar em Bariloche era um dos mais lindos que eu já havia passado. Tudo era incrivelmente fantástico, o cenário, as montanhas cobertas de gelo. E era só descida, não parávamos de descer, passando por várias cidades em meio a lagos e mais lagos. Era de uma paz tamanha, eu tinha certa vontade de ficar em cada uma daquelas cidades e conhecer cada canto daqueles lugares. Tudo era surreal, mas

minha jornada com Shurastey

tínhamos que seguir adiante, principalmente porque eu havia conseguido couch em Bariloche.

Assim que chegamos, parei na entrada da cidade e nos despedimos do Lucas, deixando-o ali para que pudesse pegar uma nova carona. Ele não queria ficar em Bariloche, pois havia estado ali antes, já conhecia. Assim ele pegou sua enorme mochila, nos agradeceu e, após mais de 1.200 quilômetros viajando de carona conosco, seguiu seu rumo. Desde que o Lucas começou a viajar com a gente, de El Chaltén a Bariloche, eu me sentia retribuindo toda a boa energia positiva que eu tinha recebido das pessoas por onde eu havia passado. O pouco que fiz por ele me deixou muito feliz.

Bariloche

Os rumores sobre Bariloche estar abaixo de neve depois da tempestade que deixou a cidade sem luz e sob recordes de temperatura negativas (-25°C) se foram, pois quando chegamos fomos recepcionados por um belo sol e um clima bem agradável. Nathi, que seria a nossa couch, só estaria em casa no final da tarde, e nós havíamos chegado pouco antes do meio-dia. Aproveitei então para dar uma boa volta pela cidade e conhecer o centro de Bariloche. E o que encontrei foi uma cidade brasileira na Argentina. A cada passo que eu e o Shurastey dávamos só escutávamos português. Eram brasileiros conversando entre si por todos os lugares. Realmente quase não se ouvia o espanhol. Os argentinos assim poderiam ter uma noção de como era ser invadido por estrangeiros numa cidade, já que todo ano milhares de argentinos inundavam Balneário Camboriú. Eu já tinha escutado que nós, brasileiros, tomávamos conta de Bariloche no inverno, mas jamais imaginava tamanha quantidade de pessoas.

Bariloche era um sonho, conhecer e passear por esse lugar que eu só ouvia falar na televisão foi muito bacana. Mas, para ser bem sincero, Ushuaia e El Chaltén são cidades muito mais bonitas, com uma paisagem de realmente tirar o fôlego e que me impressionaram mais.

238

Aproveitamos o final da tarde brincando com a bolinha na beira do lago, enquanto esperávamos até que a Nathi chegasse em casa e mandasse a localização. Ali eu estava pensando em como seria atravessar as cordilheiras e desbravar o lado chileno, logo após San Martín de los Andes. O fusca estava ótimo, e chegar ao Pacífico era um dos objetivos mais aguardados por mim. Mesmo sabendo de suas águas geladas, alcançar esse oceano era um sonho, que não seria realizado nesta viagem, porém.

Por volta das 17h30, Nathi nos mandou mensagem e fomos ao seu encontro. Seria a primeira vez que eu e Shurastey ficaríamos na casa de uma couchsurfing mulher, ou que vivesse sozinha. Nathi morava nos arredores da cidade, junto à estrada, e nós estávamos do outro lado, presos num trânsito ferrenho. Chegamos ao anoitecer. Sua casa ficava num bairro aparentemente tranquilo, num minicondomínio fechado, com várias casas no mesmo padrão. Ela tinha um cachorro, que não me recordo o nome, um baixinho invocado que nos primeiros minutos com o Shurastey, ainda no quintal, até que se deu bem, mas foi só a gente ir pra dentro que o bicho endoidou, queria avançar no Shurastey, que, assim, teve que ficar lá fora, e eu entrei sozinho. Era um sobrado, embaixo havia a sala e a cozinha, em cima, um quarto e um banheiro.

Nos sentamos à mesa e tomamos um mate, Nathi então começou a perguntar sobre minha viagem, sobre o que eu andava fazendo por aquelas bandas, e eu dei aquele resumão básico como fazia toda vez que chegava numa casa nova. Depois, ela me disse que naquela noite haveria um encontro de couchsurfing e que se eu não estivesse muito cansado poderíamos ir, pois costumava ser bem divertido. Honestamente, eu estava exausto, mas aceitei o convite, pois seria mais uma oportunidade de conhecer pessoas locais e que pudessem me dar dicas de lugares para visitar.

O encontro seria mais tarde e eu e Nathi seguimos conversando. Ela me contou que se mudara para Bariloche a trabalho com seu ex-marido, do qual se separou não havia muito tempo, e depois disso ela começou a receber hóspedes pelo couchsurfing, queria conhecer pessoas diferentes e ter uma outra visão do mundo. Por fim, disse que isso

minha jornada com Shurastey

era um preparatório, pois ela também planejava fazer o mesmo: sair e vivenciar o mundo.

Enquanto conversávamos, Shurastey, que estava do lado de fora, resolveu entrar no fusca e dormir, o que só fui perceber quando fomos para o encontro de couchs. Deixei-o dormindo ali e seguimos no carro da Nathi. Chegamos num pub argentino, que estava lotado, e numa mesa no fundo do bar se encontravam mais de 15 couchs, todos conversando, dando risada e contando suas histórias.

Nathi me apresentou às pessoas. Estava muito bacana, mas tudo era uma bagunça, não se entendia nada nem ninguém. Nas tentativas de comunicação que tive, conheci Albert, que havia viajado pelas Guianas e Suriname, e me passou algumas dicas. No nosso papo, contei a ele sobre as pessoas que eu havia encontrado e surpreendentemente ele conhecia a australiana que viajava a pé e também o casal de uruguaios que estava de bicicleta. Nesse momento, eu tive a certeza de que havia uma rede interligando as pessoas que estão numa mesma sintonia, com o mesmo objetivo, com a mesma energia. Desde que fiquei na primeira casa de um couch, comecei a reparar nessa ligação, nessa conexão em como o mundo se torna pequeno quando se precisa de pessoas boas e você está com a energia positiva. Seguimos a noite toda conversando, bebendo e compartilhando nossas histórias de viagem, as passadas e futuras.

Já passava da meia-noite quando voltamos para casa, Shurastey seguia quietinho dormindo dentro do fusca. Abri a porta para que ele pudesse sair, dar uma volta e brincar um pouco, mesmo naquele frio. Não nevava, mas o frio era intenso e ventava muito, o que só piorava a sensação térmica. Não demorei assim a recolher o Shurastey para dentro do fusca e fui me acomodar no sofá-cama que a Nathi tinha na sala.

Dormi muito naquela noite, tanto que acordei pelas 10h, e só porque a Nathi me chamou. Eu estava realmente cansado da viagem de Esquel a Bariloche e fiquei mais ainda após o encontro no bar que (pra mim) foi até tarde. Ela deveria trabalhar, mas se sentiu indisposta e preferiu ficar em casa. Me acordou para tomar café antes que desse a

240

hora do almoço; como não sou acostumado a comer pela manhã, ou por não ter comida ou pelo simples fato do hábito, apenas me levantei e me desculpei por ter dormido tanto, agradecendo e recusando o *desayuno*.

O mate, porém, não recusei, e assim ficamos horas ali, bebendo, conversando, debatendo sobre política, religião, sobre a vida e sobre tantos outros assuntos que eu já havia conversado tantas outras vezes com as pessoas que nos recebiam, e que ali ficou ainda mais claro que todas tinham a mesma base de pensamento. Mas parece que algo que eu disse ficou guardado na mente dela, a frase "sempre pensamos no problema, e não na solução". Até hoje, quando conversamos pelas redes sociais, ela repete essa frase, dizendo que sempre que está com problemas lembra dos meus ensinamentos. Para falar a verdade, essa foi uma frase que bolei no meio da conversa e que também vem me acompanhando desde então.

À noite, Nathi se propôs a fazer capeletti para comemorar a minha visita, que seria bem breve. Então fomos até um supermercado comprar a massa e preparar os capelettis, que ela havia aprendido com um outro hóspede. Ela insistiu que eu cozinhasse, mas eu, na minha imensa sabedoria de cozinheiro de miojos, não quis arriscar. Eu fazia comida pra mim, o que já estava pra lá de bom. E às vezes ainda abusava da pimenta. Passamos a noite preparando a massa e cortando os capelettis, dando muita risada e compartilhando momentos únicos. Eu teria apenas mais um dia em Bariloche, e nesse dia eu queria aproveitar para percorrer alguma trilha, conhecer algum lugar bacana que não fosse o centro da cidade para tirar fotos.

O dia seguinte amanheceu nevando. Quando parava de nevar, chovia. Estava um clima estranho em Bariloche. Assim que o tempo deu uma amenizada, peguei o Shurastey e fui fazer uma trilha que o pessoal do couch, no bar, me recomendou: o cerro Campanário. Morro bem conhecido em Bariloche, possui um teleférico que leva até o topo, mas quem prefere se aventurar (e não gastar) sobe pela trilha, como nós fizemos. O caminho estava bem molhado e escorregadio, eu e o Shurastey caímos várias vezes no trajeto. Demoramos pouco mais de

minha jornada com Shurastey

30 minutos pra chegar até em cima, onde fomos recompensados com uma linda vista da cidade e dos lagos da região. Havia muita gente no topo do morro, graças à facilidade do teleférico, e, mais uma vez, muitos brasileiros, o que mais se escutava era o português. Eu tentei passar despercebido por eles, não queria ser identificado como brasileiro. Não sei por quê.

Esse foi o único passeio que fizemos em Bariloche. Não percorri nenhuma outra trilha, tampouco fomos conhecer algum outro lugar que não o centro da cidade. Como minha estadia por lá seria de apenas três dias, sendo na verdade apenas um completo, no dia seguinte já iríamos embora. Fizemos essa trilha que valeu muito a pena, principalmente por causa da descida, que rendeu mais tombos ainda, sendo alguns deles provocados pelo Shurastey que vinha correndo e me derrubava.

Não ficamos muito em Bariloche, apenas três dias, o tempo que havia pedido a Nathi, que no dia seguinte receberia outros hóspedes de couchsurfing. Nos despedimos dela e seguimos rumo a San Martín de los Andes.

No caminho até lá, fomos por um estrada excepcional, conhecida como *ruta dos 7 Lagos*. Não sei se vi esses sete lagos, mas com certeza vi belas paisagens com campos de neve, lagos e, ao fundo, imponentes montanhas. Num desses campos, não resisti: parei o fusca, desci com o Shurastey e fomos correr e brincar na neve. Logo depois, ao voltar a dirigir, nos deparamos com um bando de vacas na estrada, e foi muito engraçado (somente para mim, é claro), pois o Shurastey ficou todo estressado, não parava de latir pra elas. Por certo, achou que fossem cavalos, o seu maior pesadelo.

Este percurso terminava em San Martín de los Andes, cidade bem menor e menos turística do que Bariloche, mas não menos charmosa. O que me ganhou mesmo, porém, foi a paisagem do entorno, tão linda, tão fantástica, que resolvi acampar por ali, até porque o tempo estava bem agradável. Montei a barraca no topo de um morro, com vista para o lago e para as montanhas, todas cobertas de neve em sua imponência.

Foi em frente a essa paisagem idílica que dormimos e acordamos. Passamos o dia apenas curtindo o visual, tirando fotos, brincando de bolinha, escalando rochas – onde o Shurastey demonstrou ser um verdadeiro cachorro-aranha, ao pular entre os rochedos. Tudo tão bom e prazeroso que passamos uma segunda noite na barraca, no meio daquela paisagem fantástica. Esta foi talvez a última noite verdadeiramente curtida e despreocupada da viagem.

CAPÍTULO 11

DE OLHO NO BRASIL

Perrengues com o fusca

Zapala, a uns 250 quilômetros de distância de San Martín, era o destino seguinte, e no caminho comecei a perceber pequenas falhas no motor. Mas tudo bem, conseguimos chegar nessa cidade, indo direto para o posto de gasolina. Abasteci, fiz um rápido lanche, troquei umas ideias com uma simpática senhora, a quem contei brevemente sobre minha viagem, e comecei a preparar o fusca para dormirmos por lá. E aí, me pegando de surpresa, a senhora bate no vidro do carro e ofereceu a sua casa para passarmos à noite. Uma casa quentinha, com um bônus de janta, claro que aceitei.

No dia seguinte, acordei, agradeci minha anfitriã e voltamos à ruta 40. E os problemas do fusca voltaram também. Dando sinais de cansaço, o fusca parou. Abri o capô, mas não consegui resolver. Fiquei na estrada, esperando alguém parar e ajudar. Um casal europeu, ele alemão, ela húngara, acredito, foram as boas almas do momento, que estacionaram seu carro atrás do meu e me ajudaram a trocar as velas. Voltei a rodar.

Ou melhor, voltei a rodar por mais 80 quilômetros. Mais uma vez, eu e Shurastey nos vimos parados junto ao fusca. Mais uma vez, mais de um hora esperando alguma ajuda. Dessa vez, um senhor argentino parou, tirou as velas, limpou, deu uma geral no motor. Consegui dar partida. Eu o segui até a sua cidade, Chos Malal, onde ele me levou ao camping municipal e conseguiu que eu ficasse lá sem pagar. No dia seguinte pela manhã, este senhor, quase um anjo da guarda, voltou a se encontrar comigo trazendo velas novas para o fusca, o que ele mesmo trocou. Assim, extremamente agradecido, retornei à estrada, conseguindo rodar razoavelmente bem, ainda que sem forças na quarta marcha, mas o suficiente para percorrer aquela via de cascalho, que soltava muita poeira, e subir as ladeiras que apareciam.

Ainda havia muito chão pra rodar até Mendoza quando, após uns 350 quilômetros desde a última parada, o fusca novamente pifou. Fui conferir e o motor estava muito quente, sem que eu soubesse o que fazer. Confesso, eu já estava cansado desta função, e cansei mais ainda pelo tempo de espera, dessa vez quatro horas e meia. Quase cinco horas em que eu e o Shurastey apenas esperávamos alguém passar, parar e ajudar. O problema nem era que o pessoal por lá não parava pra socorrer, antes pelo contrário, na Patagônia há um grande senso de ajuda comunitária. O problema era que a estrada tinha pouquíssimo movimento, você pode rodar por horas e horas sem ver uma alma viva, um carro passando.

Por fim, depois de tanta espera, quando já estava quase escurecendo e esfriando, uma caminhonete apareceu, parou e enganchou o fusca, nos levando até a próxima cidade, Malargüe, a 130 quilômetros de distância. Ao chegarmos lá, parados num posto, resolvi trocar mensagens com o Marcos, que montou o baú em Punta Arenas, e ele deu uma dica valiosa: colocar um óleo mais grosso no motor, viscoso, e assim eu fiz, completando com um óleo 90. E não é que funcionou?! Ainda que inseguro, conseguimos rodar mais 325 quilômetros até Mendoza, a maior cidade da região, onde, por indicação de um amigo, fui dormir na casa de um apoiador de motoqueiros. Ao menos naquele dia, eu tinha escapado do sufoco.

Altos Cumbres

Mendoza é cheia de atrativos, famosa pelas vinícolas, mas eu não estava pilhado em conhecê-la. Tanto que no dia seguinte partimos. Assim que saímos da cidade, rumo a Córdoba, abandonamos a *ruta* 40 e começamos a trafegar em rodovias movimentadas como não víamos havia tempos. Pedágios voltaram a aparecer. A viagem claramente mudava o foco: já não estava mais sendo para aproveitar todos os lugares, a cada instante; nesse momento, o objetivo final era chegar ao Brasil o quanto antes.

O motor ainda falhava, mesmo que usasse óleo 90 em maior quantidade, o que me obrigava a parar a cada 100 quilômetros e esperar por cerca de 30 minutos até que o motor esfriasse, e então prosseguíamos. O próximo objetivo era conseguir chegar a Córdoba, onde amigos de Beda já me esperavam, e um deles era mecânico de carros, que provavelmente poderia me dar uma ajuda. Na estrada, meus pensamentos voavam. Relembrei tudo o que já havíamos passado, tudo o que vivemos, tudo o que eu e Shurastey aprendemos.

O Shurastey, mais do que parte dessa história, foi fundamental para que essa viagem acontecesse. Três meses sozinho por terras estrangeiras e a minha única companhia era ele. Claro, houve todos os amigos que fizemos, mas, quando entrávamos no fusca, era só eu e ele; nos principais perrengues, era só eu e ele. Não existia melhor companhia, independentemente do que poderia acontecer, ele sempre estaria comigo. Não importava o frio que iríamos passar, ele me esquentaria, sem reclamar, sem questionar. Ele estava nessa por minha determinação, mas tenho certeza de que se ele pudesse escolher entre ter ficado em casa ou me acompanhado, mesmo que fosse pra debaixo de uma ponte, ele escolheria vir comigo. Shurastey naqueles três meses era a minha grande preocupação: se ele estaria bem no dia seguinte, se ele estava contente, se não estava estressado de alguma maneira. Mas era visível, diariamente, que ele só queria estar comigo, correndo e brincando, não importasse o lugar.

Pela *ruta* 7, conseguimos chegar em São Luis, onde parei para comprar chocolate e dar uma descansada. Eu me indagava se tentaríamos

de olho no Brasil

seguir no mesmo dia até Córdoba ou até onde pudéssemos alcançar. Como ainda era cedo, decidi arriscar mais alguns quilômetros e tentar chegar o mais perto possível da subida dos Altos Cumbres, que tem sua altitude máxima a mais de 2.300 metros acima do nível do mar. O fusca teria que aguentar subir, então quanto mais próximo eu conseguisse chegar, mais frio estaria o motor, e provavelmente chegaríamos com maior facilidade ao topo. Depois seria só descida, e não iria necessitar de tanto esforço.

A cidade mais próxima do início da subida era Villa Dolores, de modo que eu e Shurastey teríamos ainda mais uns 200 quilômetros para rodar naquele dia. Fazia um sol infernal e foi a primeira vez que rodei com os vidros abertos por não aguentar o calor, que colaborava para o aquecimento do motor e fazia minhas paradas serem mais demoradas. Mesmo assim, porém, o motor estava indo muito bem, quase não dava sinais de falha.

Faltando menos de 80 quilômetros até Villa Dolores, vi um carro parado no acostamento e ao lado um senhor pedindo ajuda. Confesso que fiquei meio com medo de parar por ali, pois já estava anoitecendo e não havia nada por perto, poderia ser uma armadilha, e eu precisava seguir minha viagem para não chegar muito tarde. Mas senti que deveria parar, e assim fiz, descendo para ver se eu poderia ajudar. Lembrei da vez em que parei para os dois argentinos que pediam carona no Uruguai e logo em seguida alguém parou e levou os dois.

Chateado, o homem disse que seu carro estava com problemas, não estava mais ligando e que precisava de uma carona até sua cidade, Quines, a uns 30 quilômetros dali. Mostrei a ele que não tinha banco dianteiro e que eu viajava com meu cachorro. Contei a ele sobre o Lucas, e que se ele quisesse ir com o Shurastey no banco de trás, eu o levaria até o seu destino. Ele olhou, pensou e resolveu aceitar, já que estava ficando escuro e seria muito mais difícil conseguir ajuda. Mais uma vez teríamos companhia dentro do fusca, ainda que agora por poucos quilômetros.

minha jornada com Shurastey

Um senhor de poucas palavras e um tanto estranho, meio quieto demais para quem estava sendo ajudado no meio do nada, mas seguimos e chegamos na sua cidade, onde eu o deixei na frente de sua casa. Ele me agradeceu, mas saiu meio que reclamando por ter viajado espremido numa posição meio desconfortável. Logo eu iria perceber que o mau humor era algo corriqueiro daquela pequena localidade. Como já estava tarde, decidi dormir por ali, embora Villa Dolores estivesse a menos de 60 quilômetros, um pequeno trecho que eu planejava percorrer no dia seguinte pela manhã.

Naquele momento, eu só precisava achar um posto de gasolina onde eu pudesse ligar meu aquecedor para não passar frio, pois depois daquele calor que fizera na tarde, a noite prometia ser bem fria. Cheguei no primeiro posto, onde fui falar com a atendente e ela, com uma cara fechada, me disse que não poderia autorizar que eu dormisse ali, muito menos ligar o aquecedor na tomada, e só quem poderia autorizar era o gerente, que não viria mais naquele dia. O problema não estava por ela não poder autorizar, isso é mais do que aceitável, a questão toda foi a forma como ela falou, com desprezo ao meu ver. Quando perguntei se havia outro posto de gasolina, algum que fosse 24 horas, onde eu pudesse dormir, ela me respondeu: *"Aquí hay más estaciones de servicio, puedes caminar y encontrar otras"*. Nesse momento, eu nem esperei ela terminar, virei as costas, entrei no fusca e fui embora. Na entrada da cidade havia outro posto, onde fui ver a possibilidade de dormir.

Quando cheguei, abasteci primeiramente e já no olhar do frentista percebi que aquela cidade era de pessoas extremamente de mal com a vida. Quando fui perguntar se eu poderia ligar o aquecedor na tomada, eles simplesmente disseram que não, e que no posto só podia dormir se pagasse uma taxa. Argumentei dizendo que eu havia abastecido, mas sem conversa, todos com cara fechada e mal-humorada, apenas negaram.

Eram quase 21h quando decidi que não passaria a noite naquela cidade, uma energia péssima rodeava aquele lugar. Coloquei Shurastey pra dentro do fusca e seguimos de noite, no frio, rumo a Villa

248

Dolores. Apesar da distância ser curta, eu já estava cansado, tinha rodado mais de 400 quilômetros e queria poder dormir logo. A cada quilômetro eu sentia que o fusca ficava mais fraco, começava a falhar com mais frequência, já não estava mais aguentando rodar tantos quilômetros num único dia.

Chegamos em Villa Dolores com o fusca peidando e quase sem força. Consegui achar um posto de gasolina muito bom, com um grande estacionamento para caminhões e carros, com cobertura e tomada na parede. Dessa vez, nem fui perguntar, simplesmente parei o carro numa vaga, liguei o aquecedor na tomada e fiquei brincando de bolinha com o Shurastey. Villa Dolores, ao menos, era mais receptiva, os frentistas todos ficaram brincando com Shurastey, e ficamos conversando sobre o fusca e sobre a viagem, até a hora de dormir. No dia seguinte, percebi que o nível do óleo estava bem baixo, então comprei mais um litro de óleo 90 e completei. O motor estava consumindo muito óleo, mas rodava.

Assim, conseguimos chegar em Altas Cumbres, a 2.300 metros, a maior altitude que o Dodongo alcançou, mesmo com todas as dificuldades. Na sequência, fomos a Córdoba, parando na verdade em uma pequena cidade nos arredores, Cosquín, afinal ali vivia um mecânico, José Canali, indicação de um amigo (o Beda, sempre ele), que não apenas trabalhou na revisão do fusca como nos hospedou em sua casa. Uma família muito simpática, que nos abrigou por quase uma semana, enquanto José fazia o que podia com o fusca. E realmente fez o que pôde, longe da perfeição, mas o suficiente para voltarmos à estrada, afinal ainda havia duas cidades (Santa Fé e Resistência) e um país até chegarmos no Brasil.

Paraguai

Quarto país. Última fronteira. Depois de tantas coisas vividas e dos últimos problemas que vinha enfrentando com o fusca, chegar ao Paraguai e cravar o quarto país na minha trajetória era uma questão de honra. Assim que atravessamos o *paso* fronteiriço da Argentina com o Paraguai, novamente um choque de cultura e civilização: muito lixo nas ruas, pessoas muito simples e humildes circulando, carros velhos trafegando – muito mais antigos e destruídos do que o meu. Era incrível o que uma simples linha de fronteira era capaz de separar, uma cultura completamente diferente da outra, um povo e um governo totalmente distintos um do outro. Mas eu não estava ali para julgar e afirmar qual era melhor, e sim para vivenciar cada segundo, cada canto e aprender com cada pessoa.

Bati a foto que marcou a nossa chegada ao Paraguai e, como o sinal do celular da Argentina já não funcionava mais na fronteira, tive que esperar para postar. Entrar naquele país, sabendo que eu estava tão perto de casa, não da minha casa propriamente, até porque eu já não tinha mais casa, mas perto do Brasil, da nossa casa maior, me deixava extremamente contente. Só de saber que em menos de 350 quilômetros eu estaria pisando em solo brasileiro novamente e que todos os meus problemas com o fusca seriam resolvidos muito mais facilmente me deixava com uma tranquilidade indescritível.

Nós seguíamos para a capital paraguaia, Assunção, enquanto Shurastey, que havia me acompanhado a viagem toda, estava mais um vez do meu lado, com a cabeça encostada no meu ombro. No caminho, um pedágio, e eu sem guarani, a moeda paraguaia, tive que pagar duas vezes mais pelo valor com a moeda argentina. Em poucos minutos, já estávamos no nosso destino.

Em Assunção, quem nos esperava era uma brasileira que cursava medicina na faculdade do Paraguai, Ariete, vinda lá do interior do Mato Grosso. Ela seguia nossas redes sociais e disse que teria um canto para nós dormirmos no seu apartamento. No início da tarde já estávamos lá. Ao chegarmos, Ariete nos recebeu muito bem. Fazia tempo que eu não falava português pessoalmente com um brasileiro. Ela simplesmente era apaixonada pelo Shurastey, eu mal tinha entrado e ela já estava rolando com ele pelo chão. Ela me contou que no seu curso de medicina

de olho no Brasil

havia uma turma de brasileiros no mesmo prédio, e muitos, eu iria descobrir, iriam aparecer por ali.

Logo as amigas da Ariete começaram a chegar, e mais e mais brasileiros. O apartamento, que poucos móveis tinha, estava cheio de amigos que queriam nos conhecer, obviamente em especial o Shurastey. Depois do vídeo que viralizou e das reportagens em alguns grandes jornais, nosso número de seguidores subiu muito rapidamente. Ficamos à tarde conversando, eu contando todas as aventuras que passamos, como sempre, mas dessa vez contava em português. E como era bom poder falar português novamente! E falar muito, porque eu estava com vontade de contar as aventuras na minha própria língua. Enquanto alguns me escutavam atentamente, outros ficavam no chão brincando com o Shurastey.

À noite, eles já tinham se programado para sair para uma baladinha na noite paraguaia. Eu, havia mais de 3 meses sem sair para uma festa, sem ir para uma balada, já estava completamente desacostumado com isso, sem contar que eu só tinha minhas roupas de viagem, que estavam mais batidas, velhas, usadas e surradas do que o fusca. Mesmo assim, resolvi acompanhá-los na festa. Deixei Shurastey no apartamento da Ariete e fomos pra noite. Sinceramente, eu não estava nem um pouco com vontade, parecia que aquilo, sair pra noite e beber numa balada, não fazia mais parte do meu mundo. Já não tinha o mesmo gosto, e tampouco me trazia a felicidade como em alguns anos antes, quando eu fazia isso. Creio que a viagem me modificou por completo nessa questão.

Chegamos no lugar, um pub bem bacana, porém sem muita gente. Tocava uns reggaeton que me agradavam de certa forma, eu havia aprendido a gostar da música latina, mas como não sabia dançar, fiquei apenas no passinho bebendo uma cerveja, enquanto o pessoal investia na vodca. Eu não estava nem mesmo a fim de beber cerveja, mas como estavam todos animados, eu ao menos tentei entrar no ritmo. Me sentia fora daquele contexto, pouco à vontade, talvez pelo fato de eu estar com um pessoal totalmente desconhecido. Por outro lado, todos eram extremamente alegres e simpáticos, percebi apenas que aquilo não era mais a minha realidade.

A noite passou e voltamos pra casa, Shurastey me esperava com o focinho encostado na porta. Imagino que ter ficado, mesmo que poucas horas, sem minha companhia tenha sido desesperador, depois de quase quatro meses diariamente juntos, todos os dias acordando, passeando e indo dormir juntos, essas poucas horas pra ele devem ter custado a passar. Talvez no meu subconsciente, refleti enquanto me acomodava num colchão no chão, esse também era o meu pensamento e talvez por causa disso a noite, pra mim, não foi tão animada, como se faltasse algo ou alguém.

Na manhã do dia 13, o último dia que passaríamos em terras estrangeiras, acordei cedo e fui dar uma volta com Shurastey. Eu já estava em contagem regressiva, queria chegar logo em Foz, queria chegar no Brasil, queria que as horas passassem o mais rápido possível. E esta foi uma das raras vezes desde que saí de viagem que eu desejei isso.

COMPRE UM ·LIVRO· doe um livro

Sua compra tem um propósito.

Saiba mais em www.belasletras.com.br/compre-um-doe-um

Este livro foi composto em Liberation Serif e impresso em off set 75 g pela gráfica Copiart, em novembro de 2022.